U0330175

递归与偶然

许煜
（Yuk Hui）
著
苏子滢
译

华东师范大学出版社
上海

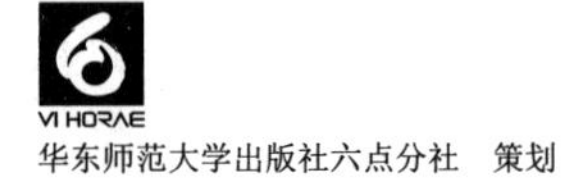
VI HORAE
华东师范大学出版社六点分社　策划

献给朱利安(Julien)

人们可以把人类这一物种的历史总体上看作自然的隐藏计划的完成，即产生一种内在完美的国家体制——为此这个体制也需要是外在完美的；这是人类历史得以充分发展人性中的全部素质的唯一的条件。

——伊曼努尔·康德

《以世界主义为目标的普遍历史观念》

(***Idea for a Universal History with a Cosmopolitan Aim***)

或许人们还需要相当长的时间才能认识到，“有机体”和“有机的”就体现为现代性对于生长的领域——即“自然”——的机械-技术性“胜利”。

——马丁·海德格尔

《**GA94 思索 XII—X**》(***GA94 Ponderings XII—X***)

目　录

鸣 谢

自从我在香港大学学习计算机工程以来，递归概念对我来说一直相当神奇。凭着递归的思路，一个复杂的现象或过程可以通过一种奇怪的循环形式还原成几行代码。完成《论数码物的存在》一书时，我确信对算法进行哲学研究的方法就是从递归概念的角度来探讨它。这个写作项目始于2013年，写作过程中经历了几次转变。对递归概念的研究使我开始重构它在哲学中的位置，以及偶然性在递归性起源中的作用。我试图通过递归性和偶然性的概念，勾勒自康德的《判断力批判》以来，有机性概念的历史脉络，这涵盖了自然哲学、有机主义、控制论、系统论、器官学和生态学。这本书有些地方读起来可能像是对这个主题的历史批判性解说，但我无意假装这是一部历史著作。这本书首先是技术哲学研究。它旨在对马丁·海德格尔的断言——控制论标志着形而上学的历史顶峰和哲学的终结——进行批判性分析，并提出能超越当前的技术范式、走向我所谓的**多元宇宙技术**(*multiple cosmotechnics*)的方法。

这本书是技术哲学反思系列的第三本，这个系列的顺序是从物件到宇宙，再到系统。它也试图解决我在前两本书里还没有回答的两个主要问题：首先，是我在《论数码物的存在》中承诺要处理的康德的关系范畴；其次，是李约瑟在他的中国科技思想研究中发展起来的有机主义（organicism）概念，我在《论中国的技术问题》中谈过这一点，但没有进一步阐述。就这一点来说，这本书也可以叫作《李约瑟的幽灵》。

我在人生的一个艰难时刻完成了这本书，学术职位的不稳定性和健康问题不得不成为这本书完成的类因（quasi-cause）。我要感谢霍华德·卡吉尔（Howard Caygill）的前言和鼓励，我曾经答应他写一本关于康德的书；也感谢阅读和评论过本书各章草稿的朋友和同事们，尤其是彼得·雷蒙斯（Pieter Lemmens）、米歇尔·克勒瓦西耶（Michäel Crevoisier）、穆柏安（Brian Kuan Wood）、保罗·威列马尔克（Paul Willemarck）、查尔斯·沃尔夫（Charles Wolfe）、基里尔·切普林（Kirill Chepurin）、马丁·布伊杰斯（Martijn Buijs）、路易·莫雷勒（Louis Morelle）、哈里·哈尔平（Harry Halpin）、阿明·施耐德（Armin Schneider）和达米安·威尔（Damian Veal）——他帮忙编辑了本书的第一版后不久就选择离开了人世，本书是向他永远无法偿还的债。我也要感谢这一系列书的编辑和罗曼与利特菲尔德出版集团公司（Rowman & Littlefield International）的编辑团队，感谢他们对这本书的付出。最后，我要感谢我的家人和朋友在过去几年里的支持，尤其是马修·富勒（Matthew Fuller）、贝尔纳·斯蒂格勒（Bernard Stiegler）和张颂仁。

许　煜

柏林，2018 年夏

前　言

《奥德修斯的桨》

然而你将

再次出航，来到那些

不懂得海，或船，或桨

是船的翅膀的人面前

　　倘若[在那里]上岸

你高贵的肩头扛着船桨，

带着它，你将在路上遇见

一个乡下人赞美道，

“你用靠在脖子旁边的大铲做什么?”

那大铲——你的桨要插下，在海岸的甲板上

用神圣仪式献祭波塞冬

（《奥德赛》，第11卷，高定[Golding]译）

[xiii]忒瑞西阿斯(Tiresias)对奥德修斯警示性的预言表明，有一种根深蒂固的观点是错误的，即奥德赛是一个完美递

归的形象,尽管愤怒的海与地震之神制造了障碍和意外,回归依然是充实丰富的。这段预言告诉我们,奥德修斯返回伊萨卡(Ithaca)岛后必须再次离开,因此这个圆圈只是个不完整、或许也无法完成的航行中的一环。再次出发的条件是由**桨**这个词规定的,桨可能是古代世界最古老的技术物。桨把划桨者的能量转化为运动,通过集体劳动,有时是强迫劳动,"给船以翅膀";[xiv]在13世纪发明方向舵之前,它也用来驾驶和引导船只。桨是舵手,或者说是**领航员**(*cubernetis*)的技术对象,这些人将物理性技巧与信息和智慧结合在一起,在海上开辟航路。奥德修斯的桨是获取能量、进行导航或控制船只等复杂技巧的技术条件。

忒瑞西阿斯的话也挑战了递归模型中"承认"(recognition)被赋予的特权。当奥德修斯的桨没能被**认出来**(recognized),而被错当成农业中用于分离小麦和谷壳的技术物件时,他就会知道自己抵达了目的地。在一个对海洋及其技术对象一无所知的农业文化中,桨被误认为扬谷的大铲。有些东西不太对头,乡下人发现了一个错误——没人会像那样把大铲扛在肩上——但他误解了这个错误;并不是奥德修斯拿大铲的方式奇怪,而是桨被误当成了大铲。正是在这里,在波塞冬神圣的桨被当成狄奥尼索斯的神圣大铲的地方——这片对农业技术来说的海——奥德修斯要通过牺牲把技术对象移出它的语境,建立一种注定会与狄奥尼索斯崇拜混淆的波塞冬崇拜……从而为他自己和未能认出他的桨的文化开启一段不可预知的新历史。要回到一个他不可能去过的地方——这使奥德修斯的任务染上了喜剧的气氛;他将不得不拿着桨继续前进,直到他和他的技术变得陌生到足以在别处被理解和解释。

许煜的书是在这种别样的递归的体系下展开的;它通过探讨偶然性在不可完成的回归与重获中的作用,研究这些运动。通过对康德和后康德哲学、生理学和控制论、盖亚理论和人类世(Anthropocene)话语的一系列循环的递归阅读,他把我们自认为了解的东西变得陌生,并描述了那些破坏我们所熟悉的阅读准则及协议的背景和一系列事件。他暗示说,我们并不知道那些自认为知道的东西,即递归论证的系统性和协议,而且我们需要用其他方式,来了解别的东西,即有机体哲学和器官学。其中最重要的是偶然性,它不是路易·巴斯德(Louis Pasteur)的那种偏爱有准备的头脑的机遇,而是无法做准备、不能被轻易预期或捕捉的机遇。[xv]正如奥德修斯带着桨上岸,这里有种放弃,甚至是拥抱荒诞性的意味,哪怕在技术本身的问题上也拒绝熟悉感。宇宙技术是许煜这本书和另外几本著作的研究对象,《奥德赛》中,以另一种方式理解桨的乡下人所感到的惊讶,是宇宙技术的体现。技术物或者说奥德修斯的桨变得可疑,这种方式强烈、怪异、令人不安。

最后,这些由偶然事件和错误驱动的开放运动具有一种解放的冲动,这为许煜的思想敞开了一个未来。然而这个未来也困难重重,在詹姆斯·赫顿(James Hutton)的深邃时间(deep time)、它的编年史及过去面前,带着桨穿过乡村这一旅途的偶然性显得微不足道,甚至道德律也无法拯救我们。许煜知道,人类占领地球留下的沉淀几乎不会体现在地质记录上,他也对人类世话语的傲慢态度持合理的怀疑态度——那些人认为人类技术甚至能与地球上时常发生的毁灭性灾难相提并论。然而，这不是该为末日而绝望的时刻，而是要对技术持一种审慎而充满希望的态度，需要以新的方式提出技术问题。《递归与偶然》一书把始于《论数码物的存在》和《论中国的技术问题》的独特的思维历险引向了令人惊讶、出乎意料的方向，给读者留下许多思考和进一步发展的空间。

霍华德·卡吉尔(Howard Caygill)

导论 迷幻的生成

服从“一”(ἑνός)的劝诫也是一种律法。

——赫拉克利特,《残篇》33

[1]这本书主要是关于控制论的。它旨在通过对有机(organic)概念的质询,理解一般意义上的系统的演化,尤其是技术系统的出现;有机概念标志着与早期现代性主导的机械世界观的断裂。我们将尝试根据两个指导概念,递归性和偶然性,来研究系统的起源。这两个概念都从概念和物质两方面促使了技术系统的出现和不断改进。这种对技术系统的解读也伴随着一种不断演变的自然概念,我们会发现一条从浪漫主义式的**第一自然**到**第二自然**——用海德格尔的话说,就是自然被当成“持存”(standing-reserve)——的轨迹;或许还有**第三自然**,它不是被理解为浪漫主义自然或持存的自然,而是体现在我所说的**宇宙技术**(*cosmotechnics*)概念中。①

① 也可以按其他方式给自然划分阶段。比如柯林伍德(转下页注)

[2]我们希望借助递归性和偶然性，对**有机**在哲学中的理论化作出历史批判性的阐述，这种理论化产生了20世纪的两条主要思维脉络：**有机主义**（*organicism*，生态学和控制论）与**器官学**（*organology*）。我们试图表明，考虑到数码机器在全球范围内“正变得有机”，以及德日进（Pierre Teilhard de Chardin）所说的“欧米伽点”（omega point）或“理智圈反思的最终点”（final point of Noospheric reflection），①我们有必要重新探讨有机的概念，以新的方式理解哲学思考的条件。这种新状况使我们必须重新思考德国观念论哲学家探讨的系统与自由之间的张力。他们当中的大多数人都基本上忽视了工业革命，我们知道，这导致了马克思的经济唯物主义批判。我们将反思新一轮工业化浪潮造成的技术系统日益强化的状况，这些技术系统是由人工智能、机器学习和各种具有超人类主义意识形态，试图超越人与政治的极限的监控技术推动的。为了说明这一假设，我们将走过一段漫长的旅程，穿越理性的剧场。

§1　理性的冒险

首先我想提出一个核心论点：自1790年康德的第三批判发表以来，**有机**概念已经成为哲学思考的新条件。这是哲学

（接上页注）（R. G. Collingwood）认为有三个时期：希腊的自然（作为单一智慧有机体的自然）、文艺复兴时期的自然（作为机械的自然）以及现代科学。见《自然的观念》（*The Idea of Nature*），牛津：牛津大学出版社，1945年，第3—12页。

①　德日进，《人的未来》（*The Future of Man*），诺曼·丹尼 译，纽约：Image Books，2004年，第174页。

在经历机械时代后的重新开始，随后它又朝其他方向发展：生机论（vitalism）、有机主义、系统论、控制论、器官学等。自然科学研究，尤其是自然主义者们的研究，已经把有机引入哲学，既作为一种新的形而上学对象，①也作为机械主义生命观的解毒剂。与钟表比喻相关的机械主义还原已经[3]丧失了吸引力，勒内·笛卡尔机械主义中对动物和机器的模糊区分，在探照灯下受到了质疑，最后露出一副惊讶的神色：动物身体这种东西究竟怎么可能呢？②

“有机体”是什么意思？本书没有沿袭生物学的传统论述，而是试图根据递归与偶然这两个关键概念来分析它，以清楚地理解这个概念的历史和运动。有机的思维方式也敞开了**自发生成**（*generatio aequivoca*）③的问题，即从无机到有机、从

---

① 见詹妮弗·门施（Jennifer Mensch），《康德的有机主义：渐成论与批判哲学的发展》（*Kant's Organicism: Epigenesis and the Development of Critical Philosophy*），芝加哥：芝加哥大学出版社，2015 年。门施追溯了布丰（Georges-Louis Leclerc de Buffon）和皮埃尔·莫佩尔蒂（Pierre Louis Moreau de Maupertuis）等自然主义者对康德的影响，表明有机主义在康德的《纯粹理性批判》中就已经存在——而且它确实是“理性的渐成论”。

② 在这里我们转述了康德的话，见伊曼努尔·康德，《理论哲学》（*Theoretical Philosophy*），1755—1770 年，大卫·沃尔福德（David Walford）与拉尔夫·梅尔伯特（Ralf Meerbote）译，剑桥：剑桥大学出版社，1992 年，第 192 页：“令人惊讶的是，动物身体这种东西竟然是可能的。即使我能彻底理解它每个发条和管子、所有的神经通道和杠杆，它的整个机械组织，我仍然会惊讶……即使我已经说服自己，认为我在身边观察到的所有统一与和谐都是由于一个至高存在（Being）——它不仅包含着现实的基础，也包含一切可能性的基础——才得以成立，我惊讶的根据也不会消失。”

③ 伊曼努尔·康德，《纯粹理性批判》，沃纳·普鲁哈（Werner S. Pluhar）译，印第安纳波利斯：哈克特，1996 年，A835/B863。这种有机化过程存在于形而上学、自然史和理性史中；见门施，《康德的有机主义》，第 128 页。

预制(preformed)到自组织、从他律到自律的渐进发展。正如康德《判断力批判》中著名的论断所说:“自然中被组织的产物是这样一种东西,在它之中一切都是目的,同样也是手段。”①我们甚至可以说,有机体是形而上学体系的模型,②也是康德在《纯粹理性批判》中提出的机械律和自由的二律背反的解决方法。这种观点经过费希特、谢林和黑格尔等观念论者,又经过怀德海等后来的思想家,影响了“有机主义运动”和控制论(我们称其为机械有机主义),它是作为**个体化的个体发生**(*individuation* qua *ontogenesis*)理论的基础。

[4]回过头来,我们可以说,康德目的论判断的概念引起了四种解释。历史学家蒂莫西·勒努瓦(Timothy Lenoir)所说的目的-机械主义程序(teleo-mechanist program),涵盖了前两种解释。③ 后两种则对应着我们所说的器官学:一是**有机机械主义**(*organic mechanism*),其中有机体被看作一种非线性算法,它会产生超出知性把握的复杂性;二是**怀疑的生机论**(*suspicious vitalism*),因为康德借用了生物学中塑形驱力

---

① 伊曼努尔·康德,《判断力批判》,詹姆斯·梅瑞迪斯(James Creed Meredith)译,牛津:牛津大学出版社,2007 年,第 66 页。

② 门施,《康德的有机主义》,第 128 页。康德在《纯粹理性批判》中说,“如果我们考察对理解的整个范围的认识,便会发现理性所规定并试图施加于理解力之上(这是理性的一个特殊目标)的,是认识的系统化特征,即基于一个原则的一贯性。这种理性的统一总是以一个理念为前提,即关于认识的整体的形式的理念——一个先于对部分的确定性认识的整体,它包含着先验地确定各个部分的位置及其与其他部分的关系的条件”(A645,B673)。

③ 历史学家蒂莫西·勒努瓦提出了目的-机械主义这个术语,按照他的说法,目的-机械主义是由康德在德国生物学中开创的一个研究传统。见《生命的策略:19 世纪德国生物学中的目的论和机械论》(*The Strategy of Life: Teleology and Mechanics in Nineteenth-Century German Biology*),多德雷赫特,F. Reidel,1982 年,第 12—16 页。

(*Bildung-strieb*, formation drive)的概念;三是**有机主义**,它强调整体(共同体)与部分之间的交换(相互性);四是**器官学**,它涉及到生物学和技术的密切联系。不过,这些解释是相互关联的。递归不仅是机械重复;它以回归自身并决定自身的循环运动为特征,每一个运动都有偶然性,偶然性又决定了它的个别性。我们可以想象一个螺旋形,它的每一个环形运动都部分地由上一个环形运动决定,之前运动的影响依然作为观念和效果延续着。这幅图景与灵魂相符。所谓灵魂就是为了理解和决定自身而回归自我的能力。它每次离开自己,都在轨迹中将其反思现实化,我们称之为**记忆**。正是这种体现为差异的额外之物见证了时间的运动,也改变着本身即是时间的存在,从而构成了整体的动力学。每个差异都是一次区分,是时间中的延迟和空间中被区分,一个新的**创造**。每次反思运动都留下路标似的痕迹;每个痕迹都承载着一个疑问,而答案只能通过运动的全体来解决。这种质疑是一种测试,因为它既可能下跌也可能继续加强,就像曲线上的运动那样。决定其下跌或加强的是内部与外部之间的偶然相遇。

递归既是**结构性**的,也是**操作性**(operational)的,存在与生成之间的对立通过它被扬弃。扬弃保留了[5]对立的命题(正题和反题),也将它们合并进第三个命题中(合题)。存在被保存为一种动态结构,其运作对即将到来的偶然事件是开放的,这一动态结构是生成。爱利亚学派关于存在的理性主义和伊奥尼亚学派关于生成的生理学的对立,通过这活的形式得以解决,这种形式同时意味着运动和同一。在《蒂迈欧篇》(*Timaeus*)中,柏拉图第一次通过把灵魂构建为圆圈的形式来解决这一对立。灵魂不断回归自我,这是它存在的必然性。亚里士多德没能理解递归问题，因此他批评柏拉图，认为既然我们思考的过程中有停顿，灵魂就不能是个循环运动。①亚里士多德未能看到灵魂既是结构又是操作。

身体与心灵的对立，以及生物学中演化和发展的概念，也包含着理解结构与运作的失败，因为它们都试图进行实体化。可以有两种方式解决对立：一种是通过一元论，把心灵和身体理解为单一实体的不同功能，就像斯宾诺莎那样；另一种是通过身体和心灵不可分割的观念，因为它们构成了一种要么完整、要么什么也不是的递归性——这种递归在当代生物学和系统论中通常被称为再入（reentry）或自我指涉（self-reference）。莱布尼茨的单子论是这两种方法的结合：既有单子的一元论也有镜子的递归性。这种递归运动具有莱布尼茨有机体概念的一个主要特征："可以把物质的每一部分都看作一个长满植物的花园，一个满是鱼的池塘。但植物的每根树枝，动物的每个肢体，每一滴体液，也是这样一个花园或池塘。"②然而事实上，这种递归结构并不一定只限于有机存在。莱布尼茨关于个体物的观念暗示着，一切存在中都有这种运动的可能性，我们知道，正是由于这种观点暗示了灵魂在非有机体（比如石头）中的普遍存在，[6]它才被笛卡尔主义者们拒绝

---

① 夏洛特·威特（Charlotte Witt），《辩证法，运动和知觉：〈灵魂论〉第一册》（Dialectic, Motion, and Perception: De Anima Book 1），选自《论亚里士多德的灵魂论》（*Essays on Aristotle's De Anima*），艾米丽·罗蒂（Amélie Oksenberg Rorty）和玛莎·纳斯邦（Martha C. Nussbaum）编，牛津：克拉伦登，1995年，第177页。

② 莱布尼茨，《单子论》，§67，见劳埃德·斯特里克兰（Lloyd Strickland），《莱布尼茨的单子论：新翻译与指南》（*Leibniz's Monadology: A New Translation and Guide*），爱丁堡：爱丁堡大学出版社，2014年，第28页。

了。笛卡尔主义者不能接受这一点,因为在他们看来,个别实体(individual substance)是对两种不可还原的实体,即**广延物**(*res extensa*)和**思维物**(*res cogitans*)的混淆。莱布尼茨的单子,这简单的实体,具有他在《形而上学论》(*Discours de Metaphysique*)中提出的关于个别实体的完整概念,他赋予实体一种新的装置:镜子。镜子能够反映;它从自己的角度把外界的东西反映进自身中。莱布尼茨为什么不给单子一扇窗户,而是给了它一面镜子呢?窗户可以允许广延这一类的连接,而镜子则允许递归——它能反映别的镜子所反映的。

每个反映都是发自某个角度的,但这种局部性暗含着一个全体;它不是宇宙的碎片,而是从一个角度看到的宇宙,①就像巴洛克艺术中对无限的有限描绘,②吉尔·德勒兹称其为"褶子"(the fold)。然而,无限是能够达到的吗?如果它可以达到,人们还能称它为无限吗?我们可以说它是**生成中的无限**(*becoming infinite*,或者如康德所说的,"仿佛"是无限):多样性中的统一,生成中的存在,变化中的恒定。③ 这种无限的生成构成了单子世界的内部动力。每个存在就像一个声波,都是由无限小的部分组成的:**微弱的知觉**(*les petites*

① 恩斯特·卡西尔(Ernst Cassirer),《启蒙哲学》,弗里茨·柯林(Fritz C. A. Koelln)和詹姆斯·佩蒂格罗维(James P. Pettegrove)编,新泽西州普林斯顿,普林斯顿大学出版社,1951 年,第 32 页。

② 海德格尔认为,巴洛克艺术与系统的形成具有相互关联,系统的特征是"数学的,思维是存在的法则、天才订立的法则,人在作为全体的存在者中获得自由,全体本身在其局部中获得自由"。见马丁·海德格尔,《谢林论人类自由的本质》(Martin Heidegger, *Schelling's Treatise on the Essence of Human Freedom*),琼·斯坦博(Joan Stambaugh)译,雅典:俄亥俄大学出版社,1985 年,第 32 页。

③ 见卡西尔,《启蒙哲学》,第 30 页。

perceptions)。递归呈现了这样一种形式,即无限刻写于有限之中;这样的无限总是近似的,因为在无限的世界中不再有量的差别,只有质的差别。因此单子是自足和完整的——当它已经拥有无限,还能再要求什么呢?

如果这种递归描绘了生成中的存在的特征——结构上的差异和运作上的同一性——那么就产生了一个问题:我们该如何解释个体间的差异?为什么海滩上的沙粒各不相同?为什么所有的双胞胎尽管有相似处,却都独一无二?每个存在的个别性都是由递归和偶然的运作构成的。[7]偶然的东西有时可以是**信息**,信息首先意味着**赋予形式**(*giving form*)。信息触发了个体化的过程,正如一个意料之外的事件限定了其他可能的事件。运动不再是把存在废除为非存在的威胁,而是它自身生成的条件,从这个意义上说它是一种个体发生。**知道**这一形成或形态发生就意味着心灵将自身置入同一种运动中,因为如果心灵能够将自己置入其中,它和自然就有一种同一性。心灵与自然、理念与现实的对立似乎在这一点上得到了解决。心灵与自然的等价是每一个观念论者与信徒的口号,也是那些写出以"心灵与自然"为题的一类书的人的口号。

§2 不可见的自然,可见的心灵

递归要从哪里开始?寻找开始就是寻找第一因。而在循环中,开始只是时间性的,却不一定是原因。① 原因是循环的全

---

① 对希腊人来说,动词"原因",αἴτιον,在法律意义上指负责任,在一些情况下也指负罪或负债。

体。第一推动或自身不动的推动者不会从外部介入，原因是内在的。或许我们可以用这种方式解读斯宾诺莎的**神即自然**(*Deus sive Natura*)。或者，在认识主体的问题上，**我思**(*Ich denke*)本身便是一个循环，它与实践理性和审美判断类似。因此，实际上没有开始，正如没有基础，每个原初的**基础**(*Urgrund*)都是**无基础的基础**(*Ungrund*)或**深渊**(*Abgrund*)，每个开始都是另一个开始的结束。第一推动不会像给机械钟表上发条那样手动上发条——这种第一推动的形象是机械主义时代的幻想，机械主义预设了线性因果，因此追寻第一原因必然会引向神的形象：开始已经包含了结果。然而，我们在此必须强调一个细微差别，即在机械的视角下，上帝不再像[8]亚里士多德之后的人解读的那样，既是动力因也是目的因，相反它只是动力因。①

在布鲁诺(Giordano Bruno)的自然哲学，②以及斯宾诺莎

---

① 蒙特·约翰逊(Monte Ransome Johnson)，《亚里士多德论目的论》(*Aristotle on Teleology*)，牛津：牛津大学出版社，2008年，第23—24页；作者引用了科耶夫(Alexander Koyré)的一段话："宇宙的消失或毁灭，意味着科学世界——这个真实的词——不再被视为或设想为一个有限的、等级制的、因此在质和本体论上有所分化的全体，而是一个开放、无限定甚至无限的宇宙，它不是由内在结构而是只由于其基本内容和法则的同一性结合在一起……这反过来又意味着一切对价值、完美、和谐、意义和目标的考虑都从科学思想中消失了，或者说被暴力驱逐了，因为这些概念从此只是主观的，不能在新的本体论中占有一席之地。换句话说：所有在新科学中消失的，或者说被拒绝的作为解释模式的形式因和目的因，都被动力因乃至质料因取代。只有后者才有通行权，被允许存在于实体化了的新几何学宇宙中。"亚历山大·科耶夫，《牛顿式综合的意义》(The Significance of the Newtonian Synthesis)，见《牛顿研究》(*Newtonian Studies*)，马萨诸塞州剑桥，哈佛大学出版社，1965年，第7—8页。

② "神不是一个在周围推动和引导的外在的智性；对他来说，作为运动的内在原则更有价值，这是他的本性，他的外观，他的灵魂，这比说生活在他臂弯里的诸多实体都应该运动更有价值。"引自卡西尔，《启蒙哲学》，第41页。

主义或被归给他的学说(泛神论)中,上帝是内在的(immanent),因为它不再被看作地球之外的神,而是作为运动的内在原则。信仰不再只是超越的,它也是内在的。想想查拉图斯特拉下山后对村民们的教导:"你要忠于地球,不要相信那些对你讲地球之外的希望的人!他们都是配毒药的人,无论他们自己知不知道。"①宣布上帝之死也是宣布地球之外的第一推动之死,是寻找作为力量的内在意志的尝试。递归则是个内在性观念。递归性通过强调形式因和目的因,即**终极目的**(*telos*),为非机械性的存在辩护。它反对设计论,同时又肯定目的因是所有原因的原因,这构成了一种自然神学,因为目的依然不可把握,却能起作用。这也是康德目的论判断概念的出发点。

在理性主义与经验主义之后,康德在《判断力批判》中为哲学思考提供了一个新条件,即基于有机体概念的反思性判断(reflective judgment)。回顾他的理论,我们或许会认为,关于美和崇高的第一部分,[9]与第二部分中目的论判断的模式是类比的。在第一部分,康德提出了一种启发法(heuristic)的思路,它并不由任何**先天**法则规定,而是通过动态地建构起自身的法则来达到目的。无论目的是美还是崇高,它都是在想象力的驱动下,由一种无目的的合目的性规定的。这种对美的否定性定义,如无目的的合目的性和无兴趣的愉悦,是无限定的,因为它不是被直接给出的,也不可能通过经验归纳得到。审美判断与目的论判断类似,在二者之中自然目的都是

① 弗里德里希·尼采,《查拉图斯特拉如是说》,阿德里安·卡罗(Adrian del Caro)译,剑桥:剑桥大学出版社,2006年,第6页。

一种自组织的理念，它在没有预先给定的法则的情况下规定过程的条件，这意味着它对偶然性是开放的。① 在审美判断中，否定性肯定的模式是为了给自然目的以**先天性**，自然目的又服务于另一个目的：道德。在有机体中，我们发现了一组新的关系（部分-整体）和新的运动形式（递归），这不仅超越了机械主义，也揭露了自然的“隐藏计划”——作为“理念”的终极性（finality）。

在这一条件下，思考和行动必须成为有机的，因为简单的机械因果关系不再足以作为科学或哲学的解释基础。每个行动都是递归的，因为它不断指向自己、评估自己。机械论中只有决定性判断（determinative judgment），因为决定性判断只具有线性因果的特征。我们知道，实际上在这种活动中并没有判断：换句话说，它不能被称作**判断**，而只是**命令**。一个预设了反思性判断的行动不只是单纯的行动，因为它包含价值判断；不如说，它通过反思趋近整体。定言命令（categorical imperative）是伦理性的，因为它试图以递归的方式达到“普遍性”，我们称这一普遍性为**道德目的**（*moral end*）。

但是支撑着这种递归性的内在的力量是什么呢？了解自然目的就是了解人类精神的目的。这只能通过**精神**（*Geist*）与**自然**（*Natur*）的同一来实现。正是在费希特、谢林和黑格尔的系统性思考中，我们发现了对递归形式的阐释（见图1.1）。**我**（*ich*）是出发点，[10]它与**非我**（*nicht-ich*）的每一次

---

① 关于康德的自然与世界主义的关系，见许煜，《作为政治概念的宇宙技术》（Cosmotechnics as Cosmopolitics），e-flux 第 86 期（2017 年 11 月），https://www.e-flux.com/journal/86/161887/cosmotechnics-as-cosmopolitics。

对抗——费希特称之为“**约束**”(*Anstoße*, check)[①]——都迫使**我**返回自身,而现实本身正是在这种递归和重复的运动中显露出来。**我**与**非我**间的运动是哲学体系的基本原则(*Grundsatz*)。

图 1.1　递归的形式(中间一幅是海德格尔画的关于谢林的图示)

在谢林那里我们也能看到类似的形式,但是谢林没有把自然与心灵的对立作为这种同一性的条件。相反,他把心灵和自然看作两个类比的结构和运作,正如他著名的主张:**心灵是不可见的自然,自然是不可见的心灵。**[②] 这个类比建立在循环的基础上,就像柏拉图描述的古代世界的灵魂。这一循环运动的结构体现了自然和精神的无限生产力。它会遇到障碍,比如偶然事件,比如抑制(*Hemmung*),生产力由此被现实化为产物,从**自然的自然化**(*natura naturans*)到**自然化的自然**(*natura naturata*)。自然与精神、主体与客体的对立被抹

---

① 译注:Anstoße 或 check 同时有“检查”和“约束”的含义。编程语言中的 CHECK 通常译为检查约束。本书中的 check 根据上下文译作“约束”“检查”或“检查约束”。

② 这样,谢林也把自由赋予了自然,这是他与费希特、康德和笛卡尔的重要区别,后者的自由只针对主体或自我。见海德格尔,《谢林的“论人类自由的本质”》,第 94 页。

消了，因为自然也成了主体——自然与心灵的同一性得以确立。在黑格尔那里，我们发现了另一种以双重否定（被称为辩证法）为特征的自反性逻辑，精神通过自反性把自然认作另一个自我，以便将其吸纳进整体中。

[11]机械模型中的偶然性是一套大规模工业机械中的断裂。它可能是灾难性的，因为它中断了系统，系统由于缺乏精细的反馈机制而不知如何回应它。偶然性必须被重新表述为可能性，这样机械才能处理把偶然预期为可能性的固定编码规则：新来的信号或输入的可能性被限于几个选项，每个选项被赋予含义和值。一个人去音乐会，在街上被落下的石头砸死的可能性很少会被考虑到。这种情况当然可能发生，也可能不发生。偶然性是超出了显然的可能性的东西，但它也是一种可能性：确实是种古怪的可能性，因为它是对法则的必然性的威胁，甚至也威胁到昂利・庞加莱（Henri Poincaré）所说的**偶然的法则**（*law of chance*）。① 在递归模型中，偶然性被预期为必要的，因为没有它就没有外在性和外在的终极性。在这里，终结不再由线性因果命题的干预这一类机制来确保，而是试图通过递归地返回自身、自我规定，来达到这种目的。它所规定的形式是通过与偶然性对抗来实现的，不是消除偶然性，而是把它作为必然性来整合。

浪漫主义把这种递归性赋予非有机体，因为我们正是居存于自然之中——或者说是谢林（以及在他之前的柏拉图和普罗提诺、他之后的詹姆斯・赫顿和詹姆斯・洛夫洛克

---

① 见昂利・庞加莱，《科学与方法》（*Science and Method*），伦敦：Thomas Nelson，1918 年，第一部分，第四章。

[James Lovelock])所说的**一般有机体**(*Allgemeiner Organismus*)之中。恩斯特·布洛赫(Ernst Bloch)准确指出,对浪漫主义者来说,每一块石头都是活的。① 它是活的,不仅因为它有精神,也因为它有无限的力量:它是无限的力量刻写在个体的有限性中。想象一块石头不是静态的存在,相反,它作为石头的外观是朝向无限的递归过程的结果。递归运动不仅存在于自然中,也存在于历史中。黑格尔意义上的历史是绝对通过辩证运动的实现。在这种情况下,偶然性是必要的,不仅因为偶然性在自然中无处不在,也因为它是理性必须经历的考验——[12]是它必须克服和度过的。在黑格尔那里,我们发现了作为命运的自然的死亡(*Tod des Näturlichen*),这是逻辑肯定性的牺牲,正是这种通过偶然性克服偶然性的尝试,使我们走向系统化的问题。

§3 偶然性与终极性

英文单词**"意外"**(*accident*)有两重含义,我们可以在亚里士多德的《范畴篇》中找到它们;书中,亚里士多德区分了实体(*ὑποκείμενον*)与意外或偶性(*συμβεβηκός*):意外,如颜色,是非本质的,因为它的出现或消失不会影响主体的同一性。② 比

---

① 恩斯特·布洛赫,《物质的学说》(*Die Lehren von der Materie*),美因河畔法兰克福:Suhrkamp,1978 年,第 88 页;一块石头"在浪漫主义者的眼中,将自身演绎为生命过程[Lebensprozess]的衍生物"。

② 汉斯·布鲁门伯格(Hans Blumenberg)在一本简明词典的条目中指出,偶然性是为数不多的几个明确源于基督教的概念之一。在亚里士多德哲学中,可能性和必然性并不对立,对立的只是可能性和现实性;这种对立只限于在逻辑上成立。"可能的偶然性"的本体论(转下页注)

如，这个苹果依然**是**苹果，尽管它上周是绿色的，这周是红色的。因此亚里士多德在《形而上学》中写道，“意外近似于非存在。”①意外也是可感的，比如颜色、质、量等。我们要记住意外的这种双重意义：它同时是非本质属性和意外，之后我们还会经常回来讨论这两种含义的合并。亚里士多德通过把作为谓词的、可变的意外与保持自身同一的实体区分开，解决了存在与生成之间的冲突。

康德《纯粹理性批判》中的模态逻辑处理的是可能性、实然性与必然性；必然的东西是普遍的，或者说它确保了普遍性。正如康德所说，“那些与实存一致的东西是由[13]必然的经验之普遍条件决定的”。② 如果我们只把偶然性理解为一种模态范畴，它就与必然性对立，只是诸多可能性中的一种。而我们打算把偶然的概念扩展到模态逻辑之外。

2014 年 3 月，马来西亚航空公司从吉隆坡飞往北京的 MH370 航班失踪；239 人彻底消失了。直到本书写作之时，人们尚未确定是什么导致了航班失踪。这是个偶然事件：它出乎意料，却发生了。它可能发生，也可能不会发生。每一事件都有理论上不确定的可能性。即使是今天早上我走出家门，像往常

(接上页注)化是在 13 世纪完成的：“世界是作为现实性的偶然性，由于它与它的存在不相关，世界本身并不具有它存在的理由和法则。”经由方济各会学者的唯意志论，必然性不再能将偶然性正当化，偶然性变成了意外(*Zufälligkeit*)。见汉斯·布鲁门伯格，“偶然性”(Kontingenz)词条，《过去与现在的宗教，神学与宗教研究简明词典》(*Die Religion in Geschichte und Gegenwart. Handwörterbuch für Theologie und Religionswissenschaft*)，库尔特·加林(Kurt Galling)编，3. Aufl. Bd. 3.，图宾根：Mohr Siebeck，1959 年，1794 年。

① 亚里士多德，《形而上学》，第 2 卷，1026b21，见《亚里士多德的基本著作》(*The Basic Works of Aristotle*)，纽约：现代图书馆，2001 年。

② 康德，《纯粹理性批判》，A218/B266。

一样开始写作之前先去我家旁边的一家小店喝杯咖啡,我也可能见到一个很久以前欠我钱的朋友,向他讨债。亚里士多德称前一种情况为**自动**(*automation*),通常写作 automatic;第二种情况是**机遇**(*tyche*),意思是机会或运气。当一个事件实现时,理论上有无限多种可能性,但一些极可能发生的事件会提供一种亚稳态(metastability),比如去咖啡馆或见邻居。但是像马航飞机失踪这样的事件是无法预料的,也不属于极可能发生的事件。如果人们能事先知道,就不会有乘客坐那架飞机了。

如果我们把偶然性仅理解为有望发生的(probable),就可以从概率和统计的角度理解它。比如对拉普拉斯(Pierre-Simon de Laplace)来说,决定论与随机性相反,意味着可预测性。我们知道这组对立在数学(庞加莱)、物理学(海森堡[Werner Heisenberg])和生物学(贾克·莫诺[Jacques Monod])等许多领域内都是错误的。不过我们想表明的是,偶然性不只是有望发生的,它存在于一切运动中,它的意义和功能性与这些运动的性质息息相关。什么是运动?如果我说一个人从一个地方到另一个地方,这意味着一个事件在时间和空间中发生了。我进行这个运动是为了,比如说抓住一把椅子;也就是说这种运动具有终极性。终极性是终极的原因:没有什么是无理由的(*nihil est sine ratione*)。偶然性存在于所有的运动中,它对不同种类的运动有不同意义。我们可以列出三种:

[14](1) 有预定终极性的线性机械运动按其因果关系线性排列(A→B→C→D),对这种运动来说偶然性意味着错误,因为偶然性是不被预料到的:例如当机械发动机的齿轮磨损,线性因果的其中一环没有发生,就不会产生D。

(2) 有预定终极性的非线性运动(A→B→A′→B′→C):例如每一台图灵机的递归算法。该运作必须在某一点停止,不然会把存储资源耗尽;在这里递归函数是受限的。程序是否该停止要由检查约束(check)决定,判断是否达到了目标;为了提高系统的性能,就需要偶然性(比如,像在机器学习中那样,向操作中引入杂讯)。

(3) 有自动终极性(auto-finality)的非线性运动(A→B→C→A),也就是说它没有预定的目标。它根据偶然事件改变方向,例如有机体的演化。自动终结性恰恰意味着结果没有被完全规定,甚至终极性本身也是情境式的。它的结果可能和(2)相同,但它的耗尽不是由于错误,而是由于负熵的极限。

人们倾向于把偶然性与模态逻辑联系起来,而不是把它看作功能性的必然。一旦我们不再认为偶然性只是可能性,它就不再是一个抽象的概念,而是具体的和功能性的。黑格尔很清楚这一点,因为首先辩证法是一种非线性运动,为了走向绝对,偶然性对于肯定自由和避免形式化(与内容[Inhalt]相对的形式)来说是必要的。偶然性成了系统的必然条件。它凸显为理性和创造力的基本概念,我们在伊阿尼斯·泽纳基斯(Iannis Xenakis)的随机音乐中可以清楚地看到这一点,泽纳基斯这样写道:

机遇(tyche)、无序(ataxia)和无组织化(dis-organization)这些概念自古以来便被看作对理性(logos)、秩序(taxis)和组织(systasis)的对立和否定。直到最近,知识

> 才得以洞察机遇，学习区分[15]它的程度——换句话说，就是逐渐把它理性化；然而，知识始终没能成功对“纯粹的机遇”问题作出明确和全面的解释。①

除非偶然性成为必然，否则它不会产生系统；正如泽纳基斯所说：“纯粹的机遇和纯粹的决定论只是一个东西的两面。”②这种同时既偶然又必然的运动是什么，或者换句话说，同时既**存在**又**不存在**的东西是什么？我们或许可以和奥古斯丁·库尔诺(Augustin Cournot)一道，把它看作客观偶然性(objective contingency)，因为它是由“属于独立序列的各事件的组合或相遇”引起的。③ 库尔诺的偶然性概念并不违背因果性，而是因果性的一个特例，两样东西像超现实主义的拼贴技术那样结合在一起，两个事物或两种无关的现实被结合在一起，激起新的或意想不到的东西。④ 递归是一种不断将偶然性融入自身，以实现其终极目的的运动。这样随着时间的推移，它会产生难以理解的复杂性。有机体身体内部的部分与整体呈现出

---

① 伊阿尼斯·泽纳基斯，《形式化的音乐：作曲中的思维与数学》(*Formalized Music: Thought and Mathematics in Composition*)，纽约：潘德雷肯，1990 年，第 4 页。

② 同上，第 205 页。这样说来，偶然性就不再是躲避决定性的东西，而是决定性的一个关键因素，因为节奏的个体化不再是预先规定好的形式化的形式(*forma formata*)，而可以看作是形式的形式化(*forma formans*)，其中偶然性是必不可少的。

③ 安东尼-奥古斯丁·库尔诺，《论知识的基础与哲学批判的特征》(Essai sur les fondements de la connaissance et sur les caractères de la critique philosophique)，见《全集》(*Œuvres Complètes*)，第二册，巴黎：Vrin，1975 年，第 34 页。

④ 马克斯·恩斯特，《如何激发灵感》(Comment on force l'inspiration)，见《为革命服务的超现实主义》(*Le Surréalisme au service de la revolution*)，6，1933 年，第 43 页。

复杂的关系，它在运作时也与环境有着复杂的关系（比如结构耦合[structural coupling]）。生活也呈现这种复杂性，因为它期待着出乎意料之事，并且在每一次偶遇中，它都试图把出乎意料之事转变为有助于其个别性的事情。当递归形式产生不出一致性，就会失败。这时它就只是纯粹的生成，即，它既非现实的也非潜在的，就像是没有**自然化的自然**的**自然的自然化**，这意味着非存在。

§4 超越机械论和生机论

[16]我们希望表明，这种哲学思考的有机条件的持续为我们带来了20世纪有机主义和器官学。① 我们将看到一种生物学有机主义，以及与它相对的机械有机主义的产生，后者也被称为控制论。这本书的目的之一是让它们对话，以揭示它们之间的密切性和张力。首先，有机主义是介于机械论和生机论之间的。威廉·鲁（Wilhelm Roux）和他的学生汉斯·德里奇（Hans Driesch）的历史剧是个典型例子，展现了机械论和生机论的对立。鲁氏从青蛙卵中取出两个发育中的细胞，用热针杀死一个。不出所料，剩下的细胞继续发育，但只形成了半只蝌蚪。1891年，德

① 刘易斯·芒福德（Lewis Mumford）曾说过，“直至1860年以后，生物学事实才被认为是技术的重要基础”，见《技术与文明》（*Technics and Civilization*），芝加哥：芝加哥大学出版社，2010年，第46页。但在这本首次出版于1934年的书中，不太清楚1860年这个时间点是从哪来的；在题为“走向有机主义意识形态”（Toward and Organic Ideology）的章节中（第368—373页），芒福德引用了怀德海和生理学家劳伦斯·亨德森（Lawrence Henderson，1878—1942）以及建筑师路易斯·沙利文（Louis Sullivan）、弗兰克·劳埃德·赖特（Frank Lloyd Wright）和几个城市主义者的观点。

里奇用海胆细胞重复了这个实验，但这次他是把两个细胞分开，而不是杀死某一个。这次他看到每个细胞都长成了一个完整的海胆。这一实验结果与鲁氏的机械主义相反——按照后者，半个胚胎只能发育出半只动物——德里奇发现一半也能发育为一个整体：有机体中有一种生命力，不能完全被机械论解释。这个偶然事件——偶然是因为德里奇本想证明鲁氏是对的，没想到会有这样的结果——体现了鲁氏的**发展机械主义**（*Entwicklungsmechanismus*）和德里奇的生机论的对立。前者被斥为还原论，后者被批评为诉诸神秘力量，如亨利·柏格森的**生命冲动**（*élan vital*）或德里奇的**隐德莱希**（*entelechy*）。20 世纪上半叶，在生机论者和机械论者之间，又出现了第三个群体。他们把有机体视为一种组织（organization）形式，而不是机械法则或神秘的生命力，因此他们被称为有机论者/组织主义者（organicists）。这种观点体现在哲学家约瑟夫·伍杰（Joseph Woodger）的主张中，他说“细胞所指的不是一样东西，而是一种组织”，①这种组织要从胚胎学和生物化学的角度[17]来理解。有机论者和控制论者都认为，机械论和生机论的对立已经被克服了。②

---

① 引自埃里克·彼得森（Erik Peterson），《生命有机体：理论生物学俱乐部与表观遗传学的根源》（*The Life Organic: The Theoretical Biology Club and the Roots of Epigenetics*），匹兹堡：匹兹堡大学出版社，2017 年，第 70—71 页。

② 尽管我们必须承认，在我们的时代，这场戏剧还在关于所谓基因中心主义（gene-centrism）的辩论中持续着，基因中心主义认为基因是核心的决定因素，比如理查德·道金斯（Richard Dawkins）大受欢迎的《自私的基因》（*The Selfish Gene*）一书，牛津：牛津大学出版社，2006 年。批判基因中心主义的人试图说明，这是另一种形式的简化主义，它倾向于测量和预测，其中，系统生物学坚持认为，DNA 只是编码的脚本，如何读取则取决于系统。见丹尼斯·诺伯（Denis Noble），《生命的音乐：基因组之外的生物学》（*The Music of Life: Biology beyond the Genome*），牛津：牛津大学出版社，2006 年，第 21 页。

有机论和控制论者都信奉路德维希·冯·贝塔朗菲(Ludwig von Bertalanffy)的一般系统论(general systems theory)。控制论者采取了另一种方法来克服上述矛盾。他们着迷于诺伯特·维纳(Norbert Wiener)的反馈概念、乔治·斯宾塞-布朗(George Spencer-Brown)的再入概念和海因茨·冯·福尔斯特(Heinz von Foester)的递归概念,因为它们引入了新的认识论和新的机械操作。维纳在他 1948 年的《控制论》一书中,质疑了以牛顿式的机械可逆时间和伯格森式的生物不可逆时间为代表的机械主义与生机论的对立,因为对他来说,作为反馈系统的控制论机制已经克服了这一对立(还有麦克斯韦-玻尔兹曼-吉布斯[Maxwell-Boltzmann-Gibbs]的统计力学,它化解了物理学中宏观与微观状态的差异)。在这本书里,我们把反馈和自我参照看作是递归的另一个称呼。吉尔伯特·西蒙东(Gilbert Simondon)高度重视维纳的新认知图示,认为它是一种取代了笛卡尔机械论的新的认识论。汉斯·约纳斯(Hans Jonas)也有类似的评价,他认为控制论是"对古典著作默认的二元论的克服:自亚里士多德主义以来我们第一次有了一种统一的学说……来表现现实"。[1] 然而,与认为控制论缺乏目的论的约纳斯不同,西蒙东认为反馈系统能"积极地采取一种自发的终极性"。[2]

如果这种自发的终极性是可能的,那是因为这种机器能够

---

① 汉斯·约纳斯,《生命现象:走向哲学生物学》(*The Phenomenon of Life: Toward a Philosophical Biology*),伊利诺伊州埃文斯顿:西北大学出版社,2001 年,第 111 页。

② 吉尔伯特·西蒙东,《技术心态》(Technical Mentality),阿恩·德·布菲(Arne De Boever)译,*Parrhesia* 7,2009 年,第 18 页。

应对偶然性，因此偶然事件在这些操作中取得了意义。对于放大输入信号（无论输入的是杂音还是旋律）的放大器来说，偶然性没有[18]意义。如果放大器的运作方式是过滤杂音（杂音在这里代表偶然性），那么偶然性就与意义相对，获得了一种否定的意义。当机器学习算法被加入放大器，这种算法或许能有效利用杂音；换句话说，偶然性获得了肯定的意义，我们或许可以追随德勒兹和斯多葛学派，把它称为类因（quasi cause）。①

控制论机器采用了一个新概念，它允许对操作进行评估和控制。这个概念就是信息。对维纳而言，信息是组织层面上的量度。组织指递归地整合偶然性的能力。因此在这个意义上我们看到，维纳理解的信息概念和克劳德·香农（Claude Shannon）理解的信息并不矛盾。要注意，对香农来说信息意味着惊奇（surprise）：一个输入信号越不被料到，它含有的信息就越多。乍看之下这似乎与维纳作为组织程度的量度的概念相悖。信息是一个前人没能料到的新范畴。正如维纳所说，它既非物质也非能量。事实上，信息、物质和能量成了关于个体化的新理论的基本要素。我们可能会提出一个问题：能不能用亚里士多德的四因——形式、质料、动力或目的因——之一来标示信息呢？如果可以，我们又该如何表述它？信息自然参与了动力

① 德勒兹采用了斯多葛派所谓的“类因”概念，它不是真正的原因，因为它和结果的关系不是必然的。换句话说，生病和成为一个好哲学家之间没有必然关联，但是生病这一事件可能是让一个人变成好哲学家的类因（比如尼采）。生病暗含着双重的因果：一是躯体性的原因，二是非身体的类因：“斯多葛派清楚地看到，事件具有双重因果，它一方面指向作为其原因的身体混合体，另一方面指向作为其类因的其他事件。”见吉尔·德勒兹，《意义的逻辑》（*Logic of Sense*），马克·莱斯特（Mark Lester）译，纽约：哥伦比亚大学出版社，1990年，第94页。

和目的因，它也可能产生于形式和质料因，却不能还原为任一者。这也是信息机器和热力机器的巨大区别所在，因为信息机器允许比能量更精细的数量级和控制精度。

西蒙东采纳了信息的概念，并把它转化为一个更广的、超出统计学的概念。西蒙东的创新在于[19]看到了这个新范畴的重要性，它无法被还原为物质或能量。西蒙东处理信息的方法是把它变成更一般性的概念，即含义（signification）。当输入信号对系统产生含义时，它就携带信息。从这个意义上说，西蒙东的信息概念更类似格雷戈里·贝特森（Gregory Bateson）——对他来说信息是“能造成差异的差异”（the difference which makes a difference）。① 贝特森思考递归，他后来又讲到“递归认识论”或“生态认识论”。信息作为“造成差异的差异”，是操作性和自我指涉的，它能在系统中激发并促进一种被西蒙东称为**个体化**的操作。但并不是所有的信息都会导致个体化，只有信息也还不够，因为信息只是条件之一，另外还需要物质和能量。然而，这种说法也意味着只有能量和物质还不足以解释个体化。我们可以进一步说，若没有信息，当代的个体化理论便是不可能的。个体化理论无疑是根据人们所在时代的主导认识论提出的；比如在牛顿、莱布尼茨时代，以及后来康德和谢林的时代，核心概念是力。正是新的认识论条件提供了理解个体化的不同方式。控制论提出的信息概念有助于西蒙东思考个体化。西蒙东个体化理论中的“含义”服从于偶然性：在一个给定的系统中，信号 A 产生的

---

① 格雷戈里·贝特森，《走向心灵的生态学》（*Steps to an Ecology of Mind*），新泽西州诺斯维尔：杰森·阿伦森，1987 年，第 276 页。

结果可能不同于信号B;前者可能被系统视为杂音,因而被忽略,后者在系统的意义结构下则可能有意义。

§5 伟大的完结

海德格尔的一个著名论断认为,控制论标志着形而上学的终结——或者我们可以称这一事件为**伟大的完结**(the *great completion*)。这种完成必须被理解为系统的具体化。海德格尔的断言需要被证明——这也是本书的任务之一,同时也应作为一个问题被重启。海德格尔[20]不仅看到控制论的主要特征是把每个过程都转化为可计算、可驾驭(*Steuerung*)的过程,他也把控制论理解为一种新方法对科学的胜利(*Sieg*)。这种方法是"反馈"的概念化:"因此,相互关联的过程的相互(*hin- und herlaufende*)调节在圆周运动中展开……控制论世界的基本特征是控制回路(control loop)。"①反馈不仅被用来理解**存在本身**,即把存在看作循环过程,也被用来理解**作为整体的存在**,即希腊语 *to panta* 意义上的整体。控制论中从存在本身到作为整体的存在的轨迹,也是从一阶控制论向二阶控制论过渡的特征,尼克拉斯·卢曼(Niklas Luhmann)的系统论是二阶控制论的最高成就之一。

卢曼有一句名言:"哪怕上帝不存在(*et si no daretur Deus*),系统也还是产生了",这个系统从他和塔尔科特·帕森斯(Talcott Parsons)所说的"双重偶然性"的基础上产生;

① 马丁·海德格尔,《艺术的起源与思想的规定》(Die Herkunft der Kunst und die Bestimmung des Denkens),见《思维经验》(*Denkerfahrungen*),美因河畔法兰克福,1983年,第141—42页。

双重偶然性则是社会系统的基本原则(*Grundsatz*),这个概念可以简单体现在两个事先不认识对方的人之间的互动中。由于自我对另一个人的行为没有充分的知识,另一个人可能也预料不到自我的行为,因此存在双重偶然性。双重偶然性是个需要解决的问题。对帕森斯来说,它是通过建立共识或共享同一个符号系统来解决的;而对卢曼来说,双重偶然性是社会系统出现的动力。由于每个行动都会减少偶然性,且正是通过不断尝试减少偶然性,社会秩序和规范才得以建立,正是在这个意义上,卢曼可以宣称"每个错误都是生产性的。"①

系统通过将偶然性转化为某种有望发生的东西——也就是预料到的东西——来吸收它。吸收偶然性是系统化的过程,在这个过程中,偶然性变成了[21]有望发生的东西,因此系统与单纯的机械机制不同。雅克·埃吕尔(Jacques Ellul)在他1977年的《技术系统》(*Le système technicien*)一书中,把**技术系统**的概念加入了西蒙东勾勒的从要素到个体,再到组合(ensemble)的技术对象谱系。埃吕尔尖锐地指出,计算机处理大量数据的能力是技术系统实现的关键,而技术系统正日益变得总体化。技术系统是通过一种看似矛盾的运动形成的:专门化和总体化(totalization)。技术一方面变得越来越专业化,另一方面又有

---

① 正如卢曼所说,"在社会秩序不太可能实现的情况下,这个概念解释了社会的常态;在双重偶然性下,一个自我承诺无论是偶然产生的还是经过计算的,都会为他人的行为取得信息和联系性的价值。正由于这种系统是以封闭、自我参照的方式形成的——也就是说A由B决定,B由A决定——每个意外、每次冲动、每个错误都是生产性的"。见尼克拉斯·卢曼,《社会系统》(*Social Systems*),小约翰·贝德纳兹(John Bednarz Jr.)与德克·贝克(Dirk Baecker)译,斯坦福,加州:斯坦福大学出版社,1995,第116页。

一种总体化的趋势在起作用。技术的专业化和多样化使人类看不到它的统一与总体化，看不到技术系统。埃吕尔写道：

> 但人还没有意识到他对统一性的追求，与构建作为一元系统的技术之间的关系。他还不知道，也没有看到，这个系统是作为系统存在的。①

埃吕尔选择了系统理论家埃德加·莫兰（Edgar Morin）而非卢曼作为他批判的对象，他认为莫兰1973年的书《迷失的范式：人性研究》（*Le paradigme perdu：La nature humaine*）②是有史以来最危险的书之一，因为莫兰“伪造了一种事实上的技术总体化”。③ 这不一定意味着莫兰赞扬技术系统的总体化，而是说当他试图解释历史过程时，他（有意地或无意地）展现了这种总体化的机制。一个总体化的系统有自己的生长规律和发展节奏，埃吕尔称其为“自我增殖”（self-augmentation）。正如埃吕尔强调的，这不是说人类不能干预系统，而是说人“陷入了一种环境和过程，这境况使他所有的活动，哪怕是那些显然没有有意的方向的，都有助于技术的发展，不管他是否想到了这一点，也不管他是否愿意”。④ 技术系统已经成为一个超有机体（superorganism），德日进意义上的理智圈，⑤或地

---

① 雅克·埃吕尔，《技术系统》，伦敦：Continuum，1980年，第200页。

② 埃德加·莫兰，《迷失的范式：人性研究》，巴黎：Éditions du Seuil，1973年。

③ 埃吕尔，《技术系统》，第201页。

④ 同上，第209页。

⑤ 埃吕尔讨论埃德加·莫兰时同时也提到了德日进；见上书，第201页。

理学家彼得·哈夫(Peter Haff)意义上[22]的技术圈(techno-sphere)。① 回过头来看,利奥塔(Jean-François Lyotard)关于现代性不应被理解为一个时代,而应理解为容忍偶然性的能力的说法是正确的,②如今这被称为**复原力**(*resilience*)。考虑到利奥塔用以描绘后现代社会的"系统论"等概念,这一论断就显得更贴切。

无论机械论还是生机论,都不是理解人与机器共同演化的最佳方式。有机主义者则提出了思考生命和系统的新范式。我们想重点强调的一位有机主义者是李约瑟(Joseph Needham),他最初是个机械论者(他是《人是机器》[*Man a Machine*]一书的作者),③之后成为一名有机主义者,与约瑟夫·伍杰、康拉德·瓦丁顿(Conrad Waddington)等人一道成为理论生物学俱乐部(Theoretical Biology Club)的核心成员。更惊人的是,他还成了最重要的汉学家之一,他记录了中国的

---

① 彼得·哈夫,《人类世的人类与技术六条准则》(Human and Technology in the Anthropocene: Six Rules),见《人类世评论》(*Anthropocene Review*)1,第2期(2014年7月),第127页:"人类对技术界来说必不可少,但人是从属于它的部分。简而言之,我们可以说技术界是自动的(autonomous)……在大范围内,各不相同且原本彼此无关的技术元素以无计划、无设计、自发的方式结晶,进入被称为技术界的网络化的全球系统,这意味着出现了一个新角色,它的利益必须与人类利益一起加以考虑。这便是技术领域脱离人类控制的时刻。"

② 利奥塔,《非人:对时间的反思》,杰弗里·本宁顿(Geoffrey Bennington)和雷奇·鲍比(Rachel Bowlby)译,斯坦福,加利福尼亚州:斯坦福大学出版社,1991年,第68页:"我认为,现代性不是一个历史时期,而是一种能接受较高程度的偶然性、形塑一系列时刻的方式。"

③ 李约瑟,《人是机器:对浪漫主义以及尤金尼奥·里格纳诺题为"人不是机器"的非科学论文的回应》(*Man a Machine: In Answer to a Romantical and Unscientific Treatise Written by Sig. Eugenio Rignano & Entitled "Man Not a Machine"*),伦敦:Kegan Paul,1927年。

科学技术历史，尤其是把中国哲学定义为一种有机主义哲学；最后，他还是位于伦敦的德日进人类未来中心（Teilhard Center for the Future of Man）的主席，这一机构致力于延续德日进的工作。令人惊讶的是，当李约瑟从有机主义者转而成为中国科学技术史学家时，他没有将中国科技阐释为一种器官学，而是似乎肯定了中国技术的有机主义思想。请允许我引用他的《中国科学技术史》（*Science and Civilisation in China*）第二卷中的一个重要观察：

> 在这里，最好的办法莫过于讨论一下我们的时代通过更好地理解自然组织，修正牛顿主义机械宇宙的伟大运动。[23]从哲学上讲，这种趋势的最了不起的代表无疑是怀德海，他提出许多说服力不一的论点，以各种方式贯穿了关于方法论的现代研究，以及自然科学勾勒出的世界图景——包括物理学界众多非凡的发展、结束了机械论和生机论无结果的争论，同时又能避免先前"整体性"（Ganzheit）学派的蒙昧主义的生物学构想、科勒（Kohler）的格式塔心理学；哲学方面还有劳埃德·摩根（Lloyd Morgan）和亚历山大（S. Alexander）的演化论、史末资（Smuts）的整体论、塞拉斯（Sellars）的现实主义，最后还有恩格斯、马克思及其后继者的辩证唯物主义（及其各层次的组织）。沿着这条线索再向回追溯，还会通向黑格尔、洛采、谢林和赫尔德，直到莱布尼茨（正如怀德海一向认为的），而再往前，这条线索似乎消失了。但是这会不会是因为莱布尼茨曾经研究过朱熹的理学（是由耶稣会翻译、寄回后传到他手里的）？使他为欧洲思想做出全

> 新贡献的独创性，或许是受到了中国的启发——这难道不值得研究吗？①

李约瑟暗示的这段有机主义哲学史和他指出的那些人物，本书将讨论到一部分。李约瑟对中国科学技术中存在有机主义思想的肯定，似乎暗示了中国思想与控制论的密切关系。李约瑟对中国科学技术的历史分析对我自己提出宇宙技术的概念很有帮助，尽管我对李约瑟讲述的完美的历史和对比仍有些保留意见。本书第二章将讨论莱布尼茨的有机主义，以及维纳的莱布尼茨主义，但李约瑟关于中国思想是一种有机哲学、②莱布尼茨从宋明理学中得出了这种思想的观点，是个微妙的问题，需要通过更细致的历史研究来[24]考察。③ 莱布尼茨和宋明理学思想不可逾越的差异在

---

① 李约瑟，《中国科学技术史》，第2卷，剑桥：剑桥大学出版社，1991年，第291—92页。

② 这个论点基于李约瑟在中国哲学中发现的“相互关联”(correlation)概念。它有时也被翻译为共振(*resonance*)，我更喜欢第二种翻译。简单地说，它指天与人的活动之间有一种共振(相互关联)。这种宇宙论也是文明的道德和法律的条件。见许煜，《论中国的技术问题：宇宙技术论》(*The Question Concerning Technology in China: An Essay in Cosmotechnics*)，英国法尔茅斯：Urbanomic Media，2016年，第一部分。

③ 我们在这里必须指出，李约瑟并没有说莱布尼茨的有机主义思想完全来自他同中国耶稣会士的接触。李约瑟也注意到莱布尼茨受到了剑桥柏拉图主义者的影响，包括本杰明·惠克特(Benjamin Whichcote)、亨利·莫尔(Henry More)和拉尔夫·卡德沃斯(Ralph Cudworth)等神学家和哲学家，他们是17世纪中叶的作者，认为自然界是一个可塑、有生机的整体而非机械的。见李约瑟，《中国科学技术史》，第2卷，第503页。莱布尼茨与剑桥柏拉图学派的根本区别在于，后者谈到笛卡尔的“数学病”(*morbus mathematkus*)，莱布尼茨则强调“必须以这种方式表述关于生命的学说，这样它才不与数学物理的基本原则相矛盾”。见卡西尔，《启蒙哲学》，第82—83页。

于，莱布尼茨从逻辑数学的角度提出了他的单子论，而宋明理学则从以天、气、心和理为核心的道德宇宙学的角度出发。① 这里的主要任务是解决有机主义思想和现代技术的矛盾。因为如果我们追随李约瑟等人的观点，认为怀德海和宋明理学的有机主义是机械主义的解毒剂，并且在西方，控制论超越了机械主义，那么控制论会成为更优越的战争机器吗？它将被用于何处？困境恰恰在于：要么回归生物有机主义，要么接受机械有机主义，即控制论。生物有机主义是脆弱的，因为只要我们不处在纯粹的自然状态（即使真的存在这种状态），就很难保持这种和谐而不直面当代技术并对其进行改造：我们已经看到，中国的“有机主义哲学”在两次鸦片战争后就向现代技术投降了，现在又披着政治概念“天下”——多少有些类似康德的有机主义世界主义——的外皮回归。另一方面，机械有机主义意味着我们只得适应一个越来越复杂的技术系统，它正朝着一个不可取的方向发展，[25]即技术决定论的扩张和算法灾难的不断来临。按照海德格尔敏锐的观察，“有机”是现代性用机械技术“战胜”自然的另一个说法。因此问题不再是简单地恢复一种有机主

① 李约瑟本人也是数学形式语言的支持者，对他来说数学形式也是对生机论者——如柏格森和霍尔丹（J. S. Haldane）——的批判。李约瑟在 1936 年于耶鲁大学的泰利系列讲座（Terry Lectures）中，以霍尔丹为靶子揭露了拒绝以物理化学方式理解生命的批判的局限性，该讲座后来出版为《秩序与生命》（*Order and Life*），剑桥：剑桥大学出版社，1936/2015 年。李约瑟批评了生机论者在缺乏明确定义的情况下使用本质、意识等术语。另一方面，他赞扬路德维希・冯・贝塔朗菲通过数学将系统形式化的努力，以及达西・汤普森（D'Arcy Thompson）在《论生长和形态》（*On Growth and Form*，剑桥，剑桥大学出版社，1917 年）一书中建议通过坐标（以矩形网格的形式）理解生物形态的变化的做法。见李约瑟，《秩序与生命》，第 6—49 页。

义(尽管它的重要性不容忽视)——无论是恢复中国哲学还是李约瑟、贝塔朗菲和怀德海的哲学——而是,正如我想在本书中建议的,必须通过阅读自然哲学、有机主义、控制论、器官学和宇宙政治,提出未来的技术思想。

§6 器官的冲突

正如恩斯特·卡西尔所说,康德在他的三部批判中留给技术的角色十分边缘,只有稍后在控制论和器官学中,我们才重新发现康德作为指导精神。[①] 有机主义是一种递归思维。器官学标志着从一种(自然中的)递归形式到另一种的转变。它是一种既整合又探索着能够开启新循环的新认识论的综合性思想。就我们所知道的来说,乔治·康吉莱姆(Georges Canguilhem)是第一个提出"**一般器官学**"(*general organology*)这个术语的人,他意在重新思考有机体和机器的关系,这种新思考不是把机器看作人类的等价物,而是把人-机看作一个有机整体。这种思路受到了许多思想家的启发,尤其是科特·戈德斯坦(Kurt Goldstein)的整体论、安德烈·勒鲁瓦-古汉(André Leroi-Gourhan)的外化(exteriorization)理论和黑

---

① 恩斯特·卡西尔,《形式与技术》(Form and Technology)(1930年),见《华尔堡时代(1919—1933):论语言、艺术、神话和技术》(*The Warburg Years [1919—1933]: Essays on Language, Art, Myth, and Technology*),洛夫斯(S. G. Lofts)与卡尔卡诺(A. Calcagno)译,纽黑文,康涅狄格州:耶鲁大学出版社,2013年,第274页:"尽管不断有新问题出现,尽管'批判'工作永远不会结束,这项工作的方向却自康德和他创立'先验哲学'以来就已经确定了。然而,技术还没有真正被整合进这个哲学自我反思的环中。它似乎仍然保留着独特的次要特征。真正关于技术的知识、对其精神'本质'的洞察,还没有跟上技术扩张的速度。"

格尔主义哲学家恩斯特·卡普(Ernst Kapp)。勒鲁瓦-古汉主张,技术既是记忆的外化,也是器官的解放;技术对象也是卡普所说的"器官的投射",从这个意义上说,工具根本上是根据器官被[26]形塑的,于是它延伸甚至取代了器官的功能。康吉莱姆在1947年的讲座"机器与有机体"中,称赞柏格森的《创造进化论》是一般器官学的先驱,因为演化①首先是生命冲动的创造。我们回到生机论者(伯格森和康吉莱姆)那里似乎有些讽刺,生机论者的身份被有机主义者嘲笑,但有时重要性就隐藏在讽刺中。

康吉莱姆没有进一步阐发他的一般器官学。然而,我们可以在西蒙东的一般流程学(*general allagmatic*,或普遍控制论)概念,或在斯蒂格勒的著作更详尽的讨论——他从音乐学中提取出了器官学/乐器学(organology)一词——中找到器官学的踪迹。有理由说,只有到了斯蒂格勒的作品中,我们才能看到一般器官学更系统化的图景,它包含身心器官、社会器官(例如机构)以及各种技术器官。这三种器官系统紧密交织在一起,根据技术器官的变化而演化。不过,斯蒂格勒对于研究器官的器官学有相当严格的理解,因此他绕过了有机主义的问题。斯蒂格勒自2003年起开始用"一般器官学"这个词,进而发展为他现在说的**外器官学**(*ex-organism*)。② 在这本书里,我们将不会讨论斯蒂格勒后期

① 译注:本书中 evolution 一词除了在柏格森《创造进化论》标题中保留通常"进化"的译法,其余情况采用更中性的"演化"的译法。

② 关于外器官学的概念,见贝尔纳·斯蒂格勒,《负人类纪》(*The Neganthropocene*),伦敦,Open Humanities Press,2018年,第115—28页。

的想法,因为这还是他在发展中、进行中的课题。除了奥古斯特·魏斯曼(August Weismann)对种质(germ plasm)和体细胞(soma)的区分,[①]以及基因型和表现型的区分以外,斯蒂格勒还发现了第三种类型的遗传,它既非身体性也非基因性,而是技术性的。这个观点依然是对生物学强有力的解构,直至今天,随着人体增强和基因工程项目即将展开,这个观点才明晰起来。

技术形式的无机也是一种遗传形式,它比基因型和表现型更容易发生突变。技术是作为文化被传给我们的东西,它包含一种生活方式,却不是作为永恒的存在被传给我们的;相反,它[27]每时每刻都在加速变异。在演化论中,技术与环境直接相连。演化的过程是适应(adaptation)和采纳(adoption)的辩证运动,因为单纯对环境的适应回避了意志的问题,而单纯的接纳是对意志的崇拜。我想进一步指出,器官学不只是对人机关系的系统研究,也应研究文化和技术如何相互作用:也就是说,不同的文化——如中国、印度、欧洲、亚马逊等——如何产生新思维,并将现代技术融入它们的传统并改变传统,以重启技术多样性;技术多样性目前是由关于技术奇点的超人类想象主导的。在 19 世纪和 20 世纪那个以机械主义和有机主义/生机论之间持续的张力为特征的时代,我们见证了非西方文化向具备机械技术的战

① 生殖细胞是延续物种的细胞,比如繁殖所需的细胞(如卵细胞和精子细胞)。体细胞是有机体的产物,它们不能将遗传信息传递给种质以传给下一代。生殖细胞既可以产生生殖细胞也可以产生体细胞,而体细胞只能产生体细胞。见弗朗索瓦·雅各布(François Jacob),《生命的逻辑》(*The Logic of Life*),贝蒂·斯皮尔曼(Betty Spillmann)译,纽约:Pantheon,1973 年,第 216 页。

争机器投降，那么在21世纪我们不得不自问，控制论可否用来重启技术多样性？

西蒙东试图通过他称之为**机器学**(*mechanology*)的有机主义/器官学思想，解决人机关系被误解所带来的异化问题，进而克服文化和技术的对立。在谈到文化和技术时，西蒙东指的可能只是西方社会。但我们必须更进一步，努力理解全球化进程中其他文化面临的关键问题。器官学不仅是通过赋予机器一个新的目的来采纳机器，因为器官学也是一种建立在对机械演化的研究基础上的理论。西蒙东的机械有机学旨在重组技术集合，通过内部共振(这是西蒙东用来翻译反馈一词的术语之一)来解决异化问题。人类已经失去了技术个体的地位，因为在工匠时代人们还能为自己提供工具的关联环境(associated milieu)，而在工业化时代，自动化机器拥有它们自己的关联环境，工人因此变得多余。在西蒙东看来，反馈概念承诺的有机性似乎可能通过重组人与机器的关系来解决异化问题——我们将在后面几章中仔细研究这个论题。

[28]人们或许可以说，与西蒙东的偶然性概念相比，斯蒂格勒更像个尼采主义者，因为他的偶然性不仅是系统的动力，也**转变**着系统。在斯蒂格勒对西蒙东作为个体化开端的跃迁(quantum leap)的解读中，一个标志性的概念是作为提升的结构转型。在斯蒂格勒那里，偶然性必须成为必然，这不是说它要被吸收为系统的一部分，而是说它必须成为个人和集体发生转变的支点。从有机概念发展而来的有机主义和器官学不断遭遇技术发展的挑战。我们如今见证着从**被组织的无机**(*organized inorganic*)向**组织性的无机**(*organizing inorganic*)的

转变，[①]这意味着机器不再只是工具或仪器，而成为我们生活其中的巨大有机体。在谢林以及后来的赫顿和洛夫洛克时代，自然被视作一个巨大的有机体，我们是其中的一部分。然而，**“一般有机体”**这个词（它用于描述作为偶然性来源的自然）似乎更适用于描述我们现在居住其中的技术系统——如智能住宅、智能城市和人类世。我们正见证着“人造地球”的形成，我们生活在一个形成中的庞大控制论系统中，它构成了我们当今哲学思考的条件。正如我们将在第一章中解释的，盖亚（Gaia）首先必须被看作詹姆斯·洛夫洛克控制论和琳·马古利斯（Lynn Margulis）有机主义的交汇点。

控制论是一种理解存在与社会的运作的方法论，但这种对社会的理解是从机械和物质的角度实现的。[②] 回归自然这种想法的问题不在于它是错的，而在于它没有看到历史轨迹的不可逆性，马歇尔·麦克卢汉（Marshall McLuhan）在 20 世纪 70 年代便已经观察到这一点，他说**自然的终结**就是**生态学的诞生**。生态学在很大程度上基于有机体概念（按照恩斯特·海克尔[Ernst Haeckel]的说法，有机体是有机体和环境之间的关系），我们也将试图说明，有机体的概念构成了[29]

---

① 译注：请注意，英文中的 organize 和 organic 通常被译作“组织”和“有机”，但这种译法难以体现出这两个词在原文中的关系。被组织的无机（organized inorganic）和组织性的无机（organizing inorganic）这对概念在构词结构上与“自然化的自然”（natura naturata）和“自然的自然化”（natura naturans）相同。

② 西蒙东把控制论描述为操作，把科学实证主义描述为结构，他提出了第三个概念即**流程学**（转换的理论）作为综合。但我们很难想象没有结构的操作。在控制论中，反馈——或者更一般地说，递归——既是操作又是结构。西蒙东对控制论和实证主义的评论见《控制论的认识论》（Épistemologie de la cybernetique），吉尔伯特·西蒙东，《论哲学》（*Sur la philosophie*），巴黎：PUF，2016 年，第 198 页。

自康德以来哲学研究的新条件。然而当生态学用组织性结构取代有机自然——在康德看来它是永久和平的保证,因为他把人类的普遍历史看作自然隐藏计划的实现——时,这种自然概念遭遇了直接挑战。如果在康德之后还可能有一种新的世界主义,它便必须从解构这个自然概念开始,以便看清这个"隐藏的计划"是否仍可实现,或者相反,是否应该提出新的计划。把生态学误解为"回归自然"将是个悲剧,因为回归浪漫主义天真的自然只是一种幻觉,正因如此,布鲁诺·拉图尔想把盖亚重新发明为一个政治概念。① 在现代城市中我们还能体验到自然的偶然性,但我们体验更多的是火车和公交车延误、交通拥堵和工业事故。偶然性采取了另一种形式——我们不只是在讨论气象学、试图预测降水或降雪的概率,还要避免两辆特斯拉自动驾驶汽车在高速公路上相撞。在大数据分析、机器学习和智能化等理念的帮助下,我们将看到城市化完全自动化,这种自动化旨在成为生态的、可持续的,这意味着巨型递归控制论机器的实现。维纳声称发现了机器与动物的控制和交流的一般原理,而控制论机器也正取得一种有机性,从而成为组织化的无机。正是因此,我希望把宇宙技术的概念加入有机概念的谱系中,正如我在早先的著作《论中国的技术问题:宇宙技术初论》中所做的。宇宙技术首先指通过技术活动实现道德和宇宙秩序的统一;这种统一是图形与背景的重新连接,但不是对一与全的形而上学的回归。我们追随西蒙东,借用格式塔心理学中的图形与背景的比喻——西蒙东

---

① 见布鲁诺·拉图尔,《面向盖亚:关于新气候制度的八场讲座》(*Facing Gaia: Eight Lectures on the New Climatic Regime*),伦敦:Polity,2017年。

试图把技术史理解为从一种主体与客体尚未分离、图形与背景和谐并存的巫术阶段的持续分叉（bifurcation）；在巫术时代，图形是背景的图形，背景是图形的背景。[30]持续的分叉——首先是技术和宗教分开，接着每个分支都分为理论和实践两部分——导致图形和背景的不断分离。这需要一种哲学思维（考虑到审美思维的失败）不断把图形与背景结合到一起。技术性的起源也产生了多种的宇宙技术，它们每个都与不同的背景有着不同的关系。换句话说，不同的文化中有多种宇宙技术，而不只有海德格尔在他著名的 1949 年演讲“关于技术的追问”中分析的希腊技术（technē）或现代技术两种。为了在 21 世纪重新讨论技术问题，我们有必要为不同的文化重构**多种技术性**（*technicities*）的起源，这些文化每个都有不同的宇宙特殊性。① 西蒙东经常讨论**技术性现实**（*technical reality*），他似乎暗指着另一个术语，即**人的现实**（human reality）。法语中人的现实（*réalité humaine*）和在此存在（*être là*）这两个词都被用来翻译海德格尔所说的**此在**（*Dasein*）。技术性现实也像人的此在一样，需要“在那里存在”的表达方式，现代技术也应该在其起源处被重新定位和配置。

人们可能会想：我们在这里是不是又把人类与机器、文化与技术对立起来了？器官学正是试图避免这一对立，因为我们拒绝把人类和文化实体化。这意味着人性不是一种持续、永恒的实体，而是意外的（accidental）。我们在把玩古典哲学中的实体与偶性（accidents）的区别，当我们说**意外**，它也具有

---

① 关于宇宙技术概念的详细分析，见许煜，《论中国的技术问题》，第 2 节，“宇宙，宇宙学和宇宙技术”。

偶然性的含义。人的概念是一个偶然的历史概念。当我们接受人类是一种技术存在的观点,我们就已经是后人类了。如果后人类主义概念是一种提出反人类中心主义的伦理学的理论尝试,那么它必须考虑到我们即将展开的人机关系研究的脉络,不然便会失败,因为不然它将始终是一种提出"高阶本体论"的滑稽尝试。器官学可以被看作唯物主义科学,但它不是一种把精神和物质对立起来的唯物主义。相反,它一直在找机会让精神行使自由,而不造成[31]灵魂的异化。① 技术是精神的产物。天真的唯物主义者并不理解这一点,他们把精神看作技术的产物——可惜,我们的时代的确是这种情况。

§7 生态学之后,太阳灾难之前

在人造地球的时代,自动化程度越来越高,我们能否给亚里士多德在《物理学》中定义的巧合与自动概念赋予新的含义?人们会不可避免地把**自动**(automaton)这个词与自动化(automation)联系起来,因为这里**自动**的意思是受限于存在的能力的有望发生之事——例如行进的马会在深渊前止步,投出的硬币要么露出正面要么露出反面。随着机械自动化程

---

① 恩斯特·卡西尔在1930年的一篇题为"形式与技术"(Form und Technik)的文章中,试图解决关于技术的一个关键问题,即文化对技术的从属(格奥尔格·齐美尔[Georg Simmel]称之为文化的悲剧)。卡西尔用"Unterwerfung"一词表示从属,这个词也意味着屈从。文化屈从于技术意味着经济技术的发展日益成为文化的基础,所有的实践都从属于技术变革。卡西尔提出这个问题,并试图通过主张回归精神来解决它,因为如果技术是精神的产物,那么精神就有**能力**也有**责任**克服这种决定论。见卡西尔,《形式与技术》,第272—273页。

度的提高和统计力学的应用,我们正面临一种独特的情况,即自动正从计算理性(calculative reason)的层面上消除偶然性——比如用机器学习算法替代章鱼保罗预测世界杯冠军——并把偶然性提升到另一个层面,即思辨理性(speculative reason)的层面。计算理性会把可能性限制为几个选项,就像一张清单,人们被迫在几个确定的选项(如国籍、性别等)之间进行选择。思辨理性对待计算理性是反动的,因为它必须超越后者。在这个意义上,海德格尔关于存在(Being)的思辨是最突出的例子,他给存在起了不同的名字,比如最后的上帝或者未知(Unknown)。但是"超越"在这里是什么意思?

思辨理性想要超越可感之物,超越直接给定的数据,进入一个显像只被看作[32]诸多可能性与必然性中的一种的领域。但思辨理性也必须受到限制,以免落入**狂热**(*Schwärmerei*)。它必须以现象为指导,才能超越现象。只有当科学超越现象,不再把一切都归结为经验证据,而是把思维提升至一个新的领域时,才能成为哲学,如谢林提出的思辨物理学。但如果思辨理性不再能把计算理性整合为自身的一部分,它便会沦为坏的无限性的牺牲品,比如一个人把机遇与自动对立起来——他没有像亚里士多德那样认识到,所有的巧合/机遇都是自动的(尽管我们回过头来可以说,亚里士多德讨论的是自然而不是技术)。在控制论时代,我们有必要重新审视**机遇与自动**,要看到机遇的可能性不仅是诸多可能性的一个子集,也通过把自动纳入自己的思维中,来创造这种可能性。

关于技术加速和人类的终结,我们或许应该说,剩下的既不是后人类(posthuman)也不是超人类(transhuman),而是非人(inhuman)。非人是利奥塔在关于太阳爆炸的思想实验中提出的一个术语。预计太阳将在大约45亿年后爆炸，[①]在这个思想实验中，一位女性（和一名男性哲学家）问到，科学和技术研究难道不该是为太阳灾难后的生存计划所做的准备吗？因为这些研究倾向于寻求思维与有机身体的绝对分离，这样当所有有机生命都在太阳爆炸后毁灭时，思维还能继续存在。非人首先是一种否定，但它是对两个不同事实的否定。首先，它是对被称为人的东西的否定，如否定有机身体与灵魂的统一。从这个意义上说，它是思想与身体、思维实体和肉体实体的分离，是准备迎接太阳灾难的人类终极科学计划。利奥塔指出这种意义上的非人是系统。他写道，“目前，系统的非人性正以发展的名义（以及其他一些理由）被加强，不该把这种非人性同劫持了灵魂的那种无限秘密的东西相混淆”。[②]说灵魂[33]被“那无限秘密的东西”劫持是什么意思？这无限秘密的非人是什么？它是未知，是无望发生的（the improbable），正如利奥塔在评论圣奥古斯丁时所说，非人“比我更内在于我”。对奥古斯丁来说，它是上帝，但在上帝死后，它是未知（*das Unbekannte*），正如我们在海德格尔那里看到的；或者像斯蒂格勒在布朗肖（Maurice Blanchot）和伊夫·博纳富瓦（Yves Bonnefoy）之后主张的那样，是不可能之物。这种东西不能归结为可计算性、统计数字或先占算法（preemptive algorithms）。这不可计算之物是先于个体的现实，灵魂借此升华、展开自身，也就是行使它的**自由**。但劫持了灵魂的这种非人究竟是什么？说灵魂被劫持又是什么意思？

---

① 利奥塔，《思维没有身体还能继续吗？》（Can Thought Go On without a Body?），见《非人》（*The Inhuman*），第8—23页。

② 同上，第2页。

无论过去还是现在的理性主义者，都没有看到未知或不可知的那个点，尽管他们可以通过为其赋予意义来将不可知之物理性化——也就是说，给非人的存在赋予意义，以免落入21世纪虚无主义。[①] 我们并不是迫使**不理性**（irrational）或未知成为基础，毁掉由此发展起来的所有话语，相反，**非理性**（nonrational）是理性的限度。[②] 回顾地看，理性主义的目的在于构建一个理性体系，正如莱布尼茨所实现的那样。但存在从来不是一个理性主义课题。相反，理性主义和象征主义一样，只是思维的其中一种**方式**（*organons*）。理性主义拼命地试图在杀死上帝之后保留一种一神论，原本的上帝改名为系统。演化论生物学家和生态现代主义者把人类世看作一个庞大的系统，认为解决生态变异问题的方法是调整这个系统，但是，预设一个统一的系统并没有真的为我们提供解决问题的武器，只是让我们适应这个[34]系统。该如何解决适应的被动性和自由的能动性之间的张力？人类自由是善恶二者的可能性。正如谢林试图展示的那样，当形象取代背景（格式塔心理学中的那种形象—背景）、自我意志取代普遍意志时，恶就出现了。在自我意志中寻求解决肯定了对背景的歪曲，是

---

① 因此尼古拉·哈特曼（Nicolai Hartmann）的本体论仍然值得重新解释，他正确地指出，旧本体论的两种趋势——一种是把存在和理性等价，另一种是拒绝客观性体系并把存在作为未知的"物自身"接受下来——忽略了中间的可能性，即可理解的部分和非理性的部分的共存。见尼古拉·哈特曼，《本体论的新途径》，莱因哈德·库恩（Reinhard C. Kuhn）译，芝加哥：Henry Regnery，1953 年。

② 海德格尔在谈论谢林有关人类自由的论述时，在这一点上非常谨慎。一方面，使存在得以显露自身的基础恰恰是"非理性的"（Nicht-Nationale），但人们应该避免"把这一基础丢进所谓不理性[Irrationalen]的原始泥沼[Ur-sumpf]"。见海德格尔，《谢林的"论人类自由的本质"》，第 107 页。海德格尔区分了非理性的和不理性的；非理性不同于不理性。

普遍意志的永久丧失。批评系统不意味着我们应当恐惧绝对(the Absolute)。相反,正是绝对赋予了我们相对化的力量,也是通过相对化我们才能肯定绝对。

埃隆·马斯克(Elon Musk)的SpaceX公司于2018年2月向太空发射的红色特斯拉跑车是宇宙技术的体现,但在这里宇宙只是一个持存。这是阿波罗17号于1972年拍摄地球的照片,使地球变为聚置(Gestell)后的又一个重要举动。现在要轮到火星接受工业开采了。尼采在《权力意志》中说,"自哥白尼以来,人类就在从中心向某个X处挪动"。[①] 而如今在人类世,人类又从X提升回中心,人类中心主义以新的姿态回归。马斯克的游戏展示了一个星球项目,在这里,地缘政治不再只关乎地球,还关系到火星开采工业。在马斯克呈现了这幅世界图景之后,人们又该以什么方式思考宇宙学呢?这幅图景不只是抽象的,它在技术统治方面十分具体。唯一的可能是不仅在理论上,也在实践中给这个世界图景赋予超出持存的意义。为此,我们必须重新框定(reframing)本质上是聚置(enframing)的现代技术思维。这种对聚置的重新框定首先需要将系统碎片化,以便赋予技术新的现实与意义——或者用奥古斯丁·边留久(Augustin Berque)的话说,通过超越现代的"无宇宙性"(*acosmic*)来将地球"再宇宙化"(*récosmiser*)。[②] 埃吕尔尖锐

---

① 弗里德里希·尼采,《权力意志》(*The Will to Power*),华特·考夫曼(Walter Kaufmann)和R. J. 霍林代尔(R. J. Hollingdale)译,纽约:Vintage,1968年,第8页:"当代自然科学的虚无主义后果(以及它试图逃到超越的某处的企图)。它所追求的工业最终会导致自我解体、对立和反科学的心态。自哥白尼之后,人类就一直在从中心向某个X处挪动。"

② 奥古斯丁·边留久,《将地球再宇宙化——秘鲁人的教导》(*Recosmiser la terre-quelques leons péruviennes*),巴黎:éditions B2,2018年。

地指出了“为技术赋予意义”的棘手之处，因为它重复了[35]古代的道路，当时人类赋予自然现象以意义，把自然作为人类和上帝之间的中介，这演变成为一种自然神学或具体宗教。①埃吕尔看到了想要不重复同样的宗教路径——只是把上帝换成技术——的困难。我们必须从不同的角度解读它。一种方法是把技术视为未知，因为它是我们在先前的经验中没有遇到过的东西，否则它就不是新的，也不会有进步，这样一来，赋予它意义就意味着赋予它合理性。另一种方法是把技术视为未知的显现和让未知合理化的方式。这会把我们带回神学和精神生活，这种生活正日渐被抛弃，或成为专属特权阶层的享受——他们能白天朝火星发射火箭，晚上练习瑜伽和冥想。然而，埃吕尔也正确地指出，这两种方式容易引起这两种反应：②一种是用非技术手段，比如冥想或迷幻药，来解决问题；另一种是用技术方案来应对，如果欠缺考虑，这种办法便只会加强系统的正向反馈——就像生态现代主义者希望用包括地球工程在内的更先进的技术，修复被破坏的地球。

§8 未来的宇宙学家

如果说偶然性同时是技术和社会系统的系统化的驱动力，那么可不可能存在一种绝对的偶然性，一种根本无法被吸纳且超出任何预期的偶然性？一些哲学家试图通过把绝对偶然性作为紧急出口，来抵制递归性总体，这个紧急出口或许会

---

① 埃吕尔，《技术系统》，第 282 页。

② 同上。

通往自由和自主。现代人的绝对偶然性就像浪漫主义者的自然一样，取得了先验的高度，它将超越一切系统和人类认识，像灯塔那样救助迷失方向的船只。但当我们谈到**预期**（*expectation*），我们岂不是已经预设了一个主体，一个思考和期望的主体吗？

［36］我们在前面简要提到的库尔诺的客观偶然性，在甘丹・梅亚苏（Quentin Meillassoux）所谓的“绝对偶然性”中被推得更远了。对梅亚苏来说，绝对偶然性是一种摆脱自然与心灵的相互关联的尝试，它试图绕到这一相互关联背后，展现一种新的认识论基础的可能。这种新的认识论基础并不从作为**无条件者**（*Unbedingt*）的绝对出发，而是从作为偶然的绝对开始。如果说理念论和现象学中的互相关联没能把握住这种偶然的基础，是因为这些学派坚持以主客体的互联为知识的基础。

主观主义者（梅亚苏选择使用**主观主义者**［*subjectivists*］而不是**理念论者**［*idealists*］这个词）希望通过强化思想的力量来接近原初事实（arche-fact）；即，思想如何能进入未知的领域。对梅亚苏来说，绝对必须被置于思维之外，在思维可触及处之外，一切因果关系之外。与他所说的互联主义传统的“相互关联的事实性”（facticity of correlation）不同，梅亚苏试图提出“实在性”（factuality）原则，即承认有独立于思维的现实或物质。比如，我们不能说上帝存在或不存在，因为他可能存在也可能不存在；他可能在你明天早上醒来时出现在你面前，或者你在生命中根本看不到他。我引用梅亚苏的说法：“假如我知道某个实体、事物或事件有可能或可以不是它所是的样子，我便称它为‘偶然的’。我知道这个花瓶可以不存在，或者可以以别的方式存在——我知道花瓶本可以不掉下来。”①远离关联主义(correlationism)是一种展开有关可能性存在的新探索的方式。

可以通过梅亚苏对事实性的新处理方法,理解思辨理性的使命,他提出“要让事实性不再是思维限度——思维无法发现事物的终极原因——的标志,而是思维能发现一切事物的绝对无理性的标志”。② 梅亚苏希望提出一种新的本体论,其中有一个[37]叫作“超混沌”(*surchaos*)的新范畴或实体,梅亚苏想把它与数学中的混沌理论区分开来。这种超混沌是“绝对的”,它避开了互联主义的“去绝对化”(desabsolutization)。它不是纯粹的混沌,即完全没有可能得出任何秩序或法律。在一个绝对和不一致的存在中,几乎没有任何偶然性,正如梅亚苏所说:“一种不一致,即普遍矛盾的存在是不可能的,因为这样的存在就不再是偶然的了。一个不一致的存在做不到**变化**,不能**变成另一个样子**,因为作为矛盾的存在,它已经是它所不是的了。”③提出偶然性的必然性不是要回归混沌(正如一些对后现代的错误印象所理解的),而是肯定偶然性的绝对性。

但是**绝对偶然性会为我们带来怎样的认识论呢**?主客体

---

① 甘丹·梅亚苏,《形而上学,思辨,相互关联》(Métaphysique, spéculation, corrélation),见《这周围的一小块地方:关于形而上学及其限度的六篇论文》(*Ce peu d'espace autour. Six essais sur la métaphysique et ses limites*),伯纳德·马比尔编,巴黎:Les Éditions de la Transparence,2010年。引文是根据手稿而不是这本书。我想感谢罗宾·麦凯(Robin Mackay)帮忙核对翻译。

② 同上。

③ 同上。

的相互关联可以而且必须被批评为一种人类中心主义路径，其中思辨屈从于一种感性确定性：死物不如活物有价值。梅亚苏希望为知识**重新估价**(*transvalue*)，这可以概括为下述的反互联主义、反生机论认识论问题：

> 那么考虑到宇宙(the Universe)与我们的主观特质没有任何关系，它没有这些特质也完全可以很好地运作，更严肃地说，不存在一种绝对的尺度使我们的特性(由于它们更强烈)优于其他非人生物或无机物——这样难道我们不会更谦虚吗？①

这种认识论除了数学形式主义，还能是什么呢？但是，这种对数学象征主义的依赖本身不也预设了一种人类主义吗？恩斯特·卡西尔称人为**符号的动物**(*animal symbolicum*)。避开主客体相关性的做法为思辨提供了空间，但这将如何给我们提供一种新的认识论呢？绝对偶然性的概念无疑值得我们关注，因为它为系统设定了限制，意味着系统不能把偶然事件还原为单纯的统计概率。绝对偶然性是一个反系统概念，这是因为一旦[38]系统无法把握它，就必须为系统另设基础，也就是建立另一个系统。比如按照马略特定律，一个容器中的气体产生的压强和体积的乘积是个常数(PV=C)，但这个

---

① 梅亚苏，《迭代，再迭代，重复：对无意义的符号的思辨分析》(Iteration, Reiteration, Repetition: A Speculative Analysis of the Sign Devoid of Meaning)，见《思辨的谱系：结构主义以来的唯物主义和主体性》(*Genealogy of Speculation: Materialism and Subjectivity since Structuralism*)，苏海勒·马利克(Suhail Malik)和阿尔曼·阿瓦尼斯安(Armen Avanessian)编，伦敦：布鲁姆斯伯里，2016年，第126页。

常数只能从经验得知，因此可以是偶然的。在《自然法则的偶然性》(*De la contingence des lois de la nature*)一书中，埃米尔·布特鲁(Émile Boutroux)试图表明，一切必然性总会向它之外的事物敞开，甚至也需要外在于它的法则的事物才能完成，而对一个技术系统来说，总有某些偶然性是被预先假定且理解为必然的。[①] 正如莱布尼茨的“最好世界”假设：由上帝创造的世界就像由设计者设计的技术系统那样，它的运行方式能够预期到偶然性，这意味着偶然性只是相对的。正如布特鲁所说，承认所有自然规律都是偶然的，只表明绝对的基础是不可能的。我们依然没有找到新方法来建立新的认识论，因为所有的真理都变成了相对的。

梅亚苏的绝对偶然性概念恰恰意味着单一系统不能成立，这正是这个概念的积极用途所在。一个超智能(superintelligence)或许并非虚幻，但它将成为多元主义的**终结**。控制论的精神就在于此：在每一个死胡同之后都能找到新的认识论，一个新的基础；即使这个基础是无根基的也无需恐惧。绝对偶然性肯定了多个系统的存在，也包括人类无法理解的系统。黑箱就是一个例子，因为假如黑箱名副其实，它便是人类的认知能力无法穿透的。**黑箱**这个词用来描述对用户来说完全不透明的算法，它是对知识的限度在量方面的挑战，因为想象力无法把捉(或者用康德的话说，无法总括[*zusammenfassen*])数据的大小，只能为此惊讶。绝对偶然性的积极用途在于它肯定了把系统碎片化的必要，因此对任何包罗万象的单一系统构成了限制，就像哥德尔在数学中设立的限制那样。

---

① 见《自然法则的偶然性》，巴黎：Librairie Félix Alcan，1921 年。

它消极的一面则正如我们已经看到的，在于使任何认识论都失去了绝对的基础。这种碎片化不是对后现代话语的重复——因为后现代仍然是关于普遍性的话语——而是为了回归地域性(locality)以重新思考技术的发展。但这回归[39]不是对怀旧的自然概念的渴望，即我们一开始所说的浪漫主义自然，因为自然本身或许在工业革命之后就不复存在了；它也不是对海德格尔谴责的持存的延续。我们必须找到另一种立场；我曾经想称之为**文化**的更高立场，但现在我认为这不够合适，这种说法太容易陷入文化本质主义或种族中心主义。不如说，这种立场是我所说的**宇宙技术**思维，它将技术定位在它的起源处，并把它与作为宇宙现实的基础联系在一起。这一穿越了有机体、有机主义和器官学的旅程，将成为未来宇宙技术再概念化的出发点。自由问题恰恰位于对多元性的肯定中，因为自由就是有能力**区分**(*differ*)和**延迟**(*defer*)图形与背景二者，在经历了几个世纪作为同步化的现代化之后，允许未来分叉的发生。

* * *

这本书分为五章。第一章“自然与递归”试图把康德的反思性判断解读为递归性的先驱，并说明这种反思是如何在谢林的自然哲学中被自然化的；我认为这种自然化预示了20世纪生物学中的有机主义(如贝塔朗菲、李约瑟、伍杰和唐娜·哈拉维[Donna Haraway])和盖亚的概念(洛夫洛克和马古利斯)。第二章“逻辑与偶然”，进一步探讨了反思的概念是如何在黑格尔的反思逻辑中被机械化，并在控制论中实现的——

正如哥达·冈瑟(Gotthard Günther)著名的主张所说的——我们也称其为**机械有机主义**。我们将通过维纳、哥德尔、艾伦·图灵、贝特森、西蒙东和海因茨·冯·福尔斯特的著作,研究控制论的两个主要概念:反馈和信息,以及它们(尤其是哥德尔的一般递归函数)如何体现了递归性和偶然性。第三章"被组织的无机",试图从有机主义转向器官学,这一转向体现在康吉莱姆1947年题为"机器和有机体"的文章中。与有机主义相比,器官学试图通过拒绝机械主义来理解生命与技术的关系;科学和技术在器官学中被理解为回归生命的媒介。这一章将重构柏格森和康吉莱姆思想中的一般器官学概念。第四章"组织性的无机"则要深入探讨[40]西蒙东和斯蒂格勒的器官学,以及递归与偶然在个体化理论中的作用。文中提出"组织性的无机"正在超越"被组织的无机",这促使了对有机主义和器官学的重新思考。最后,第五章"剩余的非人"接受了这一重新思考的任务,提出在启蒙人性终结后,人类有必要发展一种(利奥塔意义上的)非人性作为对哲学的终结的回应,也需要开启一种真正的多元主义或多元宇宙技术。

第一章
自然与递归

自然喜爱隐藏。

——赫拉克利特,《残篇》123

[41]偶然性总是关于某事物的偶然性,只要这件事在时间上被认为是可能的或者甚至是必然的——比如自然法则。并不是所有自然法则就其自身而言都是必然的,但只有当它们被认作必然,才会被视为法则。自然法则始终必然,直到一些例外证明它们是错的。这时,它们会变成偶然的,也就是说事情有可能是别的样子。此时它不再是**法则**,而只是**事实**。我们正是要阐述这种自然与偶然之间的特殊关系,作为反思系统性思维的实现和技术系统的出发点。我们将讨论两个基本点:

(1) 偶然性对于理解自然而言至关重要,尤其是因为自然呈现出一种不规则性,它偏离了由经验观察所得的规则。要想发展一种自然哲学,必须把这种偶然性认作必然。

(2) 任何系统哲学,无论是理想的还是现实的,都必须处理外在于心灵("我")的自然,因此必须解决偶然性的问题,①因为偶然性对这种系统的[42]基础构成了挑战:如果一个系统的基础是偶然的,那么全部知识都可能被悬搁并失去有效性。系统性哲学必须使偶然性成为必然,不仅是事实上的必然,也是逻辑上的必然。

这两个动机是反思18世纪**自然哲学**(*Naturphilosophie*)及其后继理论的关键。(我们将在本章说明,有机主义和盖亚理论是它在20世纪的后继理论。)如果哲学想成为一个系统,它就必须发展一种能处理偶然性造成的威胁的机制。如果先验法则成为偶然,系统将立即崩溃。因此让系统更好地应对偶然的方法是不预设任何规则,而让规则在与偶然性和不规则性的对抗中出现。这样,我们就从以规则为特征的先验性转向一个以目的论为特征的先验性,类似于康德从第一向第三批判的转型。这种系统性思维的核心是有机的概念,它来自自然科学,尤其是生物学的发现。有机不仅意味着要维持部分与整体的关系,也指自组织和自创生(autopoiesis),我们想称其为**递归**。我们如果要处理技术系统的问题,就必须考察自然概念的历史,在黑格尔的意义上,自然总是它自身的他者。只有通过对自然概念的仔细研究,我们才能看清技术问题,因为这两者在哲学史上一直是对立的。换句话说,若不理解自然和系统的

① 迪特尔·亨利希(Dieter Henrich),《语境下的黑格尔》(*Hegel im Kontext*),法兰克福:Suhrkamp,1971年,第157页。

关系，我们就无法理解技术系统：正如海德格尔所说，“技术：自然的历史”(*Technik*: *Historie der Nature*)。①

§9 康德与系统模型

在这里我想引用谢林晚期哲学中一句很有意思的话，开始讨论偶然性的问题。不仅因为谢林将是我们这一章的线索，[43] 也因为这句话在某种意义上颠覆了我们传统的必然性概念：

> 对我们称之为世界的这种东西的第一印象(这种印象在生活和知识两方面都是决定性的)，无论是在总体上还是在细节上都是**相当偶然的**，它不可能是一种通过纯粹的**逻辑流溢**(*logical emanation*)而从理性必然性中产生的印象。这个世界完全不像是纯粹理性的产物。其中**绝大部分**(a *preponderant mass*)是**无理性**(*unreason*)，以至于人们几乎可以说，理性的部分只是**意外**(*accidents*)。②

这似乎是谢林对他早期将自然系统化的尝试的一个结论，这种尝试从 1794 年到 1833 年持续了近 40 年。谢林的断言令

---

① 马丁·海德格尔，《思索》(*Überlegungen*)，VII—Xi，《黑皮书》(*Schwarze Hefte*)，1938/39，(GA 95)，美因河畔法兰克福：Klostermann，2014 年，第 351 页。

② 谢林，《肯定性哲学的基础》(*Grundlegung der positiven Philosophie*)，都灵：Bottega D'erasmo，1972 年，第 99—100 页；米歇尔·科赫(Michelle Kosch)也引用了这句话，见《康德，谢林和克尔凯郭尔的自由与理性》(*Freedom and Reason in Kant*, *Schelling and Kierkegaard*)，牛津：牛津大学出版社，2006 年，第 87 页。

人吃惊，因为他不仅拒绝以理性必然性为基础，也把理性仅仅看作是“**意外**”。这种偶然不仅与特殊个例相关，而是与全体、整个系统相关。我们可以把谢林在这里说的系统看作一个由自然法则调控的系统。谢林的批判十分激进，甚至可能比经典著作《自然法则的偶然性》(1874)的作者布特鲁更为激进。布特鲁在这本书里论证说，偶然性是无处不在的，每一条自然法则都包含着可以逻辑推导出的偶然性。谢林的主张也不同于我们今天所知的哥德尔不完备定理，因为谢林声称偶然性或许是基础，是“本质性的”，而理性只是它的意外，它也依然是偶然性的一种表现。换句话说，如果偶然性是**原初的基础**(*Urgrund*)，它也是**非基础**(*Ungrund*)，或者**深渊**(*Abgrund*)。

或许有人会问，谢林后期的这种概念化与人们通常对系统概念的规律性(这是18世纪哲学的哲学信条)的印象难道不矛盾吗？创造一个系统，或把哲学当作一个系统的任务，可以说是一种在[44]法国大革命之后、科学确立统治之后复兴形而上学的尝试。谢林是最系统化的思想家之一——或许比黑格尔还系统化——尤其是他通常被称为《自由论》(*Freiheitschrift*)的最后一部作品，《论人类自由的本质》。这本书里有一句很有名的话：系统无法摆脱恶，而恶总是作为自由的可能性呈现在系统中。在这里，我们只要看到偶然性——它可以是恶的，也可以是例外状态——是内在于系统的就够了。我们的兴趣在于对谢林的**自然哲学**进行历史批判性阐述，因为它是一种通过建立一个一般性系统来消除对立(现实—理念、主体—客体、偶然性—必然性)的努力，我们可以追随谢林，称这个系统为**一般有机体**(*Allgemeiner Organismus*)。

作为有机存在的系统正是在这种设想中被提了出来，由此我们想把它理解为控制论的先驱。当自然被以这种方式看待，它就消融在控制论中了：这是自然的终结。自然终结了，因为那种在某种意义上说天真的、浪漫主义的、生产性的自然已不复存在，它被控制论取代了；在海德格尔看来，这正是一般意义上的哲学所遭遇的。[①] 然而系统究竟是什么？主体和客体（自然）在什么意义上能够和解？

谢林之前的哲学家，尤其是康德，已经试着回答过这个问题。康德在他的三大批判中提出了两种系统化的基本方法。在第一批判中，他提出了用于分析自然与主体关系的著名的建筑术（architectonics）。在主体看来自然是现象，先验能力规制着主体对自然的统觉。知性范畴的先验演绎依据四类范畴——质、量、关系和模态——展开，它划定了知性的限度以及现象的显现的限度。第一批判中提出的模型是建构性的，在这个意义上，自然必须服从于由先验演绎合法化的概念。我们可以从两方面理解康德的策略：一方面，康德希望避免思辨理性的幻影，即众所周知的**幻象**，于是理性的作用仅限于按照原则统一[45]知性准则；[②]另一方面，康德必须发明一种能回应休谟关于“必然性的偶然性”的挑战的新机制或启发法。康德提

---

① 在1967年《明镜周刊》（*Der Spiegel*）采访海德格尔的那篇题为“只有上帝能拯救我们”的重要谈话中，海德格尔被问到是什么取代了哲学；他态度坚定地回答：控制论。

② 在第一批判中，康德对理性的定义如下：“如果知性可能是诸显像通过规则获得统一性的能力，那么理性就是诸知性规则通过原则获得统一性的能力。因此，它[理性]从来不直接作用于经验或任何对象，而是作用于知性，以便通过概念先天地把同一性给予知性杂多的认识，这或许可以称为‘理性的统一性’，它与任何能通过知性实现的统一性完全不同。这正是理性能力的普遍概念。”伊曼努尔·康德，《纯粹理性批判》，沃纳·普鲁哈译，印第安纳波利斯：Hackett，1996年，A302/B359。

出的第二种系统化模型出现在第一批判题为"论反思概念的歧义"(Amphiboly of Concept of Reflection)的附录里,[①]在《道德形而上学的基础》[②]以及阐述反思性判断的《判断力批判》中,又更详细地讲到了它。《判断力批判》中的反思是规范性而非建构性的,因为它不再是依据概念把自然交由心灵,而是一种寻找未先定的目的与合目的性(*Zweckmässigkeit*)的启发法(正如利奥塔所说)。[③] 用康德自己的话说,规定性的判断是把普遍性施加于特殊者**之上**,而反思性判断是在特殊者**之中**寻找普遍性。西蒙东敏锐地指出,在前两部批判中,批判是无法考察控制论的,因为就像奥古斯特·孔德(Auguste Comte)的[46]实证主义那样,康德的批判也倾向于从结构上思考。只有到了《判断力批判》那里,康德才能处理控制论问题。[④]

---

① 按康德的理解,反思(reflexio, deliberation)不是一种从对象中获得概念的直接方式,而是一种主观的获得概念的方式(同上,A261/B317)。所有比较都需要反思,人们应该把逻辑反思和先验反思区分开。根据逻辑反思,两滴水是相同的,因为它们是逻辑地从范畴推出的概念,但根据先验反思,我们知道它们不同,因为尽管它们在概念上相同,却占据不同的时间和空间;我们或许可以说,正是通过思考的递归性,偶然性(它区分了一滴水与另一滴水,不再属于模态逻辑)才得以被考虑。

② 康德在一个脚注中提到了目的论:"目的论把自然看作目的领域,道德则像自然领域一样可以是目的领域。在自然中,目的领域是一个解释何物存在的理论概念;在道德中,它是一种实现那些并不存在,却可以通过我们的作为或不作为成为现实的实践观念,我们将要实现的东西恰恰与这个观念一致。"伊曼纽尔·康德,《道德形而上学的基础》,艾伦·伍德译,康涅狄格州纽黑文:耶鲁大学出版社,2002 年,第 54 页。

③ 利奥塔,《崇高的分析讲稿》(*Leçons sur l'analytique du sublime*),巴黎:加利莱,1991 年,第 8—9 页。利奥塔对反思性判断的描述是十分机械的,他用启发法一词描述"思想的先验活动",并称感觉是"使思想了解其状态"的标志。另见科赫,《康德,谢林和克尔凯郭尔的自由与理性》,第 73 页。

④ 西蒙东,《控制论的认识论》,见《论哲学》,巴黎:PUF,2016 年,第 180 页。

《判断力批判》第二部分讨论的是目的论判断，康德在这里提出了一个有机模型。他关于目的论判断的写作对同时代的自然科学家影响巨大，[①]也对包括费希特、诺瓦利斯、施莱格尔兄弟、谢林和黑格尔在内的下一代哲学家产生了深远影响。在第64节，我们可以找到对有机形式的最清晰的定义，康德的定义如下："如果一个事物既是自己的原因又是自己的结果（尽管是在双重意义上），那么它就作为自然目的存在。"[②]随后康德举了一棵树的例子，他强调了决定树是有机存在的三个要素。第一，树按照它的类再生产自身，也就是产生另一棵树；第二，树将自身生产为一个个体，它从环境中吸收能量，转化为营养来维持自己的生命；第三，树的各个部分具有相互关系，从而构成整体——正如康德所说，"一个部分的保存与其他部分的保存相互依赖"。[③] 有机存在的概念在于部分和整体的相互关系以及再生产的能力。它也确认了两个重要的关系范畴，即共同体（*Gemeinschaft*）和相互性（*Wechselwirkung*）。[④] 换言之，它们构成了一种原始的自组织形式。康德写道："相反，自然组织自己，并在它的组织化产物的每一个物种中组织自己——总体上讲它的确遵循某个单一模式，但在特殊情况下为了自我保存，它也有意允许一些偏离。"[⑤]

---

① 见蒂莫西·勒努瓦，《生命的策略：19世纪德国生物学中的目的论和机械论》，多德雷赫特：F. Reidel，1982年。

② 伊曼努尔·康德，《判断力批判》，詹姆斯·梅瑞迪斯译，牛津：牛津大学出版社，2007年，§64，第199页。

③ 同上。

④ 这是我之前曾许诺讨论的问题，见许煜，《论数码物的存在》，明尼阿波利斯：明尼苏达大学出版社，2016年，第132页。

⑤ 康德，《判断力批判》，§65，第203页。

§10　哲学的有机条件

[47]有机性构成了哲学思考的新**条件**，因为有机体为哲学提供了一个能让它摆脱先天法则的系统决定性的出口，这种决定性使自由听任于机械法则和宿命论。我们想再次强调，我们不是在谈有机体的哲学，而是论证说有机性赋予了哲学一种新的条件和思维方式。康德在《判断力批判》中阐述的反思性判断的启发法，是一种解释目的因(*Endursache*)的模型。自然目的是无法客观观察到的。我们能看到这样或那样的树，这样或那样的动物，却不能用机械法则把握整个自然。理性只能通过反思性判断来理解自然目的，也就是递归地到达一个自组织的存在。目的论思维在这个意义上是循环的：A→B→C→A。①

有机体的形象给康德提供了解决一些问题的方法。第一，它为想象一个不基于机械法则的系统提供了灵感。机械法则不足以解释偶然性和自然目的论；这构成了判断力的二律背反中的一条主要论点。② 第二，有机体提供了一种框架或基础，自然科学家应该以这种方式考察他们的研究对象，而不是只给出机械的解释。第三，它使康德能系统地拒绝机械主义、物活论(hylozoism)、斯宾诺莎主义(泛神

---

①　勒努瓦，《生命的策略》，第25页。

②　目的论判断的二律背反如下：正题：物质性事物的全部产物及其形式都必须仅依据机械法则就被判断为可能。反题：物质性自然的某些产物不能仅依据机械法则被判断为可能(也就是说，为了判断它们还需要一种相当不同的因果律，即目的因的因果律)。见康德，《判断力批判》，§70，第214—215页。

论)和有神论。① 第四,它是康德政治哲学的核心,因为自然是"伟大的艺术家……'永久和平'的最终'保证'"。② 自然不是[48]某种可以从特定角度加以判断的东西,正如法国大革命不能仅根据其参与者来判断。不如说,自然只能被理解为一个复杂整体,人类作为其中一部分,最终将走向一个近似于自然目的的系统(或共和制),达到"世界主义整体,即各国相互伤害会对每一个国家造成危险的系统"。③

在《判断力批判》第72节中,康德拒绝了如下两种解读自然合目的性的方式,即观念论的路径和实在论的路径。观念论的路径暗示着设计(*Ansicht*)的缺乏,康德用伊壁鸠鲁和德谟克里特的偶然论,以及斯宾诺莎的宿命论说明了这一点。康德批评斯宾诺莎的形而上学是"合目的性的宿命论",因为在这样一个无设计的系统中,尽管世界是从原初存在中衍生出来的,它却忽略了原初存在的理智,认为世界只是从它的"自然必然性"中产生的,因此康德批评说斯宾诺莎的体系消除了全部**偶然性**。④ 因为**神即自然**可以被解读为暗示着上帝

---

① 我们并不是说康德是第一位有机体哲学思想家,正如李约瑟试图证明的,莱布尼茨才是欧洲第一位有机体思想家,这充分体现在他的单子论中。然而,是康德的《判断力批判》把这个主题变得明确和典型。我们将在第二章讨论莱布尼茨的有机思想,以及它如何影响了诺伯特·维纳。

② 汉娜·阿伦特,《康德政治哲学讲座》(*Lectures on Kant's Political Philosophy*),芝加哥:芝加哥大学出版社,1989年,第16页。

③ 同上,第53页,本句无出处,但应是引自《判断力批判》,§83。

④ 保罗·盖尔(Paul Guyer),《自然与自由的统一:康德的哲学体系构想》(The Unity of Nature and Freedom: Kant's Conception of the System of Philosophy),见《对康德批判哲学的接受》(*The Reception of Kant's Critical Philosophy*),莎莉·塞吉威克(Sally Sedgwick)编,(转下页注)

已被还原为自然的实体，从而失去了超越性：一个死去的上帝。另一方面，合目的性的实在论则假定物质的生命是设计的结果——即物活论——这意味着“生命的存在要么是内在的，要么是由一种内在的生命原则或世界灵魂赋予的”。① 我们将在后面看到谢林是如何通过把斯宾诺莎的自然概念和柏拉图的世界灵魂——即物活论——整合进有机性之中，来接受它们的。②

[49]我们或许可以考察一下这种有机体研究（它随后开始用**生物学**这个名字）的发展脉络，它为哲学思考提供了新的条件，**自然哲学**也是它的一部分。自然哲学不是独立于道德和政治哲学等其他学科的哲学，它们的关系在第三批判中很明显，尽管这种关系有时似乎只是象征性的。比如，康德在著名的第549节“美是道德的象征”中写道，人们总可以质疑说，美不仅仅是象征性的，而是操作性的类比，因为以反思性判断为形式的有机性与实践理性具有相同的运作模式。因此康德写道，“相反，后一种（反思性判断）结合……必须只服务于理

（接上页注）剑桥：剑桥大学出版社，2000年，第42页。谢林在他的《论自由》中拒绝了这种对斯宾诺莎主义的批评，他想表明泛神论是自由的体系：“在这里，我们要一次性地表明我们对斯宾诺莎主义的看法。这个系统并非宿命论，因为它允许让事物包含在神之中；因为，正如我们已经表明的，泛神论至少让形式自由不再不可能。”见谢林，《论人类自由的本质》，杰弗·洛夫（Jeff Love）和约翰尼斯·施密特（Johannes Schmidt）译，奥尔巴尼：纽约州立大学出版社，2006年，第20页。

① 康德，《判断力批判》，§72，第219—220页。

② 见弗雷德里克·贝瑟（Frederick Beiser），《德国理念论：对抗主观主义的斗争，1781—1801年》（*German Idealism: The Struggle Against Subjectivism*，1781—1801），马萨诸塞州剑桥：哈佛大学出版社，2002年，第521页。贝瑟在这里主张，“通过把物质仅当作生命的否定面，当作生命最低程度的组织和发展，谢林实际上接受了康德谴责的物活论”。

性的同一种实践能力，就像当我们考虑目的因那样”。[①] 新的因果性，即有机体既是自身的原因也是结果，与动力因（达到目的的手段）不同。康德考虑到自因（self-causation），提出了这个依然回荡在今天所谓的**复杂性理论**（*complexity theory*）中的问题。在第71节“判断力的二律背反的解决导论”中，康德指出，“我们无法看到诸多特殊自然法则的无限多样性的第一和内在基础，这些规则仅凭经验才被了解，对我们来说是偶然的，因此我们绝无能力抵达自然可能性的内在且完全充分的原则，这一原则超越了可感性”。[②] 把全部机械原因都列举出来就充分了——如果有可能做到的话——但世界因（*Weltursache*）迫使我们把这些现象放在一个更广的视角——一个**怪异的**（uncanny）整体中。

这种认识论的限度使康德批评了狭隘的科学解释，并把认识论问题提升为形而上学问题。从认识论角度看，康德巧妙避开了偶然性问题，因为如果偶然性进入了机械原因的列表，确定性就永远无法得到保证。从本体论角度看，康德有效吸纳了偶然性，因为偶然性已经内在地刻写在朝向自然目的的[50]运动之中了。这种把偶然性吸收进自然产物的做法对谢林哲学十分关键，我们将在后面看到这一点。在这里，我们可以看到偶然与自由的紧密关联。有机体也指明了一种解决自然与自由，或者说理论理性和实践理性的断裂的可能方案，

---

① 康德，《判断力批判》，§65，第203页。前面的一句话是：“因此，一个内在地是自然目的的事物的概念，并不是知性或理性的建构性概念，它必须被反思性判断用作范导性概念，通过与我们的一般目的性因果的远距离类比，来指导我们研究这类事物，并作为反思它们的至高源头的依据。”

② 同上，§71，第216页。

《纯粹理性批判》的第三个二律背反表达了这一点：

> 正题：根据自然律的因果不是唯一的因果，使世界的显像可以由此完整地被推导出来。为了解释这些显像，还有必要假设一种根据自由的因果关系。
>
> 反题：不存在自由，世界上的一切都仅按照自然律发生。①

康德的三部批判和他的《遗著》(*Opus Postumum*)体现着克服这一断裂，将自然系统和自由系统整合进单一统一系统的努力。② 在康德看来，理论理性不能克服自然与自由的断裂，因为理论理性暗含的必然性无法容纳自由。只有在实践理性中，自由才能作为道德法则将自身合法化，以达到至高的善和幸福。理论理性被看作规定性判断力或机械主义的一种形式，它没有为实践理性和偶然性留出空间。然而，实践理性的实现也受到自然的必然性的制约。对目的论判断的阐述——这在很大程度上受到了他那个时代自然科学研究的影响——似乎是为了达到这个目的的。正如保罗·盖尔所说，“对目的论判断的批判通过向我们展示在自然中实现最终目的——追求这个目的是实践理性的必然要求——的可能性，弥合了自然领域和自由领域的分裂”。③

反思性判断似乎已经克服了自然的机械主义问题，给了理性一种朝至善运动的非规定性的启发法（或者如[51]康德

① 康德，《纯粹理性批判》，A445/B473，第473页。
② 盖尔，《自然与自由的统一》，第35页。
③ 同上。

所说，是遵照“尚未给出的法则”），①正如在定言命令中那样。② 因此，我们现在有两种关于康德的模型，一个是机械的，一个是有机的。有机模型在观念论者和自然科学家当中引起了回响，比如约翰·弗里德里希·布卢门巴赫（1752—1840），康德和谢林经常提到他的塑形驱力（Bildungstrieb）概念。谢林的任务是克服机械和有机的对立——也就是说，建立一个能将两种模型有效合二为一的一般系统，而不是寻找两个独立领域之间的桥梁。我们可以说，谢林接受了被康德斥为物活论教条体系（世界灵魂的一条原则）的东西。③

§11　费希特的“我”的递归性

在我们转向谢林，探讨自然概念中的递归性之前，有必要经过费希特，因为费希特把康德体系中的反思行为推得更远，

---

① 康德，《判断力批判》，§69，第385页。

② 我们或许可以重新思考康德在第二批判结尾处的这句名言：“有两样东西，越是经常和持久地对它们进行反思，就越是使心灵充满更多的惊奇与敬畏：我之上的星空和我之中的道德律。”见伊曼努尔·康德，《实践理性批判》，刘易斯·贝克（Lewis White Beck）译，纽约：Macmillan，1993年，第169页。霍华德·卡吉尔（Howard Caygill）提出了一个更强的论点，认为这个类比指向了一种“康德式的灵魂和宇宙生理学”，它把“我之中的”（自由）和“我之上的”统一了起来。霍华德·卡吉尔，《康德的灵魂和宇宙：对“两样东西使心灵充满……”的评论》（Soul and Cosmos in Kant: A Commentary on 'Two Things Fill the Mind...'），见《世界主义与未来的涌现》（*Cosmopolitics and the Emergence of a Future*），黛安·摩根（Diane Morgan）和加里·班汉（Gary Banham）译，纽约：Palgrave Macmillan，2007年，第215页。卡吉尔把康德类比中的宇宙与道德的关系（例如，美作为道德的象征）追溯到了布朗（Brown）和哈勒（Haller）的应激理论（theory of irritability）对康德《遗著》的影响，他肯定了两者的有机主义结构。

③ 康德，《判断力批判》，§72，第392、220页。

将其传给了谢林的**自然哲学**。我们知道,费希特质疑康德的**“我思”**(*Ich denke*)只是一个事实(Tatsache),没能说明其因果关系。① 康德的我思仍然是受笛卡尔的考量驱动的,康德放弃了人类主体能进行智的直觉(intellectual intuition),智的直觉又能从理论上理解自由、上帝和不朽等观念的想法,[52]这表明了**我思**的限度。费希特则接受了莱因霍尔德(Karl Leonhard Reinhold)和克里斯蒂安·舒茨(Christian Gottfried Schütz)的批评,主张**我思**首先应该被理解为一个行为(*Tathandlung*)。它绝不是像普通的意识那样,是从**我**指向经验世界的简单行为,而是一种能够自我设定(*selbst setzen*)和反思的行为。在后面的段落中,我们将从谢林对柏拉图《蒂迈欧篇》的解读中看到,这种自我设定是如何与古老的灵魂问题相关联的。**我**的自我设定使费希特进一步发展出了“绝对我”的概念。绝对我是知识的起点。它是绝对的,因为它不以自身之外的任何东西为条件。费希特拒绝把物自身作为表象的物质多样性的不可知来源,②他把智的直觉——在康德体系中人类不具有这种直观——作为自我设定的基础。这种直观表明了**我**对自身的非再现性意识。③ **无条件者**(*Unbedingte*)这个词

---

① 安德鲁·鲍伊(Andrew Bowie),《谢林与现代欧洲哲学:导论》(*Schelling and Modern European Philosophy*: *An Introduction*),伦敦:Routledge,1994年,第18页。

② 甘特·泽尔(Günter Zöller),《费希特的先验哲学:理性与意志的原初二重性》(*Fichte's Transcendental Philosophy*: *The Original Duplicity of Intelligence and Will*),剑桥:剑桥大学出版社,1998年,第27页。

③ 劳拉·奥斯塔里克(Lara Ostaric),《早期谢林的生命概念》(The Concept of Life in Early Schelling),见《解读谢林:批判文集》(*Interpreting Schelling*: *Critical Essays*),劳拉·奥斯塔里克编,剑桥:剑桥大学出版社,2014年,第57页。

也与"物"(*Ding*)有关,也就是说无条件者不能被当作物,正如谢林所解释的:"条件化(conditioning)是一种行为,通过它某物成为有条件的物,被变成一个物,这同时也表明没有什么东西能把自身设定为一个物,即,无条件的物是自相矛盾的。"①

在《谢林之后的自然哲学》(*Philosophies of Nature after Schelling*)一书的"反物理和新费希特主义"(Antiphysics and Neo-Fichteanism)章节中,伊恩·汉密尔顿·格兰特(Iain Hamilton Grant)清楚地把费希特主义的数学模型阐释为"递归"或"迭代"(iteration)。对费希特来说,绝对自我是自由的唯一极点,因为它产生于自我设定而不是由他者设定。费希特把他的先验哲学归入"彻底偶然性"(sheer contingency)的领域。② 心灵与自然、我和非我构成二元性。无条件的我有一个非我作为否定或约束(Anstoß),在无条件的我以外的东西只是这种否定性效果的产物。因此,自然只是[53]生产性想象的产物。③ 这不是说外在于我们的自然不存在,而是说作为机械或有机模型的自然只能是通过非我进行的我的抽象。继第一条原则(自我设定)和第二条原则(约束)之后,还

---

① 曼弗雷德·弗兰克(Manfred Frank),《谢林哲学导论》(*Eine einführung in shelling's Phoshiie*),美茵河畔法兰克福:Surhkamp,1995年,第50页:"条件化是一种把某物变成按条件规定的事物的活动,也就是把它变成一个物;这同时也表明,没有什么东西能把自己设定为一个物,也就是说无条件的物是自相矛盾的。"(I/1,166f.)

② 丹尼尔·布莱泽(Daniel Breazeale),《〈知识学〉一书的精神》(The Spirit of the *Wissenschaftslehre*),见《对康德批判哲学的接受》,莎莉·塞吉威克编,剑桥:剑桥大学出版社,2000年,第177页。

③ 丹尼尔·布莱泽,《反自然? 费希特早期〈知识学〉世界中自然的地位与意义》(Against Nature? On the Status and Meaning of the Natural World in J. G. Fichte's Early *Wissenschaftslehre*),见 *Philosophia OSAKA* 9 单行本,2014年,第21页。

有关于作为行动的我的统一的第三条原则。绝对我是物与意识统一之处,可分的我和可分的非我的二元性在此得到解决:理念—实在,实在—理念。[①]

自然是《知识学》的对象,但它只是理智的抽象。比如意识可以把握一条直线,抽象出它的形式,从这个意义上说,它可以假装是一个绝对普遍意识的系统,不能容忍外在于它的实在论。[②] 可以说,费希特体系是个像数学那样的形式系统。事实上,康德和雅科比(Friedrich Heinrich Jacobi)在两封公开信中攻击了费希特的《知识学》。康德——费希特自认为是康德的信徒——批评说这本书"只是一种逻辑,因此缺乏内容,无关乎现实",雅科比则指责说这本书是数学,他批评费希特的"虚无主义"。[③] 这里也体现出了谢林和费希特对**绝对**的定义的根本区别:谢林这样回应费希特,说他称之为**哲学**的是"观念论的物质证明"。[④] 谢林希望让现实与理念和解,不是像费希特那样把现实还原为理念(在谢林看来这是"对自然的抹消"),而是在现实中找寻理念——这是谢林自然哲学和同一性哲学的核心概念,因为自然既不是外在于我们的,也不像人性(human nature)那样只是内在于我们:我们必须认识到自然与主体的统一,这

---

① 费希特,《1800 年 11 月 15 日致谢林的信》(Letter to Schelling 15 Nov 1800),见费希特和谢林,《谢林与费希特的哲学断裂》(*The Philosophical Rupture between Schelling and Fichte*),奥尔巴尼:纽约州立大学出版社,2013 年,第 27 页。

② 费希特和谢林,《哲学断裂》,第 57—58 页。费希特写道,"如果说它[观念论]想要成为什么,那它必须成为普遍的形式逻辑"。

③ 甘特·泽尔,《从批判到元批判,费希特对康德先验观念论的转化》(From Critique to Metacritique, Fichte's Transformation of Kant's Transcendental Idealism),见《对康德批判哲学的接受》,莎莉·塞吉威克编,剑桥:剑桥大学出版社,2000 年,第 139 页。

④ 费希特和谢林,《哲学断裂》,第 44 页。

样主客二元论就被废除了。[54]黑格尔后来在他的《费希特和谢林哲学体系的区别》一书中也描述了这种区别，在他看来，费希特以“主观的主客体”为目标，而谢林探索的则是“客观的主客体”，也就是说谢林认为自然是独立的（*selbstständig*）。① 对谢林来说绝对不再是主观的一侧，而是主客体的绝对统一，它持续地展开递归运动。我选择用**递归**一词而不是**反思**（*reflective*），有个重要原因，因为按谢林的观点，反思也是一个分离过程：主体反思自身，以把“我思”和“我被思”分离开。而递归只有在绝对统一的条件下才是可能的。②

费希特与谢林的区别在于，前者的递归操作只发生在**我**之中，自然的“自我生成”（Selbsterzeugung）在我中展开。③ 费希特接受了康德第三批判中的有机概念，有机模型成了一种完美的“反物理”，因为机械模型只是理论理性的抽象，而不是实践理性的实现。法国哲学家皮埃尔·利维（Pierre Livet）在他1987年的文章《费希特的主体间性，反身性和递归性》（Intersubjectivité, réflexivité et recursivité chez Fichte）中，讨论了费希特的递归问题，他在文中把反思定义为“直接在自身处循环的递归性”。④ 利维表明，我和非我的递归过程构成了

---

① 贝恩德-欧拉夫·居伯（Bernd-Olaf Küppers），《作为有机体的自然：谢林早期自然哲学及其对现代生物学的意义》（*Nature als organismus*：*Schellings frühe Nature Philosophiie and ihre Bedeutung für die modern Biologie*），法兰克福：Vittorio Klostermann，1992年，第35页。

② 同上，第39页。

③ 泽尔，《从批判到元批判》，第140页。

④ 皮埃尔·利维，《费希特的主体间性，反身性和递归性》，见《哲学档案》（*Archives de Philosophie*）50，第4期，1987年，第585页：“反思性可以被定义为直接封闭在自身中的递归。”（On pourrait définir la réflexivité comme une récursivité qui se boucle immédiatement sur elle-même.）

一种自同态(endomorphism),在这里他者与我没有什么不同。用费希特自己的话说,我是“反射自身的镜子”,[①]或一种“回归自身的行为”(in sich zurückgehendes Handeln)。[②] 在格兰特看来,我和非我这两种纯形式的辩证二元性,产生了他所说的“抽象物质性”(abstract materiality)。格兰特引用了费希特在《知识学》中的这段话来阐明这种递归模型:

> [55]因此,这种运动凭借相互作用[des Wechsels]返回自身,相互作用又凭着这种活动返回自身。一切事物都再生产自身,不存在间隙;事物在每个环节都趋向一切其他事物。形式的运动决定了物质的运动——相互作用的物质——它反过来又决定了自身的形式;相互作用的形式决定了形式的活动,等等。他们全都是同一个综合状态[Zustand]。行动以圆圈的方式回归自身。但整个圆圈被绝对地设定。它存在因为它存在,没有更高的基础能被给予它。(WI,第170—171页;1982:第158—159页)[③]

---

① 引自泽尔,《费希特的先验哲学》(*Fichte's Transcendental Philosophy*),第36页,出自费希特,GA IV/2:49。

② 引自泽尔,同上,第76页,出自费希特,GA I/4:216。

③ 伊恩·汉密尔顿·格兰特,《谢林之后的自然哲学》,伦敦:Continuum,2008年,第92页。递归也适用于费希特的伦理学思想,正如艾伦·伍德总结的那样:“对费希特来说,属于我的道德使命的每一个行动,都在通往最终目的的路途中,且必然把我们带向那里。此外,每个递归都涉及到要在一个确定的范围内设定一个新目的,而不是根据它的某个确定概念来设定最终目的。相反,我对最终目的的唯一理解是,它位于这一系列递归行动所规定的路途的无限远处。”艾伦·伍德,《费希特的伦理思想》(*Fichte's Ethical Thought*),牛津:牛津大学出版社,2016年,第181页。

格兰特因此总结说，费希特提出了一种“充满惰性物质成分的死自然”，他是“数学化科学形式主义模型的一个被忽略的贡献者”。从康德的《判断力批判》中发展而来的递归性问题（它又可以追溯至莱布尼茨的数学和形而上学）在这里非常重要，因为它使系统的出现成为可能——而**系统**的说法又把我们带回谢林定义的“自足的整体”。① 对谢林来说，问题不是要把第一性给予我，而是把它给予作为**一**和**全**的自然，给予它自由，从实在中推导出理念。② 因此谢林对系统的描述更加有力，它在某些方面预见了一个更复杂的递归系统，比如伊利亚·普里高津（Ilya Prigogine）的耗散系统（dissipative system）和弗朗西斯克·瓦雷拉（Francisco Varela）、洪贝尔托·梅图拉纳（Humberto Maturana）的自生系统论（autopoiesis）。③

§12 灵魂与自然的循环运动

[56]在给费希特的一封信中，谢林写道，“我讨论对象如何进入意识，意识如何进入对象。按照这种说法，[这两个因

① 谢林，《自然哲学观念》（*Ideas for a Philosophy of Nature*），第48页。埃罗尔·哈里斯（Errol E. Harris）和彼得·希思（Peter Heath）译，剑桥：剑桥大学出版社，1988年，第145页。

② 鲍伊，《谢林与现代欧洲哲学》，第94页。

③ 哲学家玛丽-路易丝·霍伊泽尔（Marie-Luise Heuser）在早期著作《自然的生产性，谢林自然哲学与自然科学中自组织的新范式》（*Die Produktivität der Natur. Schellings Naturphilosophie und das neue Paradigma der Selbstorganisation in den Naturwissenschaften*）中，展示了谢林的自组织概念与伊利亚·普里高津的非平衡态系统（Far-from-Equilibrium Systems）的相似处，以及这两种理论如何使生成优先于存在，柏林：Duncker & Humboldt，1986年。

素的]统一似乎是一种[外在的]补充”。[1] 基于主客体统一的递归模型如何可能？这个问题不再只涉及知识的概念，它也是哲学的事业。谢林哲学是先验主义的物质证明。哲学的系统化也是获得和发展知识的方式的系统化。在递归模型中，主客体具有相互关系，因此每一次分叉之后都能再次统一。如果我能知道在我之外的世界，那是因为我意识到了我意识到它这一事实。通过回归自我，我获得了对外部世界的知识，这就像一个持续的谈判过程——或者像谢林那样更准确地说，这是一个永恒的行动(ewiges Handeln)。[2] 这也是我们将在下文和第三章讨论的灵魂“回归自我”(Zu-sich-selbst-Kommen)这一古老概念。贝恩德-欧拉夫·居伯(Bernd-Olaf Küppers)把这持续的分化和统一简练概括为：

> 只有这样，绝对才能在保持同一性的同时无限分化自身。绝对进入与自身的区别中，这种区别又在发展的更高阶段消解为无分别，因此存在着绝对从一般向特殊的发展的运动。[3]

这种对自然的构想，把自然和我看作同一个一般模型的两

---

① 谢林，《在耶拿的谢林写给在柏林的费希特，1800年11月19日》(Schelling in Jena to Fichte in Berlin, November 19, 1800)，见费希特和谢林，《谢林和费希特的哲学断裂》，第44页。

② 居伯，《作为有机体的自然》，第42页。

③ 同上，第40—41页：“Nur so kann das Absolute sich unter Wahrung seiner Identität unendlich oft ausdifferenzieren. Da das Absolute zu sich selbst in eine Differenz tritt, die sich jeweils auf einer höheren Entwicklungstufe in eine Indifferenz auflöst, gibt es eine Entwicklung des Absoluten vom Allgemeinen zum Besonderen.”

个例子,通过展现这个一般模型,实在和理念取得了和解。按照这种观点,对象和它的规定在直观中不曾分离。① 对谢林来说,物质由吸引和排斥两种力量构成,这种物质观念出自康德1786年的《自然科学的形而上学基础》(*Metaphysical Foundations of Natural Science*),[57]他那个时代的化学家亚历山大·尼古拉斯·谢勒(Alexander Nicolaus Scherer,1771—1824年)也证实了这一点。在《自然哲学的观念》中,谢林大量引用谢勒的观点,尤其是他关于身体的属性是被激活的基本身体力量的说法。对谢林来说,包括光和热在内的不同的物质,都只是这些力量不同程度或比例的组合,就像柏拉图《蒂迈欧篇》中的天体演化学。从磁极发出的磁力作用和流电(Galvanism),极好地阐释了吸引力和排斥力的相互作用。②

谢林也以类似的方式阅读了康德《判断力批判》的第64、65章。文中康德以树的部分—整体关系为例,用相互作用和共联性概念解读生物的有机形式。谢林在《自然哲学的观念》中引用了康德的这段话,尤其是有机体的绝对个体性观念:"它的各部分只有通过整体才可能,整体不是通过组装,而是通过互动才能实现。"③部分和整体的统一是通过理念而非物质实现的。在这里,理念是"包含"着两个潜在对立实体的第

① 谢林,《自然哲学的观念》,第193页。

② 极性是环形运动之产生的第一个重要步骤,正如谢林在《论世界灵魂》(*Von der Weltseele*)中所说:"它是自然哲学学说的第一原则,即假设极性和二元性遍布整个自然。"引自施耐德(H. A. M. Snelders),《无机自然科学中的浪漫主义与自然哲学1797—1840:初步调研》(Romanticism and Naturphilosophie and the Inorganic Natural Sciences 1797—1840: An Introductory Survey),见《浪漫主义研究》9,第3期(1970年夏):第198页。

③ 谢林,《自然哲学的观念》,第31—32页。

三者。自然可被视为一个整体——后来《论世界灵魂》(*Von der Weltseele*)中又称它为一般有机体(allgemeiner Organismus)。① 这个整体也由两个对立的概念构成:一方面是**机械性**,它是"一系列向后回退的因果关系";另一方面是**目的性**,它"独立于机械性,是原因和结果的同时性"。② 这两者作为不可调和的两个部分彼此对抗,但一旦用理念把它们统一起来,自然就会以循环的形式出现,就像柏拉图讲的世界灵魂:

> 如果我们把这两个极端(机械性和目的性)结合起来,就会产生整体的合目的性的理念;自然变成了一个回归自身的圆环,一个自我封闭的系统。原因和结果的序列[58]彻底消失了,取而代之的是手段和目的相互联结;个体离开整体就不能成为实在,整体离开部分也不能。③

通过这种作为理念、统一并包含着两个极端的**第三者**,我们发现了自然与心灵的同构性(isomorphism)。这种同构性体现在《自然哲学的观念》的一句著名论断中:"自然应是变得可见的心灵,心灵是不可见的自然。"④心灵与自然的关系不是由一元论构成的,而是说,它们具有同一种个体化的一般模式。因此现在的问题是:这种有机化的力量从何而来? 对年轻的谢林来说,设定一个上帝作为创造的答案似乎太过容易,

---

① 谢林,《论世界灵魂,为解释一般有机体的高等物理学假设》(*Von der Weltseele. Eine Hypothese der höheren Physik zur Erklärung des allgemeinen Organismus*),汉堡:Tredition,2011 年。

② 谢林,《自然的哲学观念》,第 40—41 页。

③ 同上。

④ 同上,第 43 页。

在他给黑格尔的一封早期书信中,他称自己是斯宾诺莎主义者。[①] 似乎是谢林早期对斯宾诺莎的好感和对宗教的距离,使他提出了**自然哲学**以及后来的思辨物理学。

然而,作为一个观念论者,谢林也很难解决先于我的物质的存在的问题。只有通过把物质的产生和心灵的产生同步化,才能消除这个裂痕。康德在1786年的《自然科学的形而上学基础》中称,物质的所有变化都有外因,因此物质"没有绝对的内在规定和规定的基础"。[②] 在这本书里,康德也提出根据两种基本力来理解物质的运动,即吸引和排斥。和康德一样,谢林也把物质看做排斥力和吸引力的结合。但与康德和其他机械论者——尤其是写下《机械化学试验》(*Essai de chimie mécanique*,1758)一书的瑞士物理学家乔治-路易·莱萨格(Georges-Louis Le Sage)——不同的是,谢林对人能否预设物质先于力而存在持怀疑态度。比如,莱萨格的原子论认为物质是由可分的粒子组成的,[③]而谢林的问题是,这种分割该止于哪里?在谢林看来,假定粒子存在只是一种理解自然的直观方式,而不是[59]哲学方式。[④] 谢林的反对意见是相当思辨性的:他拒绝把单个粒子作为物质的基础,认为物质是由力产生的。当两种力相互抵消而达到平衡时,就只有死物质了。[⑤] 这

---

① 见黑格尔,《黑格尔:书信》(*Hegel: The Letters*),克拉克·巴特勒(Clark Butler)和克里斯蒂安娜·塞勒(Christiane Seiler)译,布鲁明顿:印第安纳大学出版社,1984年,第32—33页;谢林给黑格尔的信,1795年2月4日。

② 鲍伊,《谢林与现代欧洲哲学》,第31页。

③ 谢林,《自然哲学的观念》,第163页。

④ 谢林的进路与怀德海的有机主义哲学有很大相似处,后者的基础是通过引入对有机体的研究而拒绝唯物主义科学。

⑤ 谢林,《自然哲学的观念》,第148页。

就引出一个问题：如果在死物质中再也找不到活跃的和不平衡的力，那么该如何解释我们眼前的这种对象的存在呢？答案必须是：这样的死物质并不存在于可见的自然中，因为它不可能存在。谢林对牛顿引力学说的批判也在于此：引力对牛顿来说只是吸引力，谢林则认为不设置斥力只设置引力是不够的；引力只是一种"科学虚构"，它把"现象本身"还原为"法则，而不打算解释它"。①

但只有消极和积极两种力量依然不够，谢林又引入了第三种力：重力（Schwerkraft）。重力包含并统一着两种对立力，它将理念带入实在：

> 如果康德的扩张性和吸引性力（他把我们到目前为止称之为"阻碍"[retarding]的东西叫作"吸引力"）只代表最初的对立，那么他不能只用这两种力来完成物质的建构。还需要第三种力量解决这种对立，按照我们的观点，这种力量要在事物朝向无差异（indifference）的普遍倾向，即重力中寻找。②

重力是一种统一的力，但不仅是诸多综合性力中

---

① 阿尔伯特·博格曼（Albert Borgmann），《打破对称性：对道德宇宙学的浪漫主义探索》（Broken Symmetries: The Romantic Search for a Moral Cosmology），载于《浪漫主义哲学》（*Philosophical Romanticism*），尼古拉·科姆普迪斯（Nikolas Kompridis），伦敦：Routledge，2006 年，第 252 页。

② 谢林，《自然哲学体系的第一纲领》（*First Outline of a System of the Philosophy of Nature*），基思·彼得森（Keith R. Peterson）译，奥尔巴尼：纽约州立大学出版社，2004 年，第 189 页。

的一种，它也作为绝对同一性、实在与理念的无差异出现。[①] 因此，我们需要记住这种**无差异**（*Indifferenz*，差异的缺席）不是对所有的力的消除，也不是虚无。而是普遍者在[60]特殊者中（如沙子）或特殊者在普遍者中（如液体）的完全聚合。这两种力量的冲突将被解决，让位于一种同一性，即亚稳态（metastability）。我们眼前所见的自然对象都处于亚稳态。物质、能量和信息条件的任何变动，只要足够强烈，都可能引发进一步的个体化。谢林并没有用**亚稳态**这个词，而是用了**聚合**（*cohesion*）。他还类比了**我性**（*Ichheit*）和磁性中两种力的聚合："聚合，或者说磁性，是物质中的自我或我的印象，通过它，物质首先作为普遍同一性的特殊物出现，接着上升至形式的领域。"[②]

在有机体的观念中，也能找到这种物理兼形而上学的力的模型。生命的出现不能仅用化学作用来解释，尽管是化学作用产生了有机自然所必需的无机自然（事实上，谢林承认化学作用是唯一可把握的规定形式[*bestimmte Form*]）。[③] 在对生命原则的讨论中，谢林回应了布卢门巴赫的**塑形驱力**（成型的驱动力）概念，这个概念在康德的第三批判中也很关键。[④]

---

① 阿尔贝托·托斯卡诺（Alberto Toscano），《生产的剧场：康德和德勒兹的哲学和个体化》（*The Theatre of Production: Philosophy and Individuation between Kant and Deleuze*），伦敦：Palgrave Macmillan，2006年，第119页。

② 同上，第113页，见SW4，S. 451f："Die Cohäsion, oder, was dasselbe, der Magnetismus, ist die Impression der Selbst- oder Ichheit in der Materie, woraus sie zuerst als Besonderes aus der allgemeinen Identität heraustritt und sich in das Reich der Form erhebt."

③ 谢林，《全集》（*Sämmtliche Werke*），科塔：Stuttgart and Augsburg，1860年，1:2，第498页。

④ 蒂莫西·勒努瓦，《德国生物学中的康德，布卢门巴赫和生机唯物主义》，见*ISIS* 71，第256期，1980年，第79页。

谢林对塑形驱力的批判是，它不能独自作为生命的首要原因。谢林认为，塑形驱力“只是一切自然形态中自由与合法则性[Gesetzmäßigkeit]的原初统一的表现[Ausdruck]，而不是对这统一本身的根本解释[Erklärungsgrund]”。①

让我们再次强调上述论点：如果说谢林拒绝了**塑形驱力**，那是因为生命既需要两股力，也需要一个能够保持矛盾并争取达到**无差别**状态的第三者。在个体化过程中还潜藏着更多的基本自然原则。这些原则不是物质性的，而是抽象的，可以被假设为两种对立的趋势，即作为积极原则的统一和作为消极原则的分化。[61]在《论世界灵魂》一书中，谢林指出约翰·布朗（John Brown）的动物兴奋性理论（*tierische Erregbarkeit*）和刺激力（*erregende Potenzen*），对应着生命的积极和消极原则。②

物质如何从这些力中产生？自然是如何产生生命的？这些是谢林自然哲学未能解决的核心问题，因为他的自然哲学归根结底是**形式**的哲学。《自然哲学的观念》（1797 年）试图对光、心脏、磁性和化学等无机物质进行形而上学解读，1798 年出版的《论世界灵魂》则讨论了有机物。在随后的几年内，谢林出版了他的《自然哲学体系的第一纲领》（1800 年）和这本书的导论；导论中，他把《自然哲学的观念》和《论世界灵魂》两本书的内容结合起来，通过他所谓的**思辨物理学**构建起一个自然体系。我们可以把谢林的自然哲学解读为对潜力（potencies）的分析，这是为揭露自然结构的基础做的准备。对自

---

① 谢林，《论世界灵魂》，第 178 页。

② 谢林，《论世界灵魂》，第 156—159 页。

然潜力的研究是根据递增的复杂性进行的：A＝B、A^2、A^3，即从无机到有机（动态）再到有机体。谢林借鉴了卡尔·弗里德里希·基尔迈耶（Carl Friedrich Kilmeyer）对有机的定义，即有机是**无机在更高的潜力层面上的重复**，他把植物视作生命的初级阶段，而动物具有真正的有机体形式。①

美国哲学家布鲁斯·马修斯的著作，《谢林哲学的有机形式：生命作为自由的图式》（*Schelling's Organic Form of Philosophy: Life as the Schema of Freedom*），②对我们重建谢林自然哲学中有机概念的使用具有指导意义。马修斯从谢林对柏拉图《蒂迈欧篇》的评论开始，通过对康德和费希特的解读，再到他关于自由的成熟的作品，追溯了谢林对有机形式的使用。这种形式的原初面貌可以在柏拉图的《斐莱布篇》（Philebus）中找到，书中，按照苏格拉底的说法，有机形式是诸神的礼物：

> [62]这种形式是诸神赐予人类的礼物，与纯粹的火一起，首先由普罗米修斯给予人类。因此古人（他们比我们更伟大，更接近神）留下了这样的故事，一切从一与多（复数性）中产生的事物，都在自身中包含无限性（apeiron，普遍）和有限性（peras，单一）的统一：因此我们也应

---

① 迪特·万德施耐德（Dieter Wandschneider），《康德，谢林和黑格尔的自然哲学》（The Philosophy of Nature of Kant, Schelling and Hegel），见《劳德里奇 19 世纪哲学指南》（*The Routledge Companion to Nineteenth-Century Philosophy*），迪安·莫亚编，纽约：Routledge，2010 年，第 79 页。

② 布鲁斯·马修斯（Bruce Matthews），《谢林哲学的有机形式：生命作为自由的图式》，奥尔巴尼：纽约州立大学出版社，2012 年。

> 当依据事物的这种安排，在每个对象中预设并寻找一个理念……——当初正是诸神教导我们这样思考、学习与传授的。①

这种作为无限在有限中的统一、一中的多的形式，也是柏拉图《蒂迈欧篇》对灵魂的描绘：灵魂是一种不断回归自身的循环运动。只有通过这种形式我们才能在有限中感知无限，在多样性中感知统一，在自然和艺术中都是如此。谢林从康德《判断力批判》的视角对柏拉图世界灵魂概念的解读，是他的学说后来发展的基础，其中包括他对斯宾诺莎主义的挪用。在他对《蒂迈欧篇》的评论中，我们能找到一段与康德在第三批判第 64 节中的描述（我们在前面谈到过这段话）几乎一样的说法："我们必然遥记得，柏拉图把整个世界看作 ξωον，即一个有机化的存在[Wesen]，作为一个存在，它的部分不只是在与全体的关系中成为可能，也要在彼此的相互关系中互为手段和目的，并一同产生作为相互关联的形式。"②

这种原初形式不同于机械形式，也不外在于机械形式；相反，有机形式能把机械形式整合到自身中，进入更高的潜力。因此有机性和机械性不再对立，对立已经被归入有机体的结

① 谢林，《蒂迈欧》(*Timaeus*)，斯图加特：Frommann Holzboog，1794/1994 年，第 36 页；马修斯也在《谢林哲学的有机形式》中引用了这段话，第 46 页。

② 谢林，《蒂迈欧》，第 33 页："wir mußen uns ferner erinnern，daß Plato die ganze Welt als ein ξωον，d. h. als ein organisirtes Wesen ansah，also als ein Wesen，deßen Teile nur durch ihre Beziehung auf das Ganze möglich sind，deßen Teile wechselseitig sich gegen einander als Mittel u. Zweck verhalten，u. sich also einander ihrer Form sowol als Verbindung nach wechselseitig hervorbringen."

构和操作之中了。有机形式同时代表了自然和自由。我们可以把谢林在1795至1799年间的早期自然哲学解读为对这种有机形式的阐述,这同时也是透过现代自然[63]科学视角对希腊哲学的复兴,它为正在被机械法则取代的自然赋予新的形而上学意义。①

§13　《自然哲学》中的递归性

在《自然哲学体系的第一纲领》中,谢林显然在很大程度上受到了斯宾诺莎的影响,他提出要发展一种"物理学的斯宾诺莎主义"。② 谢林接受了斯宾诺莎关于自然的单一和无限性的观点,③这种作为整体的自然"同时是自身的原因,也是自身的结果"。④ 斯宾诺莎区分了两种因果:相继的因果——

---

① 泽维尔·蒂列特(Xavier Tilliette)表明,谢林从1800年起就提出了第二种自然哲学,他在维尔茨堡会议和与布鲁诺(Bruno)、卡拉(Clara)等人的对话中谈到过这一点,但这第二种自然哲学与科学几乎没有什么关系,它的重点是宗教,或者说是"一和全"(Ἓν καὶ Πᾶν)。蒂列特暗示说,谢林对他早先关于自然的作品很满意,在《自然哲学的观念》和《论世界灵魂》的重印本中,他只增添了一段序言和一些小的更正。见泽维尔·蒂列特,《谢林,生成的哲学,1,生命体系1794—1821》(*Schelling, Une philosophie en devenir*, 1, *le système vivant* 1794—1821),巴黎:Vrin,1992年,第386页。

② 谢林,《纲领导论》(Introduction to the Outline),见《自然哲学体系的第一纲领》,第194页。

③ 人们认为斯宾诺莎是从布鲁诺那里得到这个想法的;见维克多·德尔博斯(Victor Delbos),《斯宾诺莎主义:1912—1913年间索邦大学的教程》(*Le spinozisme: cours professé à la Sorbonne en* 1912—1913),巴黎:Vrin,1916/2005年,第20页。后来谢林也发表了一篇关于布鲁诺的对话,这并非巧合:《布鲁诺,或论事物的神圣和自然原则》(*Bruno, oder über das göttliche und natürliche Prinzip der Dinge*),1802年。

④ 谢林,《自然哲学体系的第一纲领》,第202页。

其中结果是由外因导致的；和内在的因果——原因和结果内在于存在本身之中，即自因。① 其次，谢林也采纳了斯宾诺莎的术语，尤其是**自然化的自然**和**自然的自然化**。斯宾诺莎在《伦理学》中对这两个术语的定义如下：

> 我们必须把**自然的自然化**理解为在自身之中、通过自身或实体的属性被认识的东西，它表现出永恒且无限的本质，换句话说……它是作为自由因的神。
>
> 我用**自然化的自然**指所有那些由神的本性、或任一属性的必然性而来的东西，即神的属性的全部样态——它们被理解为在神之中、离开神就无法存在或被认识的东西。②

[64]因此**自然化的自然**指的是自然的产物，**自然的自然化**指自然的生产力。谢林认为，当自然只是产物（*natura naturata*）时，我们把它当作对象，但当它是生产力时，我们把它当作**主体**。③ 这样，主体与自然的关系就不同了，因为我是自然的一部分，可以从自然中推导出来。自然作为生产力不断产生产物，因此自然总在生成中。谢林也用了和斯宾诺莎一

---

① 德尔博斯，《斯宾诺莎主义》，第 17 页。

② 斯宾诺莎，《知性改进论，伦理学和书信集》（*On the Improvement of the Understanding*, *The Ethics*, *Correspondence*），埃尔威斯（R. H. M. Elwes）译，纽约：Dover，1883/1955 年，第一部分，命题 29，第 68—69 页。

③ 汉斯-彼得·昆兹（Hans-Peter Kunz），《无限与系统：谢林早期写作及数学中无限的含义》（*Unendlichkeit und System: die Bedeutung des Unendlichen in Schellings frühen Schriften und in der Mathematik*），海德堡：Winter Verlag，2013 年，第 116 页。

样的词汇，但他给予这些词的含义和权重可能和斯宾诺莎不同。约瑟夫·劳伦斯(Joseph P. Lawrence)认为，谢林给**自然的自然化**的优先性比斯宾诺莎更严格，①同时他也把偶然性引入了生产过程。如果说在斯宾诺莎那里，理性地展现出来的东西是理性的，那么正如劳伦斯所指出的，在谢林那里理性地展现出来的也可能是非理性的。②

自然产物是显像的形式(*Erscheinungsformen*)，它们是临时的产物。当自然力被其他东西抑制(*gehemmt*)时，产物就产生了，在产物中我们能观察到自然持续不断的显现。谢林经常举漩涡的例子：当水流遇到障碍物，就会产生漩涡。但它不是漩涡本身，而是像漩涡一样根据时间轴和水流的力量而不断变化。也就是说，产物也总在变化中，并且是生产性的："漩涡不是静止不动的，而是不断变化的，每时每刻都在重新产生。自然中没有任何产物是固定的，它们每时每刻都被整个自然的力量生产出来。(没有持续性[*Bestehen*]，而只有自然产物的不断再生产。)"③

漩涡这一视觉比喻展示了自然的无限生成过程，它体现在有限者之中，有限的存在被或生产或毁灭的自然力[65]卷入一个系统。在自然的持续生成中，存在着不同形式的亚稳态，事

---

① 约瑟夫·劳伦斯，《谢林的斯宾诺莎：通过批判的挪用》(Spinoza in Schelling: Appropriation through Critique)，见《观念论研究》(*Idealistic Studies*)33，第2—3期，2003年，第178页。

② 同上，第186页。

③ 引自昆兹，《无限与系统》，第103页，出自A. a. O., S. 276(注释)："Der Wirbel ist nicht etwas Feststehendes, sondern beständig Wandelbares aber in jedem Augenblick neu Reproducirtes. Kein Produkt in der Natur ist also fixirt, sondern in jedem Augenblick durch die Kraft der ganzen Nature producirt. (Wir sehn eingentlich nicht das Bestehen, sondern das beständige Reproducirtwerden der Naturprodukte.)"

实上，存在和哲学的有机形式都是由亚稳态构成的，它们以无条件的自然为条件。弗雷德里克·贝瑟观察到，先前的一些对立在早期浪漫主义中被部分和解了。首先是观念论与实在论的和解，这两种理论体现在费希特和斯宾诺莎那里。在由费希特代表的观念论中，主体被设定为知识的基础，而斯宾诺莎代表的实在论则肯定了自然在人类主体之外的存在。或者更准确地说，在谢林的著作中，自然哲学意味着通过寻找自然的规律性和合目的性，在实在中建立理念，同时克服先验哲学和经验科学。第二种和解是通过莱布尼茨——尤其是他的单子论——阅读斯宾诺莎。贝瑟评论说："浪漫主义者把莱布尼茨的**活力**（*vis viva*）与斯宾诺莎的单一无限实体结合在一起，创造了一种生机论的泛神论或泛神论的生机论。如果说他们接受了斯宾诺莎的一元论，那么他们拒绝了他的机械论；如果他们拒绝莱布尼茨的多元论，就接受了他的生机论——也就是暗含在他的动力学中的关于自然的有机概念。"①

活力是莱布尼茨的一个概念，它被定义为"一种只要有阻碍的抑制就会运作、却又不与运作本身等同的力量"。② 力量自发地行动，不受先前的活动限制。这种活力与莱布尼茨的实体概念相容，但与亚里士多德的实体概念矛盾；因为对亚里士多德来说，无论是有生命还是没有生命的实体，都不会真正自发地行

---

① Frederick Beiser, "The paradox of romantic metaphysics," in *Philosophical Romanticism*, ed. Nikolas Kompridis(London: Routledge, 2006)，第 227—228 页。

② 克莱尔·施瓦兹（Claire Schwarz），《莱布尼茨——存在的合理性》(*Leibniz—La raison de l'être*)，巴黎：Belin，2017 年，第 202 页："une puissance qui agit dès la suppression de l'obstacle, sans s'identifier à l'activité elle-même."

动,只是根据外在的刺激行动。在莱布尼茨主义的力和斯宾诺莎主义实体的结合中,我们能看到一种无处不在的有机递归形式,它由根据前定和谐展开的单子的反思构成。① 单子成为构成自然的简单要素,它们的全体则规定了它们自身的运动。当谢林[66]描述他所说的**动态原子**(*dynamic atoms*)时,他指的是一些相当于原子的原初行动者(*ursprüngliche Aktionen*),它们形成了对微粒哲学家来说的物理物质,谢林也称其为**自然单子**(*Naturmonade*)。② 但我们必须记住的是,这些简单行动者本身并不是物质,它们更像是力或力的综合体。谢林提出了一种很类似于西蒙东的个体化概念的三段操作:当一个限制或抑制被强加于行动者时,它们之中的力就会发生"交替"(alternation);交替最终走向一种亚稳态。③ 现在,谢林希望避免单子系统和动力系统的对立,这两种观念的出发点是有问题且对立的:④

> 动力系统否认自然的绝对演化,它从作为综合的自然(即作为主体的自然)走向作为演化的自然(即作为客体的自然);单子系统则从原初作为演化的自然,走向作为综合的自然。动力学从直观的立场走向反思,单子论则从反思的立场走向直观。⑤

---

① 在《自然哲学体系的第一纲领》,第105页中,谢林建议通过前定和谐把无机自然和有机自然联系起来。

② 彼得·豪尔(Peter Heuer),《谢林的自然哲学的观念》(Schellings Begriff der Naturphilosophie),见《德国古典哲学中的自然观念》(*Der Naturbegriff in der Klassischen Deutschen Philosophie*),彼得·豪尔等人编,维尔茨堡:Königshausen & Neumann,2013年,第186页。

③ 谢林,《纲领导论》,第224—228页。

④ 同上,第211页。

⑤ 同上。

谢林想把他的系统作为第三者，即把自然的二元性看作处于递归相互性中的生产力和产物。《论世界灵魂》和《自然哲学体系的第一纲领》第三部分中明确表达了这种递归相互性。谢林就生命的第一因提出了三种假设，和往常一样，第三种是最可能的一个系统。第一个假设问，我们应当在生命物质本身中寻找生命的第一因吗？第二个假设问，我们应当在生命物质之外寻找生命的第一因吗？第一个假设是无效的，因为生命自身的产物不具有生命的属性，相反：生命的产物是物质。第二个假设来自关于应激和过敏的医学发现，它意味着生命物质是由外部[67]环境激发的。这个假设也被谢林拒绝了，因为它只是基于相继性因果的解释，不能解释生命。与思辨性物理学相比，物理和化学都不能超越作为现象或客体的自然，达到作为主体的自然。第三种假设是这样的："生命[Lebendigen]的第一因包含在对立的原则中，其中一者（积极的）要在活的有机体之外寻找的，另一者（消极的）要在有机体本身中寻找。"①比如说，生命是燃烧的积极和消极原理的有机形式：②一方面要获得燃素-还原，一方面要去燃素-氧化。③值得一提的是，这个递归模型的核心是热的问题，它是 18 世纪科学最重要的发现之一，我们将在第二章回来讨论它。这

① 居伯，第 103 页，"die erste Ursache des Lebendigen ist in entgegengesetzten Prinzipien enthalten, wovon das eine (positive) außerhalb des lebenden Organismus, das andere (negative) im Organismus selbst zu suchen ist."

② 谢林，《论世界灵魂》，见《全集》1：2，第 493 页。

③ 燃素被认为是热的实体。即使在拉瓦锡发现燃烧氧化原理之后，包括詹姆斯·瓦特、詹姆斯·赫顿和约瑟夫·普利斯特里（Joseph Priestley）在内的许多科学家仍然持燃素的观念。

种"永恒的回路"是一般有机体(*Allgemeiner Organismus*)的形式,也是谢林构想的自然,是对柏拉图《蒂迈欧篇》中世界灵魂概念的复兴。它也包含了谢林的组织(organization)概念的要素:

> 对我来说,组织只不过是停止的因果流。只有当自然没有抑制这种流,它才会(以直线)向前流动。而当自然抑制这个流,它就(沿圆弧线)返回自身。有机体的概念没有排除全部相继性因果,这个说法只表示在一定限度内流回自身的序列。①

我们将在第三章进一步讨论谢林早期哲学的形式问题。这里有必要说明的是,这种[68]自然模型不仅限于解释特定现象,而是试图解释作为全体的自然。它意在构建一个系统,而不只是提出一个假设。然而在每个有限存在中,都有一种克服机械性与有机性、无限与有限、法则与自由、必然性与偶然性这些二元对立的无限过程。这种无限性是由生产性递归产生的。如果对费希特和谢林来说,无条件者(the Unconditional)被看作这种递归思想的起点,那么,这种无条件性(unconditional)

① 谢林,《论世界灵魂》,见《全集》1:2,第 349 页:"Organisation ist mir überhaupt nichts anderes als der aufgehaltene Strom von Ursachen und Wirkungen. Nur wo die Natur diesen Strom nicht gehemmt hat, fließt er vorwärts (in gerader Linie). Wo sie ihn hemmt, kehrt er (in einer Kreislinie) in sich selbst zurück. Nicht also alle Succession von Ursachen und Wirkungen ist durch den Begriff des Organismus ausgeschlossen; dieser Begriff bezeichnet nur eine Succession, die innerhalb gewisser Grenzen eingeschlossen in sich selbst zurückfließet."

应当是作为整体的自然本身。从康德到费希特再到谢林，观念论者们的目标是为理论理性建立一个数学模型，以揭示精神和自然的**“无限变形”**（*infinite metamorphosis*）。①

§14　有机主义者与生态学范式

如果说谢林的自然概念即便不是胡说八道，也被认为是非科学的，那么我们为何要花费这么多笔墨来重构他的自然哲学？首先，我们想通过历史批判性的阐述，来展示递归性和偶然性如何在自然哲学中得到表述；其次，我们希望让谢林的自然哲学与我们的当代处境进行对话。一些历史学家认为，谢林的自然哲学对同时代的科学家影响巨大，这一点不容忽视。然而，我们的问题不是要把哲学归于科学、把哲学视为伪科学或仅是灵感的来源。谢林对自然的论述是一种哲学尝试，它希望把自然科学整合进去，赋予科学以翅膀，而不是让哲学屈从于或被化简为科学；同时，他也没有拒绝或谴责科学，而是让科学变得更加强大。谢林的自然哲学是一个试图解决自然与精神、必然性与自由的对立的系统；《论人类自由的本质》的读者或许会发现，自由系统是基于他早期构建的自然系统之上的。谢林的自然作为浪漫主义自然的一部分，是反对机械论的。[69]这种反机械论思想与工业革命并行。工业革命是机械论主导的，因为那时还不可能有有机的机器。瓦特的离心调速器（centrifugal governor，1788 年）采用了反馈机制，但是反馈理论只有到 1948 年才出现。

---

① 谢林，《自然哲学体系的第一纲领》，第 213 页。

有两种进一步发展谢林的自然概念的方法。一种是设想一种在18世纪和19世纪交界点的“浪漫主义生态学”，进一步理解这丰富的、活生生的自然概念在艺术和哲学中的体现，就像历史学家罗伯特·理查德(Robert Richards)所做的。[①]另一种是看到在谢林的思想中，存在一种控制论或系统论的原型。但我们想表明，这两种方式是不可分离的。一些主张回归自然的作者[②]认为谢林的自然哲学是一种生态学思想，因为它首先包含原初的自然概念(希腊 *phusis* 意义上的自然)，其次还有一种整体论，它像盖亚假说那样，把整体性和相互性作为自然的原则。然而，匆忙得出这个结论是有问题的，这样就没能把谢林的自然哲学看作有机主义和器官学的前身。谢林思想中的这种原始的有机主义和器官学与浪漫主义的解读相矛盾，因为它既把自然的生产力肯定为一般有机体，也提出了一种可以被数学建模的一般形式。格兰特在他开创性的工作中，指出了这一模型与数字技术或“人工生命体”的相似处，他把“抽象人工性”和“物理现实”对立起来，[③]却没能更进一步。或许他希望消除自然和技术的区分，但在我看来，他在这一点上太过匆忙了，我们的任务是要阐明这些历史性转折。

我们想看看对谢林的自然哲学来说根本的有机整体，是

---

① 见罗伯特·理查德，《浪漫主义的生命观：歌德时代的科学和哲学》(*The Romantic Conception of Life: Science and Philosophy in the Age of Goethe*)，芝加哥：芝加哥大学出版社，2004年。

② 例如，见弗雷德·达尔迈尔(Fred Dallmayr)，《回归自然？生态学的反历史》(*Return to Nature? An Ecological Counter History*)，莱克斯-英顿：肯塔基大学出版社，2011年。

③ 格兰特，《谢林之后的自然哲学》，第125页。

如何在20世纪初重新进入人们的视野，并围绕着被称为[70]**有机主义**的观念发展出众多学派的。[①] 问谢林的自然哲学根本上是不是一种生机论，是个无效的问题。如果我们用**生命冲动**或**隐德莱希**的概念理解生机论，那么我们在他的思想中是找不到这种生命力的。事实上，谢林也把这些概念斥为神秘主义。但如果我们把生机论理解为一种避免了亚里士多德的形质说（hylomorphism）——认为物质是惰性的，形式是赋予同一性和运动的唯一力量——的思想，那么确实可能把谢林和生机论联系起来。但是，在生机论和机械论之间还有一种被称为有机主义的“第三条道路”，它以路德维希・冯・贝塔朗菲、李约瑟、约瑟夫・伍杰和康拉德・瓦丁顿（他们在很大程度上都受到了1921年著名的斯佩曼-曼戈尔德组织者实验[Spemann-Mangold organizer[②] experiment]的影响）等人

---

① 作为冯・贝塔朗菲、普里高津（I. Prigogine）和哈肯（H. Haken）的先驱，谢林被许多作者所熟知，见毛里西奥・埃斯波西托（Maurizio Esposito），《浪漫主义生物学，1890—1945》（*Romantic Biology*, 1890—1945），伦敦：Routledge，2013年，第29—30页。

② 这被看作发展生物学最重要的发现之一。1921年，本科生希尔德・曼戈尔德和德国弗莱堡大学的汉斯・斯佩曼一起，使用色素沉淀不同的蝾螈卵做实验。她移植了一片蝾螈（Triton cristatus）胚胎的背唇，使其与蝾螈（Triton taeniatus）早期原肠胚未分化的外胚层接触。发育过程中细胞的状况是可以追踪的。斯佩曼和曼戈尔德证明，移植物变成了脊索并诱导邻近细胞改变了它们的发展方式。邻近的细胞采用了更类似背侧的分化方式，并产生了诸如中枢神经系统、体节和肾脏等组织，即另一个胚胎。斯佩曼称胚胎特殊的背唇区域为组织中心。参见唐娜・哈拉威（Donna Haraway），《晶体、结构和领域：形塑胚胎的隐喻》（*Crystals, Fabrics, and Fields: Metaphors That Shape Embryos*），加州伯克利：North Atlantic Books，1976/2004年，第115页；另见《自然评论 分子细胞生物学》（*Nature Reviews Molecular Cell Biology*）中罗伯特（E. M. De Robertis）的文章：《斯佩曼的组织者与两栖动物胚胎中的自我调节》（Spemann's Organizer and Self-Regulation in Amphibian Embryos），7，第4期，2006年，第296—302页。

为代表。① 有机主义者希望克服生机论和机械论的对立，并表明，比如，细胞既不能被化简为物理化学解读，也不能被看作神秘的生命力，而是包含不同形式和层次的组织（比如按照汉斯·斯佩曼的说法，可以存在不同层次的组织者）。[71]这个能从一片移植物诱导出另一个胚胎的组织者是什么？它进行怎样的物理化学活动？

这些问题引发了李约瑟（以及沃丁顿等人）的兴趣，他带着这些问题去了柏林达勒姆的实验室。组织者就像结晶中的凝结核——只在有凝结核的情况下，过饱和溶液才会开始结晶；类似地，只有在有组织者的情况下，胚胎的个体化才会在移植物上发生。这种现象与德里奇把胚胎的决定过程解释为隐德莱希的作用的说法形成了反差，他的解释把这种决定过程理解为从预期潜力（Prospektive Potenz）到预期含义（Prospektive Bedeutung）的化简。德里奇称，“一个形成中的系统无法增加自身的多样性”。② 李约瑟把德里奇看作机械论者，他给机械论裹上新的隐德莱希外衣，但对胚胎发育的解释仍然是机械论的。李约瑟和

---

① 见埃里克·彼得森（Erik Peterson），《生命有机体：理论生物学俱乐部与表观遗传学的根源》，匹兹堡：匹兹堡大学出版社，2017 年，本书对这一运动做出了出色的分析；另见哈拉威，《晶体、结构和领域》，第 38 页，其中哈拉威将有机主义者分为三类：“德语的谱系，包括冯·厄棱费尔（von Ehrenfels）和科勒（格式塔）、冯·贝塔朗菲和保罗·韦斯（Paul Weiss）。英国的谱系分成两组人：霍尔丹、罗素、摩根和史末资。美国人则包括里特（Ritter）、亨德森，还有包括威尔逊（E. B. Wilson）和哈里森（R. G. Harrison）在内的美国人——他们的方法不那么哲学，更偏实验。”说不清楚霍尔丹、罗素和史末资将军是否应该被算作有机主义者，他们当中有些人被看作是新生机论者。

② 汉斯·德里奇，《有机形式的概念》（Der Begriff der organischen Form），柏林：Bornträger，1919 年，第 42 页及后文；也引自李约瑟，《秩序与生命》，剑桥：剑桥大学出版社，1936/2015 年，第 74 页：“即使在生成过程中，一个自然系统的多样性程度也无法自足。”

伍杰一样，认为胚胎发育过程中的空间化是个持续复杂化的过程："1. 部件的数量增加；2. 部件的相互关系的复杂性增加；3. 部件的内在模式变得各不相同。"①可以说，有机主义是从唯物主义科学向有机唯物主义的一种思维范式转变。正如怀德海表明的，原子论在 19 世纪被约翰・道尔顿(John Dalton)引入了科学，后来又传播到生物学中，影响了细胞学说的发展。② 在这一思潮中，物理学被看作理解自然的基础，因此生物学必须接受物理学的概念。另一方面在 20 世纪，怀德海看到了从唯物主义力学向有机力学的必要转变，因为强调实体性物质的原子物理学不再能充分解释所有自然现象："生物学诉诸机械论的做法，[72]起初是一种诉诸被充分证实且自洽的物理学概念的需要——这些概念展现一切自然现象的基础。但如今不存在这种概念系统。"③

怀德海的有机体本体论是基于互动和生成的。一棵树不是独立的树，而是森林中的树；它与周围的所有其他个体都有互动，这种动力学可以通过内部和外部关系来分析(相反，在物质原子主义中只有外部关系)。怀德海关于唯物主义科学转向有机体哲学的观点，对有机主义者产生了巨大影响——尤其是对李约瑟、沃丁顿和伍杰，他们相信现代思想展现了一种与笛卡尔主义截然不同的哲学世界观，它源于有机体概念：④"我坚

---

① 李约瑟，《秩序与生命》，第 74 页。

② 正如怀德海指出的，原子论对玛丽・比沙(Marie François Xavier Bichat)、约翰尼斯・穆勒(Johannes Mülle)、马蒂亚斯・许莱登(Matthias Jakob Schleiden)和泰奥多尔・施旺(Theodor Schwann)等生物学家影响巨大。见《科学与现代世界》(*Science and the Modern World*)，纽约：Pelican Mentor Books，1948 年，第 102 页。

③ 同上，第 105 页。

④ 哈拉维，《晶体、结构和领域》，第 137 页。

持的原则是，唯物主义这整个概念只适用于非常抽象的实体，即逻辑洞察的产物。而具体、持久的实体是有机体，因此**整体**的规划影响着进入其中的各个从属有机体的特性。”①

有机论者在怀德海那里找到的不是模糊的整体论，而是一种在不同层次上研究有机组织的新分析方法；正如李约瑟所说，“对有机体概念的逻辑分析，引导我们寻找生命结构中各个层次或粗略或精细的组织关系。因此生物化学和形态学应当融合，而不是像通常那样被一道神秘的屏障区隔着存在”。② 这里的形态学指达西・汤普森的著作，尤其是他的《论生长和形态》(1917)，这本书也启发了艾伦・图灵 1953 年的论文《胚胎发育形态学的化学基础》(The Chemical Basis of Morphogenesis)，该论文与李约瑟的说法有许多相似处。李约瑟区分了两种类型的有机主义：一种是“阻碍主义”(obstructionist)或“教条主义”的，另一种是“合理的”。③ 前者[73]过分强调整体，声称所有的部分都与整体不可分割，整体永远无法被澄清；李约瑟举了 J. S. 霍尔丹作为例子(不要与他的儿子 J. B. S. 霍尔丹混淆，我们将在下一章讨论控制论时讲到他)。而合理的有机主义则分析性地探究部分和整体的不同关系：1. 独立；2. 功能性依赖；3. 存在性依赖。④

---

① 怀德海，《科学与现代世界》，第 80 页。

② 李约瑟，《秩序与生命》，第 139 页；这句话也被史蒂芬・杰伊・古尔德(Stephen Jay Gould)引用过，见《秩序与生命评述》，*Leonardo* 6，1973 年，第 267 页。古尔德以这番话结束了他的评述：“当我们从分子角度解释个体发育的奥秘，这两种生物学终将结合在一起。实现这一结合的英雄将是威廉・鲁、达西・汤普森和李约瑟那样的人。”

③ 李约瑟，《秩序与生命》，第 18 页。

④ 同上。

我们只好把有机主义繁杂的历史留给专业的科学史家，无法一一考察每个作者，不过之后我们将讨论他们当中的某些人（如沃丁顿）。我们更想着重探讨贝塔朗菲创立的一般系统理论，他对自然可合理化（Rationalisierbarkeit）的数学化坚持得到了李约瑟和伍杰的赞赏。① 有机主义和生机论的区别也体现于：他们都认为对部分的研究不能解释整体，但生机论引入了一些准形而上学实体作为解释的基础，有机主义者则坚持认为，无需引入这些神秘概念就可以解释生命的三种基本原则（即整体性，直接性和规范）。② 谢林在写作自然哲学时，工业革命刚刚开始。机械性和有机性的对立以及后者相对于前者的优越性还只停留在理论层面，但随着工业革命的展开，机械世界观不是由于重新获得理论优势取得了胜利，而是通过对世界的物质性变革重新引入了自身。③ 贝塔朗菲提出了一种基于有机世界观的一般系统理论，在他看来，这似乎是一种关键的概念工具，能扭转机械论和工业主义带来的僵局：

> [74]把物理粒子的运作看作终极现实的机械世界观，在一个颂扬物理技术的文明中得到了体现，它最终导致了我们这个时代的灾难。作为庞大有机组织的世界的

① 同上，第 24 页；也要注意到，伍杰于 1933 年把贝塔朗菲的《形式化批判理论》（*Kritische Theorie der Formbildung*）译成了英文，重拟标题为《现代发展理论》（*Modern Theories of Development*）；要注意，数学和自然史的密切关系并不是什么新鲜事，它早在乔治·布丰的著作中就已经出现了。

② 哈拉维，《晶体、结构和领域》，第 34 页。

③ 当然，这完美呼应了马克思和恩格斯在《德意志意识形态》开篇对观念论的批判。

> 模式，或许会有助于增强人对生命的敬畏，这种敬畏在人类近几十年残暴的历史中几乎已丧失殆尽。①

从根本上说，有机主义是对开放系统的思考，开放系统不同于封闭系统，因为它会和环境交换信息，这延迟了它依据热力学第二定律走向毁灭的时间。系统论研究组织形式，其中有机体是一种高级形式。如果说经典物理学提出了一种无组织的复杂性理论，那么系统论则关注"组织化的复杂性"，正如贝塔朗菲所说，"无组织复杂性的理论最终植根于偶然、概率的法则和热力学第二定律。相比之下，今天的根本问题是组织化的复杂性"。② 贝塔朗菲的组织化原则——**格式塔原则**（*Gestaltprinzip*）或**全体性因素**（*Ganzheitfaktor*）——内在于组织的各个层次。他对有机主义的强调可以总结为以下四个要点：对全体性的接受（调控）、组织（等级以及适用于每一级的规则）、动力学（过程，或者之后的开放系统的行为）和数学化。③

贝塔朗菲似乎是康德的读者，但大概读得不太认真。他批评康德第一批判中的范畴论，认为这体现了康德没能引入互动和组织的概念。④ 他也引用了第二批判中那句著

---

① 路德维希·冯·贝塔朗菲，《一般系统论》（*General System Theory*），纽约：George Braziller，2015 年，第 49 页。

② 同上，第 34 页。

③ 前三点是哈拉维总结的，见《晶体、结构和领域》，第 38 页。第四点数学化是我们补充的，正如李约瑟所说，贝塔朗菲革命性的格言是："只有当理论物理学家、数学家和数学逻辑学家密切合作，生物学的数学化问题才能得到解决。"见李约瑟，《秩序与生命》，第 24—25 页。

④ 贝塔朗菲，《一般系统论》，第 45 页。

名的结束语，即“我之上的星空和我之中的道德律”，①批判说“即便康德的道德律令没有被削弱，它对于一个复杂世界来说也太简单了”。② 令人惊讶的是，贝塔朗菲没有评论[75]第三批判，而第三批判正是他自己“有机性革命”这个论断的先驱：

> 从历史的角度来看，我们的技术乃至社会都建立在物理主义的世界图景之上，这种图景可以在康德的著作中找到初步的综合。物理学仍然是科学的范式，是我们社会观念和人形象的基础……但与此同时，一些新的科学出现了——生命科学、行为科学和社会科学。③

贝塔朗菲没有意识到，**有机**这个词，或者用他自己的话来说，**有机性**，是自康德以来哲学思考的新条件。他自己的有机性革命是自然科学的醒悟，它肯定了康德和谢林关于这些学科的方法论思考。从这个角度说，我们可以看到系统论与谢林自然哲学的同构，因为它们都强调“部分—整体关系”。然而，系统论成为科学是因为它希望成为一门“逻辑数学学科，一种纯形式、但能应用于各种经验科学的学科”，④如热力学、生物和医学实验、遗传学、人寿保险统计等等。贝塔朗菲的思

① 康德，《实践理性批判》，第169页：“有两样东西，越是经常和持久地对它们进行反思，就越是使心灵充满更多的惊奇与敬畏：我之上的星空和我之中的道德律。”

② 贝塔朗菲，《一般系统论》，第187页。

③ 同上。

④ 同上，第37页。

路与洛伦兹·奥肯(Lorenz Oken)对谢林自然哲学的评论一致:“自然哲学只有在能够数学化,即能成为数学的情况下,才是科学。”①

贝塔朗菲的一般系统论与控制论相呼应,它们是在同一时代独立发展起来的,与其他学派构建起同一种范式:包括维纳的反馈理论、罗斯·艾什比(W. Ross Ashby)的自组织理论和冯·诺伊曼的自动机理论等。事实上,正如沃丁顿在与作家阿瑟·库斯勒(Arthur Koestler)的通信中评论的那样,贝塔朗菲的一般系统理论“最终将成为计算和人工智能领域的**通用语言**”。② 在第二章中,我们将试着解释沃丁顿的评论与这里的话题有什么关系——尽管贝塔朗菲[76]本人可能会反对。③ 德国观念论学者认为我们提出谢林是控制论的生命概念的先驱的观点,或许太有挑衅性了,但忽视我们在这里试图构建的历史发展和同构性,也绝不是好办法。因此,如果目前向作为生态学的自然哲学的回归,没能理解生态学已经是个控制论概念,这种回归倾向就很值得怀疑;也就是说,从自

---

① 洛伦兹·奥肯,《自然哲学课本》(*Lehrbuch der Naturphilosophie*),苏黎世:Friedrich Schulthess,1843年,第3页;施耐德也引用了这段话,见《浪漫主义与自然哲学》(Romanticism and Naturphilosophie),第209页:“Die Naturphilosophie ist nur Wissenschaft, wenn sie mathematisieren ist, d. h. der Mathematik werden kann.”

② 彼得森,《生命有机体》,第218页。

③ 贝塔朗菲想把自己的理论和控制论区分开,因为控制论是他的一般系统论的一个特例。他同时也批评技术系统为极权主义,他说,“人类社会是建立在个体成就的基础上的,如果个体只是社会机器中的齿轮,它就会消亡。我相信,组织理论能给出的最终准则是:不是给某个教派的独裁者提供手册,让他能科学地应用铁律以更有效地征服人类,而是提出一个警告:利维坦式的组织不可能在吞没个体的同时,不把自己推向必然的灭亡。”见贝塔朗菲,《一般系统论》,第82页;然而,人们很难论证一般系统论为何不能应用于建立有机技术系统。

然哲学到系统论的概念转变，也体现了生态学的具体化。

生态学是德国达尔文主义生物学家恩斯特·海克尔（1834—1919）发明的一个术语，对海克尔来说，生态学指"有机体与其周围外部世界关系的全部科学，在生态学中，我们从更广的意义上理解所有的'存在-关系'"。[1] 海克尔追随达尔文，设想了一种有关适应与竞争的自然经济。[2] 正如海克尔之后所说的[3]：

> 生态学指的是关于自然经济（economy of nature）的知识体系——它研究动物与其无机和有机环境的总体关系；这首先包括它与直接或间接接触到的动植物的友好或敌对关系。总之，生态学是对所有[77]那些达尔文称作求生斗争的条件的复杂关系的研究。[4]

---

① 恩斯特·海克尔，《有机体的一般形态学》（*Generelle Morphologie der Organismen*），柏林：Georg Reimer，1866 年，2，第 286—287 页；另引自罗伯特·理查兹（Robert J. Richards），《生命的悲剧感：恩斯特·海克尔与对抗进化论思维的斗争》（*The Tragic Sense of Life: Ernst Haeckel and the Struggle over Evolutionary Thought*），芝加哥：芝加哥大学出版社，2009 年，第 8 卷，第 28 页。

② 达尔文本人将自然的经济描述为一场求生斗争，正如他在《物种起源》中所说："由于所有有机生命都在求生，或者可以说，在自然的经济中求得一席之地，某个物种如果不与其竞争对手进行相应程度的调整和改进，它将很快灭绝。"见查尔斯·达尔文，《论依据自然选择即在生存斗争中保存优良种族的物种起源》（*On the Origin of Species by Means of Natural Selection, or the Preservation of Favored Races in the Struggle for Life*），伦敦：Watts，1859/1950 年，第 87 页。

③ 恩斯特·海克尔，耶拿大学哲学学院就职演讲，1869 年 1 月。

④ 罗伯特·施陶费尔（Robert C. Stauffer），《海克尔，达尔文与生态学》（Haeckel, Darwin, and Ecology），见《生物学季刊》（*Quarterly Review of Biology*）32，第 2 期，1957 年 6 月，第 141 页。

那么生态学这个如今具有如此多政治和社会内涵的主题，仍然具有海克尔等自然主义者所理解的那种意义吗？我们已经简要讨论过拉图尔关于自然必须死亡的主张。虽然自然之死并不是说所有曾经自然的东西现在都变成了人工的，但它确实意味着我们知识体系中作为范畴的自然的意义已经相当不同，因为我们观察它的角度已经被技术改变了。在这里，我们想引用20世纪70年代马歇尔·麦克卢汉采访中的一个有意思的观点：

> 人造卫星为行星创造了一个新环境。自然界第一次被完全包围在一个人造容器中。从地球进入这个新人造物的那一刻起，自然就结束了，生态学诞生了。一旦地球被放到艺术作品的位置上，"生态学"思想就不可避免了。①

在麦克卢汉看来，生态学不再是一种自然的经济学——人类像其他动植物一样从属于这个经济体。技术已经像康德时代的显微镜和望远镜那样，把人类提升至另一个层次，只不过人类还站在地球上。在这次提升之后，地球不再是埃德蒙德·胡塞尔意义上的"原初方舟"，而是服从于工程学的；或者更准确地说，按照建筑师和设计师巴克敏斯特·富勒（Buckminster Fuller）的说法，它变成了人造地

① 马歇尔·麦克卢汉，《人造卫星升天时，行星变成了一个没有观众只有演员的全球剧院》（At the Moment of Sputnik the Planet Became a Global Theatre in which There Are No Spectators but Only Actors），见《通讯杂志》（*Journal of Communication*）24，第1期，1974年，第49页。

球或宇宙飞船地球——不是说地球是人造的，而是说它是工程学的对象。回顾过去，我们可以看到麦克卢汉预见了拉图尔和许多其他主张发展没有自然的生态学的学者（如蒂莫西·莫顿[Timothy Morton]）。① 如果生态学问题在于技术，我们就不得不直面[78]技术问题。如果我们追随麦克卢汉的判定和格兰特的历史研究，就会看到，人造地球在观念论者时代已经开始，并在控制论时代完成了。绝非巧合的是，我们在地质学中也发现了同样的轨迹，更重要的是，詹姆斯·瓦特对蒸汽机的改良及其在工业革命期间的广泛应用也与之相关。

§15 一般有机体，盖亚或人造地球

1795年，地质学家和自然哲学家（当时人们用这个称呼）詹姆斯·赫顿出版了他的《地球论》（*Theory of the Earth*）的前两卷（第三卷也是最后一卷，直到一百年后才出版）。在此之前，赫顿于1785年在爱丁堡皇家学院做了一次演讲，当时几乎所有苏格兰启蒙思想家都在场。这部三卷著作完整呈现了他过去几十年所做的研究和旅行。考察赫顿的地球系统理论是如何提出两种解释、或者说两种模式的，是个有意思的课题。赫顿对现代地质学的贡献是根本的，他常被称为地质学之父。为了简单理解赫顿的理论，我们可以把他与另外两个学派区分开来——一种是水成

---

① 见蒂莫西·莫顿，《没有自然的生态学：反思环境美学》（*Ecology without Nature: Rethinking Environmental Aesthetics*），麻省剑桥：哈佛大学出版社，2009年。

论，认为岩石是在地球的沉积作用下按照（自下而上）花岗岩、片麻岩和页岩、玄武岩、石灰石、沉积岩的顺序形成的。赫顿则表明相比线性的形成过程，循环模型更适用于理解不同岩层的形成。赫顿的模型以热为核心，热是地球系统的驱动力（赫顿和谢林等许多同时代的人一样，相信燃素说），这一模型是沉积（deposition）、岩化（lithification，导致松散的沉积物转化为沉积岩）和隆起（uplift，板块压力导致的陆地垂直抬升）作用的循环。[①] 通过这一循环，我们可以想象[79]从岩石到土壤再到岩石，从海洋到空气再回归海洋的运动。赫顿的理论与受圣经启发的摩西式地球时间线形成了鲜明的对比。根据后者，地球只有 6000 年的历史，而赫顿的研究表明它至少有 8 亿年历史——比布丰和乔治·居维叶的推测长得多。这也被称为地球的**深邃时间**（*deep time*）。为了更好地理解它，我们可以以斯卡角（Siccar point）为例来说明：斯卡角由分开的两组岩石组成，底部被称为志留纪杂砂岩，上层是砂岩。大约 4.25 亿年前，板块碰撞形成了一条沟壑，引发沉积物的沉淀。压力把水中的沉积物和矿物质压实，把沙粒黏合在一起形成岩石（岩化作用）。板块的进一步运动使沉积物被压缩、皱起，将它们抬升至海平面以上，形成山地。[②]

谢林《神话哲学的历史批判导论》（*Historical-Critical*

---

① 杰克·雷普切克（Jack Repcheck），《发现时间的人：詹姆斯·赫顿与上古地球的发现》（*The Man Who Found Time*: *James Hutton and the Discovery of the Earth's Antiquity*），纽约：Basic Books，2003 年，第 214—215 页。

② 同上，第 212 页。

Introduction to the Philosophy of Mythology)的译者注意到,谢林谈到歌德[1]的“隆起的地质学假说”时,隐含地提到过赫顿的理论,这个假说“从这样一种观点出发,即人们无法再谈论确定和合乎法则的事情,只能谈论偶然和不连续的事件”。[2] 谢林用这个地质假说阐释他的自然偶然性理论,不过,必须把这种偶然性与和赫顿理论冲突的另一个学派区别开,即受居维叶启发的灾变说(catastrophism)。[3] 在赫顿的语境下,灾变说指认为陆地是由一系列灾难形成的观点,如大洪水。根据赫顿的理论,地球是一个由热驱动的持续循环过程,这被称为**均变说**(*uniformitarianism*),这个过程不需要灾难性事件。赫顿的理论引发了一种认为地球既有机又机械的模糊解读。[80]一方面有观点认为地球是个“超级有机体”,另一方面也有与之并行的机械论态度。在这一分歧上,赫顿并非无辜,因为他也把地球称为“活的机器”。[4] 没有规律性,地球就不会运转;事实上,赫顿的观察也证实了“自然中存在智慧、系统和一贯性”。[5] 然而,赫顿与蒸汽机的发明者詹姆斯·瓦特之间的通信,揭示了地球与机器更深层的关联:

---

① 谢林,《神话哲学的历史批判导论》,梅森·里奇(Mason Richey)和马库斯·齐塞尔斯伯格(Markus Zisselsberger)译,奥尔巴尼:纽约州立大学出版社,2008 年,第 19 页。

② 同上。

③ 居维叶没有用灾变(catastrophe)这个词,而是用了革命(révolution)一词,英文中被译作灾变。

④ 玛西娅·比约内鲁德(Marcia Bjornerud),《阅读岩石:地球自传》(*Reading the Rocks: The Autobiography of the Earth*),纽约:Basic Books,2006 年,第 181 页。

⑤ 同上。

> 我收到来自瓦特的一封信——他让那蒸汽驱动的奇怪的轮子动了起来——他说这架机器的各个要件似乎都没问题，它运转平衡、力量巨大。简而言之，我相信这将解决问题(用他自己的话说)，将提高他的名声，因为这么新鲜的一样东西会吸引大众的注意；尽管我认为往复式引擎的改进很有用，但别人都不会意识到这项重大改进的好处。①

当瓦特还是格拉斯哥大学的仪器制造商时，赫顿通过他的导师，格拉斯哥大学的医学教授约瑟夫·布雷克(Joseph Black)，结识了瓦特。布雷克发现了一条重要的热理论，即潜热(latent heat)。赫顿认为潜热在科学洞察方面就好比“牛顿的引力”。② 在他看来，潜热是地球“排斥力”或“太阳物质”的一部分，而比热(specific heat)是“膨胀力”，其动力学能解释岩石形成的自然循环。③ 人们认为潜热概念对蒸汽机的发明

---

① 詹姆斯·赫顿，1774年8月写给克拉克-麦克斯韦(Clerk-Maxwell)的信，载于《詹姆斯·赫顿(1726—1797)与詹姆斯·瓦特(1736—1819)的通信，以及赫顿给乔治·克拉克-麦克斯韦(1715—1784)的两封信：第一部分》(The Correspondence between James Hutton [1726—1797] and James Watt [1736—1819] with Two Letters from Hutton to George Clerk-Maxwell [1715—1784]: Part I)，让·琼斯(Jean Jones)、休·托伦斯(Hugh S. Torrens)和埃里克·罗宾逊(Eric Robinson)编，《科学年鉴》(*Annals of Science*)，51，第6期，1994年，第637—653页。

② 大卫·威尔逊(David B. Wilson)，《寻找自然的逻辑：苏格兰启蒙运动中的自然哲学》(*Seeking Nature's Logic: Natural Philosophy in the Scottish Enlightenment*)，University Park：宾夕法尼亚州立大学出版社，2006年，第133页。

③ 大卫·菲利普·米勒(David Philip Miller)，《詹姆斯·瓦特，化学家：理解蒸汽时代的起源》(*James Watt, Chemist: Understanding the Origins of the Steam Age*)，伦敦：Pickering & Chatto，2009年，第88页。

很关键,因为它对计算和校准蒸汽的受热和冷凝至关重要。瓦特本人用实验证明了,蒸汽可以加热自身六倍[81]重量的水至华氏 212 度。① 尽管潜热理论在瓦特改进纽科门(Newcomen)发动机方面的作用有争议,潜热本身对蒸汽机工作原理的重要作用却是显而易见的。人们可以推测赫顿的地球系统和蒸汽机的关系,以及在何种程度上可以类比这两种机制;例如,火山在地球机器中的作用就像蒸汽机的安全阀。在这一点上,至少火—水模型与蒸汽机有明确的相似处:

> 赫顿本人观察到,他的理论是"一个系统,其中地下的火或热的力量与地表水的作用共同运作……"他或许认为地底热量抬升新大陆、大气作用降低旧大陆的过程,类似于瓦特早期单提式泵蒸汽机中活塞的升降。②

这种有机机械主义或目的机械主义的地球模型,随后被盖亚

---

① 唐纳德·弗莱明(Donald Fleming),《潜热与瓦特蒸汽机的发明》(Latent Heat and the Invention of the Watt Engine),见 *Isis* 43,第 1 期,1952 年 4 月,第 4 页。然而,究竟是先有布雷克的理论,进而影响了实验,还是瓦特的实验证明了布雷克的潜热理论,仍有争议。人们注意到,布雷克在他的《关于化学元素的讲座》(*Lectures on the Elements of Chemistry*,1803 年)中宣称是他影响了瓦特对蒸汽机的改进;他的编辑约翰·罗宾逊在序言中也证实了这一点。但瓦特不同意,他在 1914 年 5 月给布鲁斯特博士(Dr. Brewster)的信中,拒绝了蒸汽机的改进是基于潜热理论的洞察的观点。见狄奥尼修斯·拉德纳(Dionysius Lardner),《蒸汽机的解释和图解》(*The Steam Engine Explained and Illustrated*),伦敦:Taylor and Walton,1840 年,第 93—96 页。

② 米勒,《詹姆斯·瓦特,化学家》,第 133 页,引自戴维斯(G. L. Davies)的《衰退中的地球:1578—1878 年英国地形学史》(*The Earth in Decay: A History of British Geomorphology 1578—1878*),伦敦:Macdonald Technical and Scientific,1969 年,第 176 页。

假说的提出者詹姆斯·洛夫洛克接受，又由生物学家琳·马古利斯进一步发展。洛夫洛克引用了赫顿1785年在爱丁堡皇家学会的著名演讲中的话："我把地球看作一个超级有机体，研究它的正确方式应当是生理学。"①把从谢林的一般有机体到赫顿的超级有机体，再到洛夫洛克的盖亚看作一条脉络是有道理的，从中我们可以看到自然哲学如何发展为控制论。洛夫洛克也借用控制论中稳态(homeostasis)的概念，描述赫顿设想的地球生理学。在洛夫洛克[82]看来，控制论系统优于机械系统，并超越了所有意识形态，无论是资本主义、马克思主义、部落主义还是民族主义。② **盖亚**这个术语是作家威廉·高汀(William Golding)推荐给洛夫洛克的，以替代"一个具有稳态倾向的控制论系统，正如人们在地球大气的化学反常性中发现的"这个说法。③ 在盖亚理论的早期阶段，洛夫洛克把盖亚理解为由核心和外围的诸多生命器官组成的单一有机体。这个稳态系统在温度、酸碱度和气体组成方面维持着恒定条件：

> 盖亚对恶化的反应必须遵守控制论的规则，其中时

---

① 詹姆斯·洛夫洛克，《盖亚：行星的涌现现象》(Gaia: A Planetary Emergent Phenomenon)，载于《盖亚2：涌现，新的生成科学》(*Gaia 2: Emergence: The New Science of Becoming*)，威廉·欧文·汤姆森(William Irwin Thomson)编，马萨诸塞州大巴林顿：Lindisfarne Books，1991年，第34页。

② 詹姆斯·洛夫洛克，《盖亚：从新视角理解地球生命》(*Gaia: A New Look at Life on Earth*)，牛津：牛津大学出版社，2000年，第140、142页。

③ 琳·马古利斯，《共生星球：从新视角理解演化》(*A Symbiotic Planet: A New Look at Evolution*)，伦敦：Phoenix，2001年，第147页。

> 间常数和环路增益(loop gain)是两个重要因素。因此,氧气的调节的时间常数是以千年为单位的。这种缓慢的过程对不良趋势的警示最少。但等人们意识到它不行了并采取行动时,惯性阻力先是会让情况变得更糟,然后才会以同样缓慢的速度逐渐改善。①

与洛夫洛克由单一有机体构成的强型盖亚不同,②马古利斯迫使洛夫洛克承认,盖亚不是单一有机体组成的,而是许多有机体的共生,③其中包括植物、动物、真菌、原生生物和[83]细菌。④ 共生的概念又来自瓦雷拉(Varela)和梅图拉纳(Maturana)的自生概念。因此一些作者认为,马古利斯使盖亚理论从一阶控制论发展为二阶控制论。⑤ 同时我们也可以说,控制论和有机主义在盖亚理论中汇合了,按照盖亚理论,地球成

---

① 洛夫洛克,《盖亚》,第119页。洛夫洛克还提出了一个相当简化的数学模型,叫作"雏菊世界"(Daisyworld),以模拟环境(温度)和生态(黑、白色雏菊)之间的动态过程。

② 詹姆斯·基什内尔(James Kirchner)提出了不同于强型盖亚的弱型盖亚,这种理论认为生命**共同地**对环境产生重大影响,因此环境与生命之间存在相互关系,它们共同演化。詹姆斯·基什内尔,《盖亚假说:它能被检验吗?》(The Gaia Hypothesis: Can It Be Tested?),见《地球物理学评论》(Review of Geophysics)27,第2期,1989年,第227页:"然而,稳态盖亚可以用两种重要模型描述:弱型(生物和非生物世界主要的相互作用保持稳定)和更强的论调(这些相互作用使地球的物理环境比在没有生命的情况下稳定得多)。"

③ 卢西亚诺·奥诺里(Luciano Onori)和吉多·维斯康蒂(Guido Visconti),《盖亚理论:从洛夫洛克到马古利斯。从稳态到认知自生世界观》(The GAIA Theory: From Lovelock to Margulis. From a Homeostatic to a Cognitive Autopoietic Worldview),见 *Rendiconti. Lincei* 23,第4期,2012年,第375页。

④ 马古利斯,《共生星球》,第41页。

⑤ 见奥诺里和维斯康蒂,《盖亚理论》。

了一个有机的机械存在。[①] 如果说谢林的自然哲学、系统论、有机主义和盖亚理论一直试图克服工业革命以来扩展到行星尺度上的机械主义,并在某种意义上超越现代性的话——但矛盾的是(或者换个更好的词,辩证地说),地球正是随着这些尝试变成了人造地球——人类世首先标志着人造地球实现为控制论系统。洛夫洛克称,技术,尤其是通信技术,“极大地扩展了盖亚的感知范围”,因此“她现在通过我们醒过来,觉察到自身。她从宇航员的眼睛和轨道航天器的电视摄像机里看到了自己清晰的面孔的反射”。[②] 洛夫洛克似乎设想行星计算会唤醒盖亚,或者帮助它维持稳态功能,但这难道不是技术系统的进一步实现吗,这真的能让我们走出现代性的危机吗?或者它仅仅是现代性症状的加剧——正如尼采在《偶像的黄昏》中所说,哲学家反对颓废的斗争只是颓废的另一种表现?[③] 在我们的时代,观念论哲学家提出的有关系统和自由的问题以一种很不同的形式重新出现,变得更为紧迫,这构成了在[84]康德“有机论转向”之后的新范式,和哲学思考的新条件。正因如此,我们必须勾勒一条新的思维轨迹。然而,在

---

① 1973年,几乎是在盖亚理论诞生的同时,生态学家霍林(C. S. Holling)在他开创性的论文《生态系统的恢复力与稳定性》(Resilience and Stability of Ecological Systems)(《生态学和系统学年鉴》[*Annual Review of Ecology and Systematics*],4,1973年,第1—23页)中,把恢复力的概念引入生态学,他以湖泊作为自足系统能通过正、负反馈维持自身平衡(也考虑到了随机事件)的例子(第11页)。霍林指出,“恢复力决定了一个系统内关系的持久性,也是这些系统吸收状态变量(state variables)、驱动变量(variables)和参数的变化并延续下去的能力的衡量标准”(第17页)。

② 洛夫洛克,《盖亚》,第140页。

③ 尼采,《偶像的黄昏:或怎样用锤子从事哲学》,牛津:牛津大学出版社,1998年,§11,第15页。

我们谴责控制论是一种控制或治理的机械主义之前，我们首先要根据递归性和偶然性，提出一种对控制论的新理解，看看我们需要面对的困境究竟是什么。

第二章
逻辑与偶然

我是，正如我不是。

——赫拉克利特，《残篇》49a

[85]在第一章中，我们试图考察系统的概念，通过解释递归性和偶然性这两个范畴，表明系统概念何以成为解决一些经典哲学问题的概念工具。**自然的自然化**与**自然化的自然**的递归性，一方面把握了一切存在的一和全(*hen kai pan*)；另一方面也使理性成为绝对的自我展开的产物。康德对目的论判断的讨论，为反思有机和无机存在的系统化组织提供了新条件，也赋予它形而上学的内涵；同时，偶然性不仅作为单纯的否定性被克服了，而是成为必要的。在黑格尔的反思逻辑或辩证法中，我们也能找到类似但有些细微差别的做法。如果说谢林的递归性假设了心灵与自然的同一性，那么偶然性就是必要的，因为它在**自然的自然化**的反思中作为阻碍发挥作用。①

---

① 马库斯·加布里埃尔(Markus Gabriel)在《先验本体(转下页注)

在黑格尔的递归性中，同一性不是从一开始就确立的。黑格尔从偶然性开始，这是[86]理性在其通往绝对的旅程中的一步，或者说一个考验。① 黑格尔的《百科全书》(*Encyclopaedia*，1817 年)分为三部分，即逻辑学、自然哲学和精神哲学，可以把它理解为通过不断的外化(*Entäusserung*)和扬弃(*Aufhebung*)朝向精神世界的运动，这也体现了概念(Notion)的生命。

在谢林和黑格尔那里，有两种不同的递归运作和两种连续性的功能。不过，这两种方法有着相似的任务和认识论范式，即随着生物学或有机科学和化学的兴起、磁和电的发现，本质这个古老概念被重新解释为过程。谢林把偶然性的必然性看作艺术性行动的生产力和创造性的结果，而对黑格尔来说，偶然性的必然性只有在接受逻辑的检验时才有可能。本章有两个目的：首先，我们想就其与偶然性的关系而言，阐释黑格尔的递归概念；其次，我们想看看这种系统建构如何与控制论中的递归概念相关。我们并不认为黑格尔和谢林的有机性概念与递归算法是一样的，而是想表明这里勾勒的轨迹如何有助于反思观念论与当代技术哲学的相关性。如果说谢林的自然哲学是生物有机主义的先驱，黑格尔的逻辑则预示着一种机械有机主义，即控制论。正如希望超越机械论与神秘

(接上页注)论：德国观念论文集》(*Transcendental Ontology: Essays in German Idealism*，伦敦：Bloomsbury，2013 年)第 3 章中提出，与渴望消除偶然性的黑格尔不同，谢林发展出了一种"偶然性的运动场"(Spielraum der Kontingenz)，即"迟来的"(belated)必然性。然而，正如我们讲过的，这种偶然性的运动场早在谢林的自然哲学中就已经存在，他在那里也提出了递归的模型。

① 伯纳德·马比勒(Bernard Mabille)，《黑格尔：偶然性的考验》(*Hegel: l'épreuve de la contingence*)，巴黎：Hermann，2013 年。

生机力的观念论那样，控制论希望克服机械论与生机论的对立，并为各个领域提供一种以“自我意识”为特征的操作性逻辑。①

§16　《精神现象学》中的递归性

我们将解释黑格尔和谢林的递归模型的一个根本区别，它取决于如何回答这个问题：无条件者或绝对位于哪里，在开端处还是在终点处？如果[87]绝对位于开端，那么偶然性是随后才出现并被认识的；而如果绝对位于终点，人们便始于偶然性以达到必然性。必须从某处开始，要么像费希特和谢林那样，从绝对或无条件的(*Unbedingt*)基础开始，②要么像黑格尔那样，通过扬弃直接的感性确定性或抽象普遍性来达到绝对。这构成了黑格尔在《知识体系》(*System der Wissenschaft*，1807年)序言中——随后被称为《精神现象学》③——对谢林的主要批判，这部作品是在他与谢林多年的合作中成型的，同时也是对谢林的方法的根本批判(尽管

---

①　哥达·冈瑟(Gotthard Günther)，《控制论本体论与跨交接性操作》(Cybernetic Ontology and Transjunctional Operations)，见《对可操作辩证法基础的贡献》(*Beiträge zur Grundlegung einer operationsfähigen Dialektik*)，汉堡：Felix Meiner Verlag，1976年，1，第331页。

②　有人认为谢林的绝对概念在不同时期有所不同，分为：我们在第一章讨论过的他的早期自然哲学(1794—1799)、他自己的先验哲学(绝对“我”)、他的同一性哲学(绝对作为绝对抽象的同一性)。最后一种是黑格尔《精神现象学》序言真正的批评目标。不过在谢林思想的不同时期，绝对确实总是作为起点的，起点处已经预设了精神和自然的统一。

③　“精神现象学”是《知识体系》第一部分的标题；有趣的是，从科学体系到精神的一种现象学的生成过程，也印证了本章的总体论点。

没有提到谢林的名字)。① 如果人从绝对开始,立足于智的直觉,就不会有发展,因为它只有一种盲目的力量,对这种智性来说一切都是均等的,就像灰色的奶牛在黑暗中看起来都是一个样子。因此在《精神现象学》开篇处,黑格尔拒绝了感性确定性,即这一个和这一刻的直接普遍性。绝对不在理性的开端处,而是在结尾处。黑格尔称,观念论者接受了"直接确定性",比如"我是我""我的对象和我的本质是我",却没有看到这是一种"绝对消极的本质"。② 这种说法也适用于自然:斯宾诺莎欢快的**自然的自然化**与**自然化的自然**对黑格尔来说是有缺陷的,在《逻辑学》中遭到了批判。在谢林那里,斯宾诺莎的**自然的自然化**与**自然化的自然**[88]由持续的反思构成,反思不断产生产物和分叉;对黑格尔来说,斯宾诺莎主义的缺陷在于流溢说(doctrine of emanation)中缺乏"内在反思"。③ 黑格尔提出了另一种模式,其中内在反思是一种使绝对变得**清晰**的辩证运动。也就是说,概念是一个递归过程,它作为对自身和对作为全体的他者的理解抵达自身。然而从自我保存和取消的意义上说,这一旅程不只是自我回归,而是个持续的**扬弃**过程。

---

① 黑格尔在写给谢林的信中(1807 年 5 月 1 日,于班贝格),解释说他的批评不是针对谢林的,而是针对那些肤浅地阅读他的读者;正如黑格尔所说,"在序言中,你会发现我对那些肤浅的解读的批评并不过分苛刻,这些解读对你所说的形式的危害尤为巨大,把你的科学贬低成了纯粹的形式主义"。谢林要求黑格尔在下一版中澄清这一点,但黑格尔从未回应。见杰森·沃思(Jason Wirth),《生命的阴谋:对谢林及其时代的沉思》(*The Conspiracy of Life*: *Meditations on Schelling and His Time*),奥尔巴尼:纽约州立大学,2003 年,第 21 页。

② 黑格尔,《精神现象学》,米勒(A. V. Miller)和芬德利(J. N. Findlay)译,牛津:牛津大学出版社,1977 年,第 141—142 页。

③ 黑格尔,《逻辑学》,乔治·乔瓦尼(George Di Giovanni)译,剑桥:剑桥大学出版社,2015 年,第 474 页。

因此现象学是对反思过程的描述，它从直接的规定性到确定性，最后到真理。或者换句话说，按照沃尔夫德里希·科瓦奇克（Wolfdietrich Schmied-Kowarzik）的说法，谢林从自然哲学出发，试图从哲学上理解自然、过程和演化，这里的自然是实存的现实背景（Wirklichkeitszusammenhang），它建立并促成了人类历史；黑格尔则从逻辑开始，其中思维试图在绝对理念中把握自然。① 黑格尔辩证法是由否定性驱动的，否定性产生于存在的直接性和理性关于他者的困惑，这阻碍了它对其自在自为本质的把握；为了走出这种困惑，它需要进行一系列的反思，其中对给定者的自我设定和自我认同，伴随着对他者作为另一个自我和矛盾的认识，最终提升至超越了这种矛盾的综合。在《逻辑学》中，这个过程体现为本质逻辑中的三种反思，设定性反思、外在性反思和规定性反思。通过解决否定性他者的无意识威胁，我们抵达了本质，在本质中，主体被理解为主体或主观反思。正如我们从递归性角度阅读康德和谢林，黑格尔研究者埃德蒙多·巴尔塞莫·皮雷斯（Edmundo Balsemão Pires）也建议不要把黑格尔的《精神现象学》序言解读为“文化的浪漫”[89]或是对现代哲学的批判，而是解读为微积分。②

---

① 沃尔夫德里希·科瓦奇克，《论实在，论存在的自然》（Von der wirklichen, von der seyenden Natur），见《谢林与康德，费希特和黑格尔，建立一种自然哲学的努力》（*Schellings Ringen um eine Naturphilosophie in Auseinandersetzung mit Kant, Fichte und Hegel*），斯图加特：Bad Canntatt，1996 年，第 174 页。

② 埃德蒙多·巴尔塞莫·皮雷斯，《现象学作为对绝对的自我指涉的确证》（Phenomenology as the Justification for the Self-Reference of the Absolute），见《依然阅读黑格尔：精神现象学 200 年后》（*Still Reading Hegel: 200 Years after the Phenomenology of Spirit*），科英布拉：科英布拉大学出版社，2009 年，第 87—109 页。

皮雷斯把精神的运动看作一种走向绝对的递归算法：

> 类比地说，黑格尔的著作是精神的算法的一个例子，它始于经验确定性和知识的简单异指(hetero-reference)所规定的初始状态。我们可以把他的著作解读为在绝对运动的自指(self-referential)模式下，为解决知识的异指条件的连续指令进程。①

皮雷斯把黑格尔现象学描述为递归算法的说法是个类比，在某种意义上说，这个主张基于精神运动和算法递归形式的操作的相似性。这种运动从直接数据出发，从抽象走向具体，从感性确定性走向绝对确定性；每个运动都是一次反思，或者像我们稍后将在控制论的语言中看到的，是一种(斯宾塞—布朗意义上的)再入、(卢曼意义上的)自我指涉。黑格尔特别提到了以太的自我运动，它"凭其生成运动取得了完成和清晰性"。正是在这个意义上皮雷斯主张"只有自指才能使**绝对他异性中的纯粹自我认识**(*reine selbsterkennen im absoluten Anders-seyn*)正当化……自指暗含着差异，以及认识与差异的同一性"。②

这种自指是走向全体的机制，因为自我与他者是在反思中被把握为一个全体的，这时真理不再位于自我或他者，而位于整体中。正如皮雷斯指出，《精神现象学》序言的核心主题之一是真理和科学体系的关系。真理不像一个命题的有效性(它必

---

① 同上，第93页。
② 同上，第95页。

须由逻辑体系来证明）那样，是通过科学体系被发现的，毋宁说，真理“只能是科学体系本身”。[①] 这种整体性是[90]有机全体，皮雷斯谈到它，但没有详细说明它与递归的关系以及这种递归的性质。[②] 至此，黑格尔的递归性依然没有被清晰阐释。

§17　有机主义者与反身逻辑

递归使人能通过对他者的认识来把握有机整体——他者总是复数的，位于不同的反思中。《精神现象学》已经预见了那个黑格尔终其一生阐述的庞大系统。正如约翰·芬德利（John Findlay）所说，黑格尔在《精神现象学》中已经大量处理了生命与有机性的问题。[③] 正如康德《判断力批判》中讨论的有机性，黑格尔也强调生命的整体论及其各个部分的相互作用。有机整体被理解为一个不断生产并消除差异的自足运动，因而它不再是个抽象概念：

> 然而，差异存在的程度就和它们在这个简单普遍媒介中存在的程度一样，这一普遍的流动性正因为废除了

---

① 同上，第 99 页："kann allein das wissenschaftliche System deselben seyn."黑格尔，《精神现象学》，法兰克福：Suhrkamp，1970 年，第 15 页。

② 皮雷斯，《现象学作为对绝对的自我指涉的确证》，第 99—100 页。皮雷斯用“有机统一”（organische Einheit）和“整体的生命”（das Leben des Ganzen）的说法，指出一个相当简单的事实，即“不能通过静态描述把握生命”。

③ 约翰·芬德利，《黑格尔主义对生物学和生命的处理》，见《黑格尔与科学》（*Hegel and the Sciences*），科恩（R. S. Cohen）和沃托斯基（M. W. Wartofsky）编，多德雷赫特：Springer，1984 年，第 83—100 页。

> 差异，才具有否定的性质：要想废除差异，差异必须存在。但这个作为自足统一性的流动性，本身便是差异的实体的持存，差异的实体在流动性中作为彼此独立的不同部分出现。它们的存在不再具有抽象存在的意义，它们单纯的本质也不再具有抽象普遍性的意义：它们的存在只是自在的单纯运动这一简单的流动实体。①

显然，黑格尔深受歌德有关植物的变形的著作的影响，②谢林也是如此，他在《论世界精神》中谈到了歌德的著作。除植物以外，歌德对艾蒂安·若弗鲁瓦·圣伊莱尔（Étienne Geoffroy Saint-Hilaire）和乔治·居维叶[91]在1830年关于动物结构的辩论也很感兴趣。③ 居维叶提出了类型（type）的概念，作为不同物种之间的严格区分，而圣伊莱尔则称这种区分是虚假的："并不存在不同的动物。只有一个决定性的事实，即它仿佛是一个单一存在正在显现出来。"④歌德评论这场辩论时，承认了自然遵照规则和法则的规律性，同

---

① 黑格尔，《精神现象学》，1937年，第135—136页，引自芬德利，同上，第91页。

② 黑格尔对歌德植物研究的称赞，见《自然哲学》第345节。

③ 要注意到，歌德出版关于变形的著作比这场辩论早得多。居维叶和若弗鲁瓦的辩论是1830年在法国科学院进行的，持续了大约两个月。根据动物学家恩斯特·迈尔（Ernst Mayr）的说法，居维叶获胜了。迈尔也指出，从连续的过程与生命的丰富性出发理解演化（那时还没有发明这个术语）的方法，受到了莱布尼茨的影响。见恩斯特·迈尔，《生物学思想的成长：多样性、演化与遗传》（*The Growth of Biological Thought: Diversity, Evolution, and Inheritance*），马萨诸塞州剑桥：Belknap Press，1982年，第325页。

④ 恩斯特·卡西尔，《知识问题：黑格尔以来的哲学，科学和历史》（*The Problem of Knowledge: Philosophy, Science, and History since Hegel*），康涅狄格州纽黑文：耶鲁大学出版社，1969年，第134页。

时他也认为法则是有生命的，“有机体可以变形为畸形的东西，这并不违背法则，而是与法则相符”。[①] 歌德没有放弃“类型”概念，而是试图把严格的类型理解为生成过程的产物，这种生成可以通过“观念与经验之间的摆动”被科学地感知到。[②] 我们必须认识到，歌德的目标不在于建立物种的谱系，而是描述一种称为“观念论形态学（idealistic morphology）”的动态过程。[③] 黑格尔对形态学的看法是，生命要想理解生命，意识就必须具有与生物相同的遗传结构。[④] 因此，我们可以不再把《精神现象学》理解为先验哲学，而是把它当作关于意识的经验科学。黑格尔和谢林都受到了歌德的影响，但在自然所扮演的角色的问题上，他们依然有很大的区别。对黑格尔来说，自然一开始就是观察的理性的对象，而对谢林来说，在自然成为反思的对象之前，首先是被前意识地感觉（*Empfunden*）和察觉（*Angeschaut*）到。[⑤]

[92]黑格尔在《逻辑学》中也提到了有机的概念，他在《百科全书》第二部分的《自然哲学》中对此做了更全面的阐述。值得一提的是，黑格尔的自然哲学被认为是一部很特别的著作，他关

---

① 同上，第 140 页。

② 同上，第 145 页。

③ 同上，第 149 页。

④ 见苏珊·韩（Songsuk Susan Hahn），《运动中的矛盾：黑格尔关于生命和价值的有机概念》（*Contradiction in Motion: Hegel's Organic Concept of Life and Value*），纽约伊萨卡：康奈尔大学出版社，2007 年，第 48 页：“认识某物的生命需要一种与该物具有相同生命结构的认知模式。认识生命就需要生命。”

⑤ 沃尔夫德里希·科瓦奇克，《黑格尔在谢林与马克思的批判之间》（*Hegel in der Kritik zwischen Schelling und Marx*），美茵河畔法兰克福：Peter Lang，2014 年，第 138 页。

于热和声音的理论被看作“胡言乱语”。① 黑格尔认为，为了把植物作为整体把握，有必要从连续性和全体性的角度来理解其发展的不同阶段，即从胚芽到叶子再到花萼等。《自然哲学》第346节详细描述了植物的新陈代谢。差异的产生和废除是个体化的动力。黑格尔把有机体分为地质有机体、植物有机体和动物有机体、谢林强调**抑制**，抑制作为外在的否定性力量发挥作用，为自然的生产力赋予形式，黑格尔则认为有机体的运动具有内在的否定性。我们或许可以把这理解为对斯宾诺莎主义“**一切规定都是否定**”(*omnis determinatio est negatio*)的两种不同解读。黑格尔延续了他一贯的辩证方法，认为植物的本性是由遭遇不同于自身的他者，从而从抽象走向具体的过程构成的：

> 植物的过程是一个三段论……第一环节是普遍的过程，是植物有机体在自身之中的过程，是个体与自身的关系。在这个形成形态的过程中，个体毁灭自身，将自身转化为无机自然，并通过这种毁灭从自身中产生自身。在第二个过程中，生命存在不包含它的他者，而是把他者作为外在的独立性遭遇；它并不构成它自己的无机性质，而是在明显的偶然性中把无机性质作为对象来遭遇。这一

---

① 米利奇·萨皮克(Milič Čapek)，《黑格尔与有机的自然观》(Hegel and the Organic View of Nature)，见《黑格尔与科学》(*Hegel and the Sciences*)，罗伯特·科恩(Robert S. Cohen)和马克思·沃托夫斯基(Marx W. Wartofsky)编，多德雷赫特：Springer，1984年，第112页。萨皮克指出，“黑格尔的物理学观点由于他不理解牛顿而饱受指责；他对化学的理解则因忽视拉瓦锡和道尔顿而受挫”。与芬德利赞扬黑格尔是演化论思想家的态度相反，萨皮克表明“黑格尔在《百科全书》第249节中明确拒绝了植物和动物的演化。在黑格尔看来自然没有历史，历史始于历史学家”。

> 过程在面对外部自然时被具体化了。第三个过程是类属过程(genus),它把前两个过程结合起来。这是个体与作为类属的自身的过程,或者说类属的生产和保存过程。①

[93]通过这种三段论——自我同一,对他者的承认,统一——黑格尔把植物的本性描述为三个主要过程:形态形成过程(§346),同化过程(§347)和类属过程(§348)。我们可能会问,这个过程的终点难道不是像亚里士多德的目的论那样,已经包含在开始中了吗?植物的生命难道不正是种子内部遗传信息的不断展开,包括自我和类属的保存吗?黑格尔在§346a中这样描述种子的发展:

> 胚[种子]是尚未展现的存在[*das Unenthüllte*],它是整个概念[*Begriff*],是植物的本性,但这本性还不是理念,因为它不具有现实性。在一粒种子[*Samenhorn*]中,植物表现为自我与类属的简单、直接的统一……胚的发展起初只是生长、增加,它在自身之中已经是一整株植物、一整棵树的微缩版了。部分已经完全成型,只需经历放大、形式的重复、硬化,等等。因为有待生成的东西已经存在了,或者生成只是这种表浅的运动。

关于这种已经存在于胚芽中的规定性,我们或许想问黑格尔的观点与先成论(preformationism)究竟有多大区别。黑

---

① 黑格尔,《自然哲学》,第3卷,彼得里(M. J. Petry)译,伦敦:George Allen and Unwin,1970年,§346附释,第66页。

格尔拒绝了先成论的假说，因为这种假说意味着不存在真正的发展。[①] 正如我们所见，黑格尔强调有机生命与概念阶段的对应关系，而二者的区别在于，概念在时间中是自我一致的，植物在时间中与自身不同——概念的自我实现比植物更彻底。摆脱先成论的方法是把偶然性概念引入自然，这正是《自然哲学》结尾处的目标。黑格尔始于逻辑，终于逻辑，因为他所说的逻辑不是形式逻辑，芬德利称之为“自我把握的概念”（*selbstbegreiffende Begriffe*），也就是**概念**明确地成为**概念**：**“概念的概念”**。[②] 然而，由于有机生命和概念之间存在不对称性，两种偶然之间也有着不对称性。

§18 “概念在自然中的虚弱性”

[94]带着这句话，我们将回到偶然性问题上来。偶然性对黑格尔来说成了一个问题，因为为了使理念成为存在的本质，理性必须认识到它发展过程中的偶然性不仅是非理性和混乱的东西（尽管它暂时可能像是那样），以便在世界中把自己从世界里解放出来；[③]不然理性首先会面临它

---

① 埃罗尔·哈里斯（Errol E. Harris），《黑格尔对进化论的拒绝究竟有多彻底？》（How Final Is Hegel's Rejection of Evolution?），见《黑格尔与自然哲学》（*Hegel and the Philosophy of Nature*），斯蒂芬·霍尔盖特（Stephen Houlgate）编，奥尔巴尼：纽约州立大学出版社，1998 年，第 195 页。

② 芬德利，《黑格尔主义对生物学和生命的处理》（The Hegelian Treatment of Biology and Life），第 88 页。

③ 马比勒这样描述黑格尔的模型：1. 主观的精神发现一个在它面前的世界；2. 客观精神创造了这个世界；3. 绝对精神在世界中把自己从世界里解放出来。《偶然性的考验》（*Épreuve de la contingence*），第 86 页。

认识的限度，其次会面临与自然的对抗性。如果偶然性问题不能被承认和克服，实在与理念、思维与存在之间就始终有着不一致，威廉·特劳格特·克鲁格(Wilhelm Traugott Krug)指出的一个困难体现了这种不一致：观念论者能够从思维中推导出一支笔吗？[①] 回过头来看，如果黑格尔能接触到今天的3D打印机，他就可以向克鲁格简单展现笔是如何被递归地推导出来的。黑格尔激烈地回应了克鲁格，先是在他1802年对克鲁格作品的评论和他刊载于《哲学批判杂志》(*Kritischer Journal der Philosophie*)上的文章里，[②]后来在《精神现象学》和《百科全书》第250节的注释里，他又强调概念不仅是抽象的，因为**具体**指的并不是物理的和可感的，我们可以把概念的发展理解为一个为了认识自身而返回自身的递归过程。这个过程只能是概念自身的个体化，其中实在和理念不再分离。这个生成活动必须认识到偶然性是它自己的一部分，因此它并不试图避免或忽略偶然性，而是通过把它当作必然性来处理以克服它。因此在黑格尔那里，我们可以看到偶然性的两种含义：一种是混沌的自然，另一种是逻辑范畴，甚至是存在的范畴，正如伯纳

---

① 拉奥尼·帕杜(Raoni Padui)，《偶然性的必要性和自然的无能为力：黑格尔偶然性的两种含义》(The Necessity of Contingency and the Powerlessness of Nature: Hegel's Two Senses of Contingency)，见《观念论研究》(*Idealistic Studies*)，40，第3期，2010年秋，第243—55页。

② 见黑格尔，《黑格尔文集2，耶拿时期的写作，1801—1807年》(*Werke 2 Jenaer Schriften* 1801—1807)，法兰克福：Suhrkamp，1970年：《克鲁格关于新哲学法律概念组织的草稿》(*Krugs Entwurf eines neuen Rechtsbegriffs Organons der Philosophie*)，第164—165页，和《按照克鲁格先生的著作，常识如何体现在哲学中》(*Wie der gemeine Menschenverstand die Philosophie nehme, dargestellt an den Werken des Herrn Krug*)，第188—207页。

德·马比勒所说的。[①] 有些作者指出，这两种偶然性的含义[95]是不相容的："自然中的偶然性不是偶然性的范畴，而是前范畴意义上的偶然性。"[②]然而，这两种偶然性并非无关，我们想指出，只有当偶然性成为一个逻辑范畴时，自然所体现的另一种偶然性才会被认作必要。

如果说在谢林早期哲学中，偶然性问题被认为是必然的，因为绝对在起源之初是无条件的；那么在黑格尔那里，绝对不再位于开端，而是位于过程中和结尾。黑格尔在《精神现象学》序言中清楚地说明了原因：认为智的直觉是绝对的开端的假设，只是单色的（monochrome）。对黑格尔来说，更根本的问题在于这种做法忽略了发展的问题，因为起源不是简单的生产——递归则被留给作为抑制（*Hemmung*）而介入的偶然性——对黑格尔来说这只是自然领域，还不是精神的世界。

如果说在谢林那里，抑制既是偶然的，也是生产的条件，就像算法的停机状态，那么对黑格尔来说，抑制必须经历一个辩证过程，它不能只是被如此给定，还要让它运动起来。我们在谢林的递归中找不到这样的过程，因此在他那里，偶然性总已经是必然的了。因此在谢林早期哲学中，不存在自由和必然的简单对立。我们说过，在一些评论者看来，黑格尔的偶然性具有双重含义：第一，它是非理性和混沌的，正如它在自然

---

① 马比勒，《偶然性的考验》，第 196 页。

② 帕杜，《偶然性的必然性》，第 249 页；另见约翰·麦克塔格特（John McTaggart）和埃利斯·麦克塔格特（Ellis McTaggart），《黑格尔辩证法研究》（*Studies in the Hegelian Dialectic*），剑桥：剑桥大学出版社，1896 年，第 5 页："辩证法对偶然性问题的处理，体现了在两种不相容的观点之间的奇特交替，按照第一种观点，偶然性是一个范畴，而按第二种观点，它是自然在实现理念方面的无能为力。"

中呈现的那样;第二,它和可能性、现实性、必然性一样是个模态范畴。[①] 这个区分在这里意味着什么?是不是说这两种含义毫无关联?或者我们能否得出结论说(正如我将试图论证的那样),非理性的偶然性必须转化为理性的偶然性——自然与理性的对立和其中一个[96]三段论(精神、逻辑、自然)已经暗示了这一点?黑格尔在《逻辑学》的"现实性"一节中讨论了偶然性。对他来说,现实性意味着理性的(Vernünftig),正如《法哲学原理》中的著名论断所说:"合理的即是现实的,现实的即是合理的"——现实的(actual)一定是实在的(real),但实在的不一定是现实的(现实在这里意味着被感知)。我们将在后面讨论的《逻辑学》似乎暗示着一个过渡阶段,其中直接的存在被转化为伯纳德·布尔乔亚(Bernard Bourgeois)所说的"被感知的可感性、合理化的存在"(sensible sensé, existant rationalisé)。[②]

自然的偶然性是《百科全书》中的一个关键话题。在第250节中,黑格尔把偶然性与概念(Notion)对比,即"自然的无能源于它只能以抽象的方式维持概念的规定性,使特殊者的基础暴露在外来的规定性中"。[③] 自然向哲学展现了一个后者难以跨越的边界,因为如果概念能解释所有这些偶然性,它就也会向偶然性开放。在《百科全书》中有关动物学的题为"属和种"的第368节中,黑格尔继续阐释了"概念在自然中的虚弱性":

---

① 拉奥尼·帕杜就此指责了斯蒂芬·霍尔盖特和迪特·亨利克这些作家;据他说他们没有区分这两者。

② 马比勒,《偶然性的考验》,第152页。

③ 黑格尔,《自然哲学》,第1卷,§250,第215页。

> 一般意义上概念在自然中的虚弱性，不仅会使个体形成形态的过程受到外部意外的影响——这在发达的动物，尤其是人类那里会导致畸形——也会使属自身完全服从于自然的外部普遍生命的变化。

黑格尔说的“概念在自然中的虚弱性”是什么意思？不同于人类发展出的系统化的、一贯的、因而能免受外部影响的概念，自然很容易受到偶然事件的影响，尤其是来自外部的偶然事件，因为它的概念太虚弱，无法消化这些偶然事件，因此它的种中呈现着不规则性和不一致性。正如黑格尔在第368节后面的段落中所说，人类发展出的概念是有缺陷的，自然中的概念就更是如此：

> [97]如果人们能承认人类的作品有时是有缺陷的，那么自然的作品就更可能有缺陷，因为自然是外在性模式下的理念。在人这里，缺陷的原因出在他的异想天开、反复无常和疏忽大意……而在自然中，是外部条件阻碍了生命体的形式；因此，自然的形式无法被带入一个绝对的系统，正因此，动物物种会暴露于偶然性中。

这样我们便能理解自然为何会给哲学设定限制，正如黑格尔在前面第250节的评论中写的：“这种无能是自然给哲学设的限制的一部分，要求概念能解释、(或正如人们说的)分析或推导出自然的这些偶然产物，是相当无意义的。”①我们不

① 同上。

应把这句话误解为,黑格尔只是在指责偶然性是混乱和不重要的;相反,他为了克服偶然性而赋予它意义。这一点在第251节体现得很明显,在那里黑格尔写道:“概念的运动从起初限制它的外在性开始,是一种回归位于中心的自身的运动,也就是把对概念来说直接或外在的不充分存在吸收进主观统一体中。”①不过,如果理性从外在性中退回自身并忽略了外在性的存在,这种说法就成了一种借口。因此我们可以把黑格尔在《逻辑学》中对偶然性的阐述,与他在《百科全书》中的阐述看作一个整体。

§19 自然之死作为逻辑的肯定

黑格尔把自然用作向精神的过渡的策略,在苏珊·韩(Songsuk Susan Hahn)的解读中得到了很好的阐释。由于自然[98]没有历史,历史只能始于对自然中弱概念的扬弃,并把它提升至伦理层面:

> 严格地从自然内部来看,在我们说自然憎恶矛盾时,很难不陷入一种拟人主义。从这个层面看,自然是一种盲目、非理性的机制,否定和矛盾对自然和对我们这些理性的话语存在来说很不一样。由于非理性的自然在道德

① 同上,§251,第217页;他继续写道:“这不是为了让概念从这种存在中撤出,使它成为空壳,而是为了让内在于自身,或对概念来说充分的、作为生命的自在存在本身得以存在。概念试图打破外在性的硬壳以成为自身。生命是一个实现了展现并在其明晰性中展示自身的概念;而知性很难接受这一点,因为知性最容易把握的是最简单的、抽象的和死的东西。”

> 上对于矛盾的存在或消除都是中立的，黑格尔试图从自然中得出一个规范性概念，它能适合于能够对矛盾产生道德的厌恶态度、以消灭矛盾为理性目标的理性自我意识。①

我们想表明，这种对偶然性的克服已经包含在概念本身的可能性中了。因为对黑格尔来说，**概念**(*Begriff*)是**活的**概念——也就是说它是反思性和自我规定的，因此不是静态的概念，而是自我把握的概念，在它之中，二元性和不相容的条件可以在反思环节的统一中被克服。② 在《逻辑学》中，作为从表象到本质的运动的反思逻辑体现为三种反思：首先是**设定性**(*positing*)反思，它从表象，比如直接的存在出发，这样的存在只是消极的，因此反思是对作为自我设定的存在的扬弃；第二是**外在性**(*external*)反思，即承认他者是自我的条件与对立面；第三是**规定性**(*determining*)反思，即设定性反思与外在性反思的统一。在《逻辑学》第二章"本质论"的"现实性"一节中，黑格尔用同样的递归形式，通过现实性、可能性和必然性的模态描述概念的运动，从而说明了偶然性的必然性。我将试图通过强调黑格尔如何从偶然性和内在反思开始，走向完整的概念或全体性概念，重构黑格尔的论点。第一节的标题是"偶然性或形式的现实性、可能性与必然性"。这里的偶然性是指[99]形式的，还没有考虑到内容。某个存在被给定为这样，比如一块石头。它的存在是具体的，但只是偶然

---

① 韩，《运动中的矛盾》，第34页。

② 马比勒，《偶然性的考验》，第196页。

的。这是一种形式的现实性，它也表明一种可能性。这种可能性是反映在自身之中（reflecting into itself）的现实性。反映在自身之中意味着，这种存在是诸多可能性——比如以不同方式可以产生各种石头——中的一种。正因如此，现实性和可能性都只是形式的；形式的可能性意味着一切都是可能的，比如 A 可以是 A 也可以是非 A。这种“反映在……之中”具有“无穷的多样性”，因为“一切不与自身相悖的东西都是可能的”。① 这种现实（如此这般存在）和可能（这种存在是诸多可能性之一）的统一是偶然性：②

> 因此偶然者呈现出两个方面。首先，就它**直接地**具有可能性而言，或者说，就这种可能性被扬弃在它之中而言，它**不是被设定性**（*not positedness*），也不是被中介的，而是**直接的**现实性；它**没有根基**……**其次**，偶然者又是**仅仅**作为可能性存在的现实者，或者说是作为**被设定性**存在的现实者。③

偶然性自带着这个悖论，因为只要它是偶然的，它就仅仅是一种可能性，因此是无根基的，但由于它同时也是现实的，它就有根基。如果存在**存在**（If being *is*），它就是必然的，但这种必然性只是形式的，因为它被规定为一种可能性，在这个意义上它是偶然的。偶然性被看作是对存在之存在的形式性的承认。如果这第一种反思只是自我同一，那么我们进入的第

---

① 同上，第 479 页。
② 黑格尔，《逻辑学》，第 481 页。
③ 同上，第 480—481 页。

二种反思则与他者相关[①]——第二节,“相对必然性,或实在的现实性、可能性与必然性”。到目前为止,实在的现实性还只是“另一个现实的自在”,它在自身中直接具有实在的可能性。形式的可能性是对自身作为同一性的反思,实在的可能性则是投射在反思中的生成过程之条件。在这里,黑格尔谈到了实在的可能性的自我扬弃:首先,现实性变成了反思性存在,“他者的环节,从而拥有了自我”;其次,他者的自在[100]也进入了现实性。[②] 不是从它自身返回自身,而是“从现实性与可能性不停歇地‘作为彼此的他者’返回自身”[die Ruckkehr in sich aus jenem unruhigen Anderssein der Wirklichkeit und Moglichkeit gegeneinander]。[③] 通过反映进自我和他者之中,这两种运动包含了可能性与现实性的重新结合,它构成了黑格尔所说的**实在的必然性**的统一。正如这章的标题所说,实在的必然性只是一种相对必然性。它是**相对**的,因为假如我们问为什么 A 是必然的,那是因为有 B 和 C 作为它的条件。黑格尔没有区分可能的(possible)和有望发生的(probable),但我们想说,实在的可能性就是有望发生的,因为它规定着实在的现实性的生成。正是在这个意义上,黑格尔主张,“实际上……实在的必然性本身也是偶然的”。不过现在这种偶然性源于内容,而不是形式。

第二种反思又引向第三章中的第三种对有机全体的反

---

① 见约翰·麦克塔格特和埃利斯·麦克塔格特,《黑格尔逻辑学评论》(*A Commentary on Hegel's Logic*),剑桥:剑桥大学出版社,1910年,第165页。

② 黑格尔,《逻辑学》,第484页。

③ 黑格尔,《黑格尔文集6,逻辑学》(*Werke 6 Wissenschaft der Logik*),法兰克福:Suhrkamp,1970年,第213页。

思，这一节的标题要比前面的短得多："绝对必然性"。它是绝对的，因为它构成了自身的基础，[①]也就是说，概念达到了完满：它是，**因为**它是。[②] 如果我们遵循必然性与偶然性的对立，人们可能会得出结论说，绝对必然性是对一切偶然性的否定，因为它作为必然性的本质不是自我中介的，也不需要经由一个他者的中介。然而，这与黑格尔的主张相反："毋宁说，这种偶然性（一个他者的可能性）是绝对必要的；它是那些自由的、内在必然的现实性的本质。"[③]麦克塔格特这样解释这个看似矛盾的主张，即，尽管存在是必然的，它的组成部分是互为基础的，如果把每一部分分开来看，就会是偶然的。[④] 但这听起来只是对第二章的论点的重复。我们或许可以这样说：如果**绝对必然性**意味着要考虑到存在的全部条件（即不只是局部[因而是相对的]），那么这种绝对[101]必然性依然是偶然的。黑格尔从存在的偶然性出发，经由三次反思又回到了那里，完成了一个循环；这个循环运动还将继续。

正如我们在黑格尔那里看到的，偶然性的必然性实际上是理念反思自身的抽象和形式可能性，并承认它存在的偶然性的过程。通过将自身反思为成为他者的可能性与矛盾，它承认了他者——另一个自我——是它生成的条件，因此达到了相对必然性。通过反思它存在的基础，它认识到自己作为

---

① 约翰·伯比奇（John W. Burbidge），《黑格尔的系统化偶然性》（*Hegel's Systematic Contingency*），伦敦：Palgrave，2007年，第47页："因此绝对必然性自身包含着偶然性，作为它的必然性的基础。"

② 黑格尔，《逻辑学》，第487页。

③ 同上，第488页。

④ 约翰·麦克塔格特和埃利斯·麦克塔格特，《黑格尔逻辑学评论》，第167页。

绝对必然性的存在本身必须包含偶然性。因此偶然性不仅是个否定性概念。偶然性是双重的：首先，未经反思的偶然性，如自然，表明了概念的弱点；它的多样性是一种放任，正如迪特·亨利克所说："由于自然是概念的狂热[Aussersichsein]，它可以自由地沉溺在这种多样性中。于是可以有大约60种鹦鹉，137种婆婆纳，等等。在黑格尔看来，把它们一一列举出来是一项无意义又无聊的工作，因为在这种多样性中没有精神。"①

一种被反思的偶然性，或者说是"被驯化的偶然性"，必须理解到概念的运动。因此我们可以说，自然的非理性是有原因的。② 然而当我们走到这一步，我们就不再在自然内，而是在精神的领域内了，因为这是自我意识的实现。在这个意义上，正如黑格尔本人所说，自然是"他者形式的理念"(die Idee in der Form des Andersseyns)或"自我异化的精神"(der sich enfremdete Geist)，"一个不控制自己的狂乱神明"(a bacchanalian god who does not control himself)。③ 自然把自身表现为偶然性的外在性，由此被克服了，观念通过它达到了自在和自为。对理念来说，自然必定是它的他者，是通往自由意识的精神的途径。④ 正如科瓦奇克所说，当观念把自己从自然——作为自我把握的精神的他者——中解放出来时，[102]它也就必然扬弃了自然最后的外在性，这引向"自然存在的死

① 迪特·亨利克，《语境下的黑格尔》，美因河畔法兰克福：Suhrkamp，1971年，第167页。

② 帕杜，《偶然性的必然性》，第253页。

③ 科瓦奇克，《论实在，论存在的自然》，第170页。

④ 同上。

亡”(Tod des Natürlichen)：

> 取代这一自然的死亡，走出这死亡的外壳，精神更优秀的本质诞生了。有生命的存在与这种分离和抽象的自我一致一同结束……自然的目的在于熄灭自己，打破它直接和感性存在的硬壳，像凤凰那样烧尽自己，以便从这外在性中脱颖而出，成为更有活力的精神。自然为了把自身再次认作理念、与自身和解，变得有别于自身。①

在此我们将暂停一下关于黑格尔自然哲学的讨论，因为自然的死亡是对逻辑的肯定。肤浅的阅读会把谢林的生态学与黑格尔的反生态学对立起来。更恰当的做法或许是，看到在这个从自然向精神过渡的段落中，自然的死亡并不是说不再有树、动物或细菌，而是说自然被认作整体中的理念的他者，因此它“像凤凰那样烧尽自己，以便从这外在性中脱颖而出，成为更有活力的精神”。自然的死亡是精神的诞生。这是黑格尔人类主义淋漓尽致的体现。他不是把精神看作自然的一部分，而是为了解放自然而把自然牺牲给精神。

我们将在这一点上结束关于递归与偶然的关系的讨

---

① 黑格尔，《自然哲学》，第3卷，§376：“Über diesem Tode der Natur, aus dieser toten Hülle geht eine schönere Natur, geht der Geist hervor. Das Lebendige endet mit dieser Trennung und diesem abstrakten Zusammengehen in sich⋯ Das Ziel der Natur ist, sich selbst zu töten und ihre Rinde des Unmittelbaren, Sinnlichen zu durchbrechen, sich als Phönix zu verbrennen, um aus dieser Äußerlichkeit verjüngt als Geist hervorzutreten. Die Natur ist sich ein Anderes geworden, um sich als Idee wieder zu erkennen und sich mit sich zu versöhnen.”

论——我们试图指出这种关系是黑格尔主义的特征。让我们总结一下到目前为止的讨论：在谢林和黑格尔的自然哲学中，偶然性被两种不同的递归模型实现和克服了。在谢林早期自然哲学中，偶然性是自由与自然的体现。在黑格尔自然哲学中，偶然性是概念自我规定性的考验。如果说在谢林那里，我们看到了一种给自然重新施魅、甚至浪漫化的诱惑，这还不够；相反，我们建议把谢林的《自然哲学》看作一种原型生态学[103]甚至是一种原型有机主义，它正在向贝塔朗菲意义上的系统论发展。与生物有机主义相反，精神与自然的关系在黑格尔那里有所不同。对黑格尔来说，精神的进程也是朝向自然之死的进程。在这个意义上，黑格尔可能离控制论或**机械有机主义**更近一步。① 20 世纪初，递归性在控制论和同时期的其他发展中被形式化、系统化了：比如计算理论（哥德尔—图灵—丘奇）和自动机（约翰·冯·诺依曼），接着，递归又进入人工智能、机器学习和更复杂的自动化形式。借用黑格尔的话，或许也可以说这种机械有机主义是绝对精神在我们时代的新形式。

正如哥达·冈瑟所说，控制论的核心问题是："问题不在于生命、意识或自我反思在根本上是什么，而是：我们能否在

---

① 贝塔朗菲虽然承认维纳的《控制论》是系统论的起源之一，但也认为不应把控制论和系统等同，因为控制论只是"一般系统论"的一个特例。控制论仍然是一种"机械论"，在物质与环境的交换方面，它倾向于成为一个"封闭系统"，只对信息开放。见贝塔朗菲，《机器人，人与心灵：现代世界的心理学》(*Robots, Men, and Minds: Psychology in the Modern World*)，纽约：George Braziller，1967 年，第 67—69 页。然而，贝塔朗菲的这种批评不够有说服力，因为控制论给予信息优先性不意味着它忽略了物质和能量（热力学）。此外，维纳之后的控制论（如二阶控制论）也给出了更一般的系统概念。

机器中重复我们的宇宙在其自然演化中产生的、所有自我反思系统都具有的行为特征。”①黑格尔的反思机制在冈瑟看来似乎是建立“第二类机器”(second machine)的完美模型，它为阐释灵魂与机器提供了理论基础。继黑格尔之后，冈瑟主张说在观念论后人们明白了存在不是反思性的，存在被限制在它自身中，而意识的形式是反思性的，它超出自身以和环境互动。② 冈瑟把观念论中的自我意识与控制论项目联系起来，这不仅是因为他是个黑格尔主义学者，也因为在康德把有机概念形式化之后，认识论范式发生了变化——这一点我们已经强调过多次。我们也可以从这个角度理解海德格尔关于黑格尔的一个说法：“[104]形而上学的完成始于黑格尔作为意志与精神的绝对知识的形而上学。”③我们可以就海德格尔的论断提出另一个问题：递归在控制论中的系统化岂不是哲学思考的新条件吗？且这一条件不再与康德时代相同。这意味着，形而上学的完成也是它在控制论中的实现，它因此要求开展新的哲学思考任务。形而上学关系到对存在本身，以及存在作为整体的理解：事物存在，比如我面前的这块晶体和窗外的植物——一个特殊的存在，和一切事物在全体性中的存在。苏格拉底之前的哲学家，尤其是伊奥尼亚的自然主义者，试图把存在把握为一个整体，但他们仍然是海德格尔所说的前形而上学家或非形而上学家。形而上学寻求存在与生成、特殊

---

① 哥达·冈瑟，《控制论本体论》，第 337 页。

② 哥达·冈瑟，《灵魂与机器》(Seele und Maschine)，见《对可操作辩证法基础的贡献》，第 86 页。

③ 马丁·海德格尔，《演讲与论文集》(*Vorträge und Aufsätze*)，普弗林根：Neske，1954 年，第 76 页。

与普遍的和解。它是在柏拉图和亚里士多德那里形成的，它对存在的强解释力经过海德格尔称之为本体神学的形式理论和本体论，之后又彻底和基督教神学结合在一起。有机性是个认识论概念，同时也是形而上学概念，正是因为它能整合机械与生物，正如海德格尔尖锐地指出：

> 事实上，在这绝对无条件的“组织”(organization)、一切存在的现成可支配的安置[*Einrichtung*]的时代，“有机的”必定会成为唯一被讨论和主张的东西，这只是表明如今作为可安排、可操作的[*Machbaren*]广义上的“机械”与“生命”，已经失去了长期以来的细微差别。①

我们在这里必须注意，对于海德格尔来说，有机不与机械对立；相反，它从根本上说是机械技术，正如海德格尔在20世纪30年代末所谓的《黑皮书》中已经指出的，“或许人们还需要一段时间才能认识到，‘有机体’和‘有机性’体现为[105]现代性机械主义技术对生长的领域，即‘自然’，的胜利”。②

这一形而上学任务——把握存在本身以及作为整体的存在——不仅是一种理论性论述。它不是我们头脑里的东西，而是一种意志。这种意志会改变世界被认识、感受、体验和构建的方式。形而上学的意志服从于神性的超验性，成为神正

---

① 马丁·海德格尔，《十一，技术》(XI. Die Technik)，见《思索》(*Besinnung*)，全集66，美茵河畔法兰克福：Klostermann，1997年，第176页。

② 马丁·海德格尔，《思索XII—XV：黑皮书1939—1941年》(*Ponderings XII—XV: Black Notebooks* 1939—1941)，理查德·鲁热维奇(Richard Rojcewicz)译，印第安纳波利斯：印第安纳大学出版社，2017年，第143页。

论的一种手段。但神不一定是神秘的超验性,正如我们在许多上帝存在的证明中看到的,它也可以是理性化的基础。斯宾诺莎泛神论是一种将神性与自然结合起来的方法(神即自然),其中,神性内在于它所产生的物质中。直到在尼采那里神才被杀死,必须为理性建立新的基础,一个同时是基础和深渊的基础。海德格尔在控制论中看到了一种等同于排他性理性的总体化的力量。因此,他试图寻找一种不再被称为哲学的思考。它究竟叫作哲学还是别的什么,对我们来说并不重要,但海德格尔看到了为了思考另一种生成,必须走向另一种思维轨迹。海德格尔想走另一条路,我称其为宇宙技术思维。[①] 但他也希望在避免控制论的情况下做到这一点,也就是说他希望找到一种已被宣告但尚未被思考的开端。

为了理解控制论在什么意义上是哲学的终结,我们仍然需要理解什么是控制论,以及为什么黑格尔的有机主义与反思逻辑能成为控制论的先驱。我们不可能直接把黑格尔的反思逻辑对应到控制论,仿佛控制论是它的理论应用那样,但我们能看到反思如何使自身复杂化。我们必须重构一种控制论的哲学,它算不上是一门真正的学科,却是一场具有丰富多样的观念的运动。有必要从整体上理解控制论项目。我们将考察库尔特·哥德尔和艾伦·图灵的工作以及控制论在 20 世纪的发展,把机械论的“进步”阐释为递归[106]算法,20 世纪

---

① 许煜,《献与一次宇宙技术事件:纪念唐·伊德和贝尔纳·斯蒂格勒》(For a Cosmotechnical Event: In Honour of Don Ihde and Bernard Stiegler),见《重塑伊德:起源、交互作用与扩展》(*Reinventing Ihde: Origins, Interplay, and Extensions*),格伦·米勒和阿什利·休编,多德雷赫特:Springer,2020 年,第 87—102 页。

的控制论用一种更一般的模型描述有机物，它的关键概念是**反馈**和**信息**——正如数学家诺伯特·维纳、克劳德·香农等人阐述的。我们也将通过路德维希·冯·贝塔朗菲、海因茨·冯·福尔斯特(Heinz von Foerster)、尼克拉斯·卢曼和吉尔伯特·西蒙东(他试图以新的方式重构反馈的概念)等人的系统论，追溯从一阶控制论向二阶控制论的发展历程。

§20　一般递归与图灵机

黑格尔始于逻辑，终于逻辑，因为只有经过艰苦的反思——直接性、否定、否定、重新产生的直接性(wiederhergestellte Unmittelbarkeitd)——概念才能获得普遍性和绝对性。冈瑟试图通过对黑格尔反思逻辑的形式化，构建一种非亚里士多德式逻辑(也就是多值逻辑)。按照冈瑟的说法，亚里士多德式逻辑或古典逻辑预设了思维与存在的形而上学同一性。① 用谢林的话说，古典逻辑建立在 A＝B 的基础上，而没有达到 A^2＝(A＝B)，更不要说 A^3＝A^2＝(A＝B)了。也就是说在德国观念论中，自我意识是一种把 A＝B 提升到更高的逻辑层次的反思。冈瑟在这里的说法更接近黑格尔而不是谢林，因为正如我们所见，黑格尔的反思更为具体和结构化。② 在冈瑟开创性的著作《机器的意识：控制论的形而上学》(*The*

---

①　查尔斯·帕森斯(Charles Parsons)，《哥达·冈瑟》(Gotthard Günther)，《哥德尔全集》(*Gödel's Collected Works*)，第4卷，所罗门·费弗曼(Solomon Feferman)和约翰·道森(John W. Dawson)编，牛津：Clarendon，2003年，第458页。

②　冈瑟，《灵魂与机器》，第85页。

Consciousness of Machines: A Metaphysics of Cybernetics)中,他说,"在控制论中,黑格尔关于反思本质上是个真实过程的观点,在我们试图系统地把意识的过程类比到机器中时,终于成了一种严肃说法"。①

[107]如果说主客体关系体现着一种二值逻辑,冈瑟便在黑格尔的反思逻辑中看到了三值逻辑的可能性。② 他把机器的演化看作一个朝黑格尔主义逻辑迈进的过程:经典机器是他物反思(Reflexion in anderes),冯·诺伊曼机器是自我反思(Reflexion in sich),而"大脑机器"是"大脑机器"对自我与他者反思的自我反思(Reflexion in sich der Reflexion in sich und anderes),正如"黑格尔在《大逻辑》中说的"。③ 我们可以用冈瑟本人的一个例子来说明这一点。首先有**我**(I),即自我,然后有 R,即第一反思,也就是主体性;接着可以有双重反射 D,有了这三个值,我们可以对一个三值真值表进行运算:IR,ID,DR。④ 把冈瑟的设置归纳一下,可以说他定义了 R 的不同层次,第 0 层 R 是没有自我意识的,下一层 R 把第 0 层作为它的对象,这可以图示为:$S^s \rightarrow (S^o \rightarrow O^s)$。正如查尔斯·帕森斯所说:

> R 的每一层……都可以成为进一步反思的对象。因此它涉及的迭代是无限的。冈瑟进一步得出结论说,在

---

① 冈瑟,《机器的意识:控制论的形而上学》(*Das Bewußtsein der Maschinen Eine Metaphysik der Kybernetik*),巴登-巴登和克里菲尔德:Agis-Verlag,1963 年,第 95 页。

② 同上,第 55 页。

③ 冈瑟,《灵魂与机器》,第 85 页。

④ 冈瑟,《机器的意识》,第 53—54 页,见冈瑟的四个真值表。

> 这一步，它还不能像一种新逻辑所需要的那样被公理化，“因为它不可能就这个开放的主体得出最终的、最普遍的命题，并把它定义为自我意识”。①

在冈瑟的逻辑中，我们能看到黑格尔式反思扩展至多个层次，总可以有下一次反思。冈瑟有说服力地提出了多值逻辑，但在《机器的意识》和其他著作中，我们不清楚控制论能否彻底实现他的形式逻辑，而且在某些方面，控制论似乎比他的形式逻辑更灵活。但有一点很清楚：通过阐释黑格尔的反思逻辑，冈瑟试图像黑格尔本人那样将反思的机制结构化。通过考察哥德尔、维纳的著作以及格雷戈里·贝特森、海因茨·冯·[108]福尔斯特的著作，我们将看到冈瑟的控制论形而上学的重要性。我们打算从哥德尔而不是维纳开始，因为哥德尔的递归函数代表了在现代计算机中实现反馈机制的基本数学基础。随后我们将转向维纳，以理解递归思维更丰富的含义。

1952年，冈瑟开始与哥德尔通信，和他讨论他的逻辑哲学。哥德尔从16岁就开始阅读康德的《纯粹理性批判》，他也读过一些黑格尔和谢林的书。在哥德尔1954年6月30日写给冈瑟的一封信中，已经表明他对德国观念论的兴趣，对他来说德国观念论是对形而上学的可能的修正：“对观念论哲学讨论的主体的反思（也就是你思考的第二个话题）、各层次的反思的区别，等等，在我看来很有意思也很重要。我甚至认为这很可能是通往正确的形而上学的唯一道路。”②在几年后的

---

① 帕森斯，《哥达·冈瑟》，第436页。

② 哥德尔，《全集》，第4卷，所罗门·费弗曼等人编，牛津：Clarendon，2003年，第505页。

1957年，正如查尔斯·帕森斯指出的，在哥德尔4月4日给冈瑟的信中，他再次表明了他对“总体反思”的兴趣——冈瑟承诺要讨论这个问题，却没有在他最近的著作中涉及这一点。① 似乎没有多少文献关注过哥德尔对反思逻辑的兴趣。包括王浩、②马克·范·埃藤(Mark van Atten)③和查尔斯·帕森斯在内的许多作者已经谈到过哥德尔的哲学思考轨迹。他对柏拉图、康德和莱布尼茨的兴趣，以及他在1952年转向埃德蒙德·胡塞尔的先验唯心主义作为科学的可能基础，都已经被广泛讨论过了。因此，我们在此无意重复别处已被说过的话，而是试图将[109]哥德尔对反思的兴趣，与他在20世纪30年代提出的递归概念联系起来。我们将通过重新考察计算理论的历史，试图重建哥德尔的递归概念及其与可计算性或可判定性的关系。我们不能在这里重述整段历史，只能提到通向递归概念的定义的一些重要环节。把递归理解为一个观念论项目的实现很有意思，尽管这听起来有些太过思辨。我们只有先得出运算中的递归的准确概念，才能开始讨论二

---

① 引自查尔斯·帕森斯，《哥德尔与哲学观念论》，见《数学哲学》(*Philosophia Mathematica*)18，第2期，2010年，第189页；哥德尔，《全集》，第4卷，第527、529页：“我想说的是，几年前我读到你的一份关于逻辑的基础的手稿，其中有个很有意思的想法，但在你最近关于这个话题的著作中就找不到了。那时候你把全体反思解释为一种超越一切类型的构成的东西。认为实施这一观念必然导致一种非亚里士多德逻辑的想法是有道理的，因为如果这样做，人们便会立刻遭遇集合论的悖论。而现在你似乎倾向于把双重反思与第二种逻辑类型等同，为了扩展的泛函演算而放弃了亚里士多德式逻辑，我觉得这种做法不合适。”

② 王浩，《逻辑之旅：从哥德尔到哲学》(*A Logical Journey: From Gödel to Philosophy*)，马萨诸塞州剑桥：麻省理工学院出版社，1996年。

③ 马克·范·埃藤，《论哥德尔对莱布尼茨、胡塞尔和布劳威尔的接受》(*Essays on Gödel's Reception of Leibniz, Husserl, and Brouwer*)，多德雷赫特：Springer，2014。

阶控制论。为此，我们必须先拓宽我们对**逻辑**这个词的理解，这也是为何黑格尔一上来就要讨论逻辑。相比传统上从三段论和逻辑推论的角度理解逻辑，哥德尔对逻辑的理解无疑是更广的。谈到黑格尔的逻辑时，他这样对王浩说：

> 不需要把黑格尔的逻辑解读为对矛盾的处理。它只是得出新概念的一种系统方法。它处理在时间中的存在。黑格尔的逻辑的某些部分，或许与一个命题（而非概念）产生其反命题有关。例如，如果A按照罗素悖论的方式被定义[即，A是一个由所有不属于它自身的集合构成的集合]，那么“A属于A”就会产生它的反命题。在黑格尔那里，一个条件会在历史中产生与其相反的条件，这是时间中的过程，而真理依赖于时间。黑格尔的解读就像木偶戏中的人偶，第二个人偶打败了第一个。就对立者的同一、矛盾指明方向的观点来说，悖论在黑格尔那里得到了不同的解释。罗素集合成了一个一连串的属于和不属于的限定情况，它不再是环形的了。[①]

哥德尔在黑格尔的逻辑中注意到了时间的关键位置，这意味着黑格尔的逻辑是时间性的，因为从根本上说它是一系列的反思；如果我们把真理问题建立在时间上，它便会敞开一种不同的逻辑经验。很可能正是这种对逻辑非同寻常的理解，使哥德尔在他1931年以罗素和怀德海的《数学原理》（*Principia Mathematica*）为例的那篇关于形式逻辑系统不完备性的著

---

① 王浩，《逻辑之旅》，第313页。

名论文中,揭露了形式逻辑系统的局限性。这一逻辑证明使[110]哥德尔回到了数学直观的必要性,这种直观会随着数学的发展不断调整。① 哥德尔的证明中令我们感兴趣的是,他创造性地发明了一种方法:首先,把公理转化为一串自然数,进而便能以算数的方式通过计算证明给定的命题。这引向了递归函数以及后来的一般递归函数——等同于通用图灵机——的发现及其形式定义。符号逻辑的算术化与通过计算实现的数学证明自动化,是现代科学中的一大飞跃。

递归性的数学发展以及20世纪30年代它在通用图灵机中的实现,见证了我们所说的**算法**的诞生。包括计算机科学家和社会科学家在内的许多人,在解释什么是算法时,经常以菜谱为例。这不完全错误,因为算法确实规定了必须遵循的一系列程序和规则,但这个类比也绝对称不上正确,因为菜谱根本无法解释我们这个时代的算法是什么。因此我想指出,应当通过递归和反思的概念理解算法思维。递归函数所指的,不过是一个不断调用自己直至达到停机状态的函数。侯世达(Douglas Hofstadter)在他的《哥德尔、埃舍尔、巴赫:永恒的金辫子》(*Gödel, Escher, Bach: An Eternal Golden Braid*)中用一个笑话解释了这个概念:想象一个德国教授必须用一个全是从句的长句子讲课,最后他需要说出一连串动词来结束这次讲授(德语中动词必须后置)。

首先,理查德·戴德金(Richard Dedekind)在他1888年

① 哥德尔于1969年12月10日致布鲁提亚(Brutian)的信,见哥德尔《全集》,第4卷,第330页;皮埃尔·卡索·诺盖斯(Pierre Cassou Noguès)的《哥德尔的魔鬼,逻辑与愚蠢》(*Les démons de Gödel. Logique et Folie*)也引用了该书,巴黎:Seuil,2007年,第115页。

的文章《数字是什么以及它们应当是什么?》中,正式用递归函数定义了运算和自然数。数学家托拉尔夫·斯科尔姆(Thoralf Skolem)在1922年再次拾起这个主题,以重构怀德海和罗素《数学原理》中的逻辑体系。斯科尔姆的激进处在于,他去掉了罗素的存在量词(existential quantifiers),代之以函数。如今这被称为**斯科尔姆化**(*Skolemnization*)。从表面上我们可以[111]把它理解为,存在的问题不再是问题了,因为最终它是个数学函数。①

随后,哥德尔在他1931年题为"论数学原理中的形式不可判定命题及相关系统I"(On Formally Undecidable Propositions of Principia Mathematica and Related Systems I)的文章中,定义了递归函数,又在随后1934年的论文《论形式数学的不可判定命题》(On Undecidable Propositions of Formal Mathematical system)中定义了一般递归函数。与符号逻辑的形式化相反,哥德尔1931年的论文用数字把形式系统算术化了(如今被称为**哥德尔配数**[*Gödel numbering*]),这样不同公理的关系就可以用数字表示;正如我们在表2.1中见到的:每个符号,包括括号,都被赋予了一个自然数。

表2.1 哥德尔配数表

0	N	=	~	V	&	→	Ξ	Π	Σ	ε	(	)
1	2	3	4	5	6	7	8	9	10	11	12	13

这样,哥德尔就可以把证明从逻辑推理变成由递归函数

① 罗德·亚当斯(Rod Adams),《递归函数和可计算性的早期历史》(*An Early History of Recursive Functions and Computability*),波士顿:Docent,2011年,第19—32页。

组成的运算。在他 1931 年的论文中，哥德尔这样定义递归函数：

> 当存在一个以 ø 结尾的有限数论函数序列 $ø_1$，$ø_2$，…$ø_n$，且每个函数 $ø_k$ 都递归地由前面两个函数定义，或可通过替换从前面的任意函数中得出，或是一个常数，或是后继函数 x+1，则称这个数论函数 ø 是递归的。①

我们或许可以把这种说法简化为 F(x)=k F(x-1)的形式，这个函数返回到它自身和前一个函数的结果上。正因此，我们可以把它与哥德尔对冈瑟提出的反思逻辑的兴趣联系起来。1934 年哥德尔在他的论文《论形式数学的不可判定命题》中提出了一般递归函数。他（通过与法国逻辑学家雅克·埃尔布朗[Jacques Herbrand]的通信）注意到，他[112]早先的递归函数不能包括所有有效的可运算函数。在第 9 节“一般递归函数”中，哥德尔对递归函数做了类似定义：

> 我们或许可以把这个概念定义如下：如果 ø 表示某一未知函数，而 ψ_1，…ψ_k 是已知的函数，若 ψ 和 ø 能以最一般的方式相互替代，且替换后的某些表达式不变，且如果结果函数方程组对于 ø 有唯一解，则 ψ 是递归函数。②

这第二个定义更抽象，因为它涉及两个函数，复杂性程度

---

① 哥德尔，《全集》，第 1 卷，所罗门·费弗曼等人编，牛津：Clarendon，2001 年，第 159 页。

② 同上，第 368 页。

更高，但它也突出了递归理论的三个主要观点：1. 可以用递归函数表示的东西是递归可枚举的，即可计算的；2. 它从一个简单函数开始，以达到一个复杂函数，这通常可以用涌现现象说明；3. 为了得出已知函数，它首先假定了未知函数，也就是说虽然黑箱不能明确地被知晓，却可以被其他已知函数替代，后者的递归运算能得出与未知函数相同的结果。① 哥德尔给出的这个例子可能有助于我们的理解：

$$\varphi(x,0)=\psi_1(x),$$

$$\varphi(0,y+1)=\psi_2(y),$$

$$\varphi(1,y+1)=\psi_3(y),$$

$$\varphi(x+2,y+1)=\psi_4(\varphi(x,y+2),\varphi(x,\varphi(x,y+2))).$$

[113]在哥德尔之后，图灵 1936 年的论文和斯蒂芬·克莱尼（Stephen Kleene，阿隆佐·邱奇[Alonzo Church]的学生）进一步定义了一般递归性——比如不动点定理（Fixed Point Theorem）②和正规形理论（Normal Form Theory）③；随后，邱奇在 1937 年对图灵 1936 年的论文《论可计算数及其在判定问题上的应用》（On Computable Numbers, with an Application to the Entscheidungsproblem）的评论中表示，埃尔布

① 皮埃尔·利维，《递归的概念，从控制论到联结主义》（*La notion de récursivité, de la première cybernétique au connexionnisme*），见 *Intellectica* 39，2004 年 2 月，第 126 页。

② 这个理论可以简单表述为：对于每一个图灵可计算的总函数 f(x)，都有一个不动点 n，使 $\varphi f(n)=\varphi n$（后面我们将看到不动点的说法再次出现，如终止状态[terminal state]）。

③ 在此我们可以借用索阿雷的总结：存在一个原始递归谓词 T(e,x,y)和一个原始递归函数 U(y)，对于任何一般递归函数 $\varphi(x)$，都有一个索引 e，使 $\varphi(x)=U(\mu y\ T(e,x,y))$。见罗伯特·索阿雷（Robert I. Soare），《可计算性和递归》（Computability and Recursion），见《符号逻辑简报》（*Bulletin of Symbolic Logic*），2，第 3 期，1996 年，第 301 页。

朗—哥德尔—克莱尼的一般递归函数等价于图灵的通用机，以及邱奇的λ可定义函数(Lambda definable function)。① 我们或许可以说，对图灵而言，可计算或可判定的东西总是递归可枚举的，即使有些计算机科学家(如罗伯特·索阿雷)建议用可判定性和可计算性的说法代替递归性，②因为递归一词在日常使用中有多种含义。然而，这种做法会忽略递归形式——它在数学和哲学理解中发挥核心作用——的重要性。一个递归函数可能无法实现其目标，因此不能停机。在这种情况下它会在无限循环中迷失，直至耗尽计算资源，比如耗尽内存，甚至达到机器的物理疲劳上限。而通用图灵机试图规定的正是这种不可判定性，以避免这种无限循环。

让我们以斐波那契数列(1,1,2,3,5,8,13,21…)的计算为例，数列中后一个数是两个数之和。给定一个数字N，我们想知道从1到N的序列中的所有数字，递归函数调用自身，进入循环运行，直至达到停机状态，即当数字N的值变为0；N=0或N=1是**最终目的**的判定标志。

```
long fibonacci(long N){
if((N==0)||(N == 1))
return number;
else
//recursion step
```

① 同上，第297页；另见威尔弗里德·西格(Wilfried Sieg)，《数学程序与数学经验》(Mechanical Procedures and Mathematical Experience)，见《数学与心灵》(*Mathematics and Mind*)，牛津：牛津大学出版社，1994年。

② 索阿雷认为，“术语‘递归’不应再具有‘可计算性’或‘可判定性’的附加含义”。

```
return fibonacci(N－1)＋fibonacci(N－2);
}
```

[114]值得一提的是，斐波那契数列也是图灵后来的论文《形态发生的化学基础》(The Chemical Basis of Morphogenesis)的灵感来源，图灵在文中指出，或许可以把形态发生理解为模式生成的递归过程。在达西·汤普森生物形式分析的启发下，图灵提出了一种"化学胚胎学"，以"就它与冷杉球果(fir-cones)的关联(或形似)，解释契波那契数列的出现"。①图灵算法(反应—扩散)成功表明，构成生命的模式和形式是能够生成出来的，②这就像把形式因和目的因单独挑出来，作为计算生物学的因果模型。人们可能会认为图灵是个计算主义者，想把生物学还原为计算，但这种说法会使人们忽略另一点，即他开启了一种新认识论。关键问题在于该如何推进这种新认识模式，以及这种模式如何有助于理解生命。我们只有到后面的章节才能处理这个问题。

如果要用简单的说法重新表达数字递归(digital recursion)的概念，那么可以说它是一个在每次迭代中调用自己，直至达到停机状态的函数，停机状态可以是一个预先规定的、可执行的目标，或是对不可计算的证实。必须进一步把这种

① 图灵给麦克·伍杰(Michael Woodger)的信，未注明日期，1951年2月12日收，http://www.alanturing.net/turing_woodger_feb51；杰克·科普兰(Jack Copeland)在《图灵概要》(*The Essential Turing*)的《人工生命》(Artificial Life)一文中也引用了这句话，杰克·科普兰编，牛津：牛津大学出版社，2004年，第508页。

② 康拉德·瓦丁顿在给图灵的一封信中评论说，图灵的模型可以在"各种斑点、条纹和色斑的产生中找到最重要的应用，这些斑点出现在各种表面上均一的区域，比如蝴蝶的翅膀、软体动物的壳、老虎和豹子的皮等"。引自科普兰，《人工生命》，第510页。

递归概念从数学命题扩展到更广的应用中。它可以是个数学命题、软件或是像谷歌这样的系统，甚至也可以是个不断与其生活环境互动的生物。这种一般递归思维的实现，便是我所说的**算法思维**（*algorithmic thinking*）的产生。与被看作[115]重复的自动化相反，递归是一种被看作算法自我设定和自我实现能力的起源的另一种自动化。哥德尔不是黑格尔主义者，因为他（以误解的方式）拒绝了绝对，他说"不存在绝对知识，一切只凭概率发生"。① 然而，他把反思看作一种向高阶逻辑发展的方式。递归的概念及其在图灵机机制中的实现，似乎是技术史中的一个决定性时刻，它吸纳了有机的概念，它的不断改良和突破，也构成了在黑格尔和谢林两个世纪后的哲学思考新条件。不过我们现在还不急于总结。接下来，还需要进一步研究有机概念是如何在20世纪早期控制论的背景中被进一步采纳的。

§21　维纳的莱布尼茨主义

不同于冈瑟的是，维纳没有用黑格尔的语言，而是把莱布尼茨当作控制论的守护人。当然，莱布尼茨不是黑格尔，但他们都对存在的有机性及其在反思中的运作有所反思；正因此，冈瑟把维纳的反馈与黑格尔的反思等同了起来。这不是说莱布尼茨是第一个思考数学和逻辑的人。在他之前，笛卡尔已经建构了一套自动机理论。但在莱布尼茨那里，人们能找到对反思模型的数学和物理解释，这种反思模型把无限折叠在

① 王浩，《逻辑之旅》，第291页。

有限的存在中，就像最好可能世界的假说和单子论那样。维纳写道：

> 如果我要从科学史上选择一个人做控制论的守护人，我一定会选莱布尼茨。莱布尼茨哲学以两个密切相关的概念为核心——普遍符号主义（universal symbolism）和推理演算。如今的数学符号与符号逻辑正由此而来。正如算术演算本身带来了从算盘和台式计算机到[116]今天的超高速计算机的机械化进程，莱布尼茨的推理演算（calculus ratiocinator）则携带着**推理机器**（*machina ratiocinatrix*）的基因。①

维纳称莱布尼茨是普遍符号主义和推理演算方面的第一位思想家，但这种说法还很模糊和笼统。莱布尼茨对控制论的贡献究竟是什么？探讨这个问题，将使我们为控制论的哲学研究打下基础，并把它与我们在上文讨论的德国观念论联系起来。

正如我们在导论中讲到的，李约瑟认为莱布尼茨是西方哲学史上第一位有机哲学思想家。在莱布尼茨这里，“推理机器”思想家和“有机”哲学家走到了一起，这并非巧合；这种结合是莱布尼茨得以成为控制论守护人的真正原因。莱布尼茨的作品远不只我们在这里试图考察的哲学，但我们想概述一下莱布尼茨经过维纳阐发的一些重要思想。我们要说，维纳

---

① 诺伯特·维纳，《控制论：或论动物与机器中的控制和交流》，马萨诸塞州剑桥：麻省理工学院出版社，1985年，第12页。

认真阅读了莱布尼茨。我们想指出莱布尼茨控制论中有两个重要元素:1. 组合的理论(theory of the combinatorial);2. 无限寓于有限之中的数学模型。这二者是他《单子论》的核心,因为世界由单子组成,单子从某一点出发看世界,从而产生各种组合;单子有着能反映世界本身的镜子,这产生了远超出规则限制的丰富性。莱布尼茨1666年的博士论文《论组合术》(*De Arte Combinatoria*)提议将人类思维,如观念,理解为符号的不同组合。人脑是一系列基于符号组合的操作,推理则是这些操作的组织。值得注意的是对莱布尼茨来说,思维就是计算,它类似于符号运算,在很大程度上也依赖于符号运算。由此他提出了对笛卡尔主义的批判:他们使用符号思考的程度比他们想象的更高,因此在他们那里符号是未被思考的(*impensé*)。① 组合不是随机的,它们表现为这样或那样是有原因的,这便是充足理由律的原则:*Nihil est sine ratione*,没有什么是无根据或[117]无原因的。由符号构成的思维旨在"排除争议",尤其是"杜绝在依据推理的事情方面的争议,因为推理和计算应当是一样的"。②

至于无限和有限的关系,这是莱布尼茨类比符号操作和思维的基础,它意味着无限刻写在有限之中。对笛卡尔主义者而言,推理要想是完美的,应当包含有限的步骤,这样心灵

① 克莱尔·施瓦茨(Claire Schwarz),《莱布尼茨——存在的合理性》,巴黎:Belin,2017年,第140页。

② 莱布尼茨,《莱布尼茨短文及未出版的片段集》(*Opuscules et fragments inédits de Leibniz*),路易·库蒂拉(Louis Couturat)编,巴黎:Alcan,1903年,第28页:"sur tout pour exterminer les controverses dans les matières qui dépendent du raisonnement, car alors raisonner et calculer sera la même chose."

才能依序前进;莱布尼茨的贡献则是将无限刻写在有限中,这样心灵就能通过有限的符号理解无限。比如,莱布尼茨可以把著名的无理数 π 呈现为一个由有限的符号组成的公式:$1-1/3+1/5-1/7+1/9-\cdots=\pi/4$

如果我们回忆一下德勒兹对莱布尼茨的讨论——无限表现在有限中的方式是褶子(the fold)。这是莱布尼茨在《形而上学论》(*Discours de la métaphysique*)中提出的"个体物"(individual substance)概念,以及后来《单子论》中的"单子"(简单实体)的核心。他拒绝了笛卡尔把物质实体视为空间中的广延的定义,往实体中添加了一种动力。个体物并不包含**全部**实体的谓词,因为只有神能做到这一点,它在自身中包含的是能表现**按其视角**呈现的世界的谓词。我们知道单子没有窗户;相反,它有一个奇怪的装置:镜子。在《单子论》中,镜子是理解这种观点的关键,也是内化的机制。我们或许可以把镜子的机制与递归概念联系起来。单子在世界中,而"在世界中"意味着它之外有别的东西。如果单子能看到自己,就像"我"(I)看着"我"(me),那么它就在自身之外,这是一个矛盾。相反,如果一切关系都已经包含在个体物的概念之中,且这个概念是由统一性和绝对洞察力而非其形而上学的存在条件定义的,就像路易·库蒂拉所说的那样,[①]那么我们就无法理解莱布尼茨[118]思想的精妙之处。莱布尼茨通过把否定性的形而上学条件反映进单子中,整合了这些条件,从而"在

---

① 施瓦茨(Claire Schwarz),《莱布尼茨——存在的合理性》,第159页;施瓦茨引用海德格尔等人的话,做出这句著名的声明:"莱布尼茨的形而上学是完全基于其逻辑的。"(la métaphysique de Leibniz repose tout entière sur sa logique.)

世界中”不再是一种条件，而是和单子对世界的表现相关。

如果我们试图把莱布尼茨的逻辑理解为形式逻辑——即，只是逻辑命题之间的推论——我们就依然远落在莱布尼茨本人的思想后面，依然停留在笛卡尔式机械主义中。在莱布尼茨那里，单子不是“无机”或机械的，而是有机和关系性的；事实上对莱布尼茨来说，不存在无机的实体。笛卡尔主义拒绝了实体性形式的观念，因为这是亚里士多德式灵魂概念的残余——在《灵魂论》中，亚里士多德将灵魂与形式类比，将其看作**现实**（*energeia*）——这意味着人们必须为石头和植物赋予灵魂，一个思维的主体。莱布尼茨则提出了存在与一的同一性和统一性，这种说法需要灵魂的类比。这或许会让我们想起冈瑟关于控制论的基础的说法：作为反思的自我意识。

维纳 1948 年的《控制论，人与动物中的通讯与控制》（*Cybernetics Communication and Control in Man and Animals*）一书，从题为“牛顿与柏格森的时间”的章节开始，令人耳目一新。他关于牛顿和柏格森都说了什么？维纳想在两种时间概念间建立一组对立：一方面是牛顿式的，可逆、机械的时间；另一方面是伯格森式的，不可逆、生物的时间。在《创造进化论》中，柏格森指出机械论未能理解“真实系统”的“具体时间”，而是构建了“抽象时间”的“人工系统”。① 但维纳的最

① 亨利·柏格森，《创造性进化》，纽约：Modern Library，1944 年，第 36 页；在第一章第 25 页中，柏格森说明了在一个机械系统中，各部件的每个状态都可以由外因恢复。由于机械系统没有历史，它是由牛顿物理学那样的机械原则驱动的。这种机械观点与柏格森在《物质与记忆》中的强调过去的自足性与自我保存形成鲜明对比。

终目的是证明柏格森对机械论的批评在今天正失去效力，因为自从量子机制和统计机制的发现以来，沿着麦克斯韦—玻尔兹曼—吉布斯的线索，机械论已经走上了不同的轨迹。相对于牛顿定律，玻尔兹曼—吉布斯的统计机制的意义在于，它与牛顿力学的决定论保持了距离，把自然定律视为统计性质的，也就是说它把偶然性放在自然的核心位置；正如弗朗索瓦·雅各布（François Jacob）所说，“19 世纪[119]下半叶，几条所谓的自然法则变成了统计性法则”。① 换句话说，统计热力学使秩序和巧合得以相容。② 量子的微观世界吸收了维纳归于柏格森的那种生机论时间观。海森堡发现的量子活动的不确定性和不可规定性、路易·德布罗意（Louis de Broglie）发现的波粒二象性，以及统计力学，向维纳展现了一种新科学基础的建立，它有效超越了机械论和生机论的经典对立。

对维纳来说，这个新的科学基础是莱布尼茨形而上学的实现。与牛顿同时代的莱布尼茨独立发现了微积分，但后者对微积分有着截然不同的形而上学预设。在维纳看来，莱布尼茨的个体物理论、它的谓词、镜像关系和力的动力学似乎能与新物理学齐头并进。此外，莱布尼茨已经提出了这种形而上学的应用，这是控制论的先驱。我们或许可以从以下两方面理解这一点——虽然在一些研究莱布尼茨的学者看来，这两种说法是糟糕的类比。首先，单子的镜像活动产生模糊的印象，维纳把它与量子活动的不确定性联系起来：

---

① 弗朗索瓦·雅各布，《生命的逻辑》（*The Logic of Life*），贝蒂·斯皮尔曼（Betty Spillman）译，纽约：Pantheon，1973 年，第 197 页。

② 同上，第 200 页。

> 正如我说过的，有些莱布尼茨的单子能更清晰地映出世界，另一些则不那么清晰。镜像的不清晰性导致了这样一种印象，即世界上存在巧合与不确定性。在现代量子理论中，体现在普通四维时空中的不确定性是世界的一个基本特征，根据海森堡的说法，如果能进一步增加足够多的未被感知的维度，不确定性就可以被解决。①

因此维纳把电子理解为单子；他继续说道：

> 因此，每个电子都有自己的维度世界，它以一种不完美的、四维的、非因果的图像，映照着一个具有完美因果的多维宇宙。认为这种状况[120]与莱布尼茨的单子相似自然不是个空想——莱布尼茨的单子按照与其他单子的前定和谐自足地存在，同时也映照着整个宇宙。②

维纳把电子和单子相类比还有另一个理由。在一篇题为"量子力学、霍尔丹和莱布尼茨"（Quantum Mechanics, Haldane, and Leibniz）的简评中，维纳回应了霍尔丹③的另一篇

---

① 诺伯特·维纳，《回到莱布尼茨！（物理重新占领一个被抛弃的立场）》（Back to Leibniz! [Physics Reoccupies an Abandoned Position]），见《技术评论》（*Technology Review*）34，1932 年，第 201—203、222—224 页。

② 同上，第 203 页。

③ 他是我们在第一章提到过的、遭到李约瑟批判的生理学家 J. S. 霍尔丹的儿子。维纳受到过 J. S. 霍尔丹的启发；见维纳，《控制论》，第 23，36，94 页。

题为“量子力学作为哲学的基础”(Quantum Mechanics as a Basis for Philosophy)的文章,他指出“这篇论文实际上可以叫作‘莱布尼茨作为量子力学的基础’”。霍尔丹的论点是量子力学,尤其是德布罗意发现的波粒二元论,指明了一种理解无生命物的身—心问题的新方法。对于无生命物(如岩石)来说,在宏观物理层面上它不再修复自身,而在微观物理层面上,我们能看到电子试图修复自身:例如当一个原子失去电子,它会从其他地方再得到一个。乔治·盖尔(George Gale)将这一点精确总结为:“每个物质系统在其相空间中都有一个对应的德布罗意波系统,以超光速传播。物质的组织性越高,量子机制的简并(degeneration)就越强,即自由度降低,波系统的共振增加。”[①]

因此,维纳把波粒二象性与莱布尼茨提出的身体—灵魂的关系等同了起来,他把这种等同与莱布尼茨在《新自然体系》(*Le système nouveau de la nature*,1695)中提出的前定和谐联系起来。在笛卡尔模型中,这种关系表现为因果互动的形式,也就是说它们通过相互作用与彼此协调一致。在马勒伯朗士的偶然主义(Occasionalism)中,上帝不停歇地对灵魂的每一瞬间做出反应,是个名副其实的**天外救星**(*deus ex machina*)。而在莱布尼茨模型中,身体和灵魂被单子取代,正如维纳指出的,[②]单子基于前定和谐,就像两个指示同一钟

---

① 乔治·盖尔,《莱布尼茨和霍尔丹理论在维纳控制论中的作用》(The Role of Leibniz and Haldane in Wiener's Cybernetics),见《诺伯特·维纳一百周年纪念大会议程》(*NWCC '94 Proceedings of the Norbert Wiener Centenary Congress on Norbert Wiener Centenary Congress*),纽约,1997年,第252页。

② 维纳,《控制论》,第41页。

点的钟按照各自的机制保持一致。[121]通过比较单子和电子，维纳发现霍尔丹实际上是把活的有机体等同于粒子了；因此他把莱布尼茨的理论看作量子力学的基础。

从这个角度我们可以看到，维纳的控制论，以及他克服伯格森创造性时间和牛顿机械时间的对立的目标，在很大程度上是受莱布尼茨启发的；他还用莱布尼茨的单子论整合了霍尔丹的有机主义。维纳把这种对立的克服置于从钟表（机械机器）到蒸汽机（热力学机器）再到 20 世纪信息机器的技术进步史的语境中："如果说 17 世纪和 18 世纪初是钟表时代，18 世纪末和 19 世纪后期是蒸汽机时代，那么现在便是通讯和控制的时代。"①

在这一历史进程中，17 世纪的莱布尼茨哲学并没有过时。相反，莱布尼茨的交流理论是控制论项目的核心，因为即使单子没有窗户只有镜子，沟通却是它们的基础。② 镜子比窗户更为有效，因为镜子能反映，它们可以用有限的资源反映无限的内容。单子中有着印象、信息和功能的循环运

---

① 同上，第 39 页。

② 李约瑟还看到了维纳和莱布尼茨的另一种联系，即二进制体系。李约瑟在《中国科学技术史》第 2 卷《科学思想史》（剑桥：剑桥大学出版社，1991 年）的第 344 页写道："换做十几年前，这个主题可能会被搁置。但最近的发展表明，莱布尼茨的二进制或二价算术远不只是历史趣闻。正如维纳在他关于'控制论'（研究动物或机械的自我调节系统）的重要著作中指出的，二进制是最适合如今的大型计算机的系统。人们已经发现用只有'开'和'关'两种位置的二价系统建造计算机是很方便的，无论是电路中的开关还是热离子值，它们遵循的算法都是基于类的布尔代数，它只给出属于类或不属于类的'是'或'否'的选择。因此，发展出二进制算数的莱布尼茨能成为现代数理逻辑的创始人和计算机构造的先驱，并非偶然。正如我们在后面会看到的，中国的影响至少在一定程度上启发了他对代数或数学语言的构想，正如《易经》中的秩序系统预示了二进制算术。"

动，它们是实体固有的。因此我们注意到，维纳在描述现代自动机时用莱布尼茨的口吻说：“我们处理的是能有效与外部世界耦合的自动机，不仅是通过它们的能量流和[122]新陈代谢，也是通过由输入信息和输出信息的活动构成的印象流。”①

莱布尼茨哲学与量子力学属于同一时代，随着量子力学的发现，莱布尼茨描述的世界便能通过控制论被重新定位——或者说是被实现。维纳在现代科学（量子力学和神经科学）的视角下重新调用了莱布尼茨主义。牛顿力学与尼尔斯·玻尔和马克斯·普朗克的量子力学的对立（按照维纳的说法，它们构成了一个“黑格尔式的二律背反”），被麦克斯韦—玻尔兹曼—吉布斯的统计力学解决了②：

> 这种从牛顿式可逆时间到吉布斯式不可逆时间的转变，在哲学中也有回响。柏格森强调了物理学的可逆时间与演化、生物学的不可逆时间的区别，在可逆时间中没有新东西，而不可逆时间中总有新东西产生。③

统计力学结合了牛顿力学与量子力学的洞察，把每个确定的运动都转化为一组概率。在维纳看来，生机论和机械论、不可逆时间和可逆时间之间的对立并不是真正的对立——至多可以说，它们属于不同的数量级，而在这两个数

① 维纳，《控制论》，第42页。
② 同上，第37页。
③ 同上，第38页。

量级之间建立起关联与动态的理论是有可能的。[1] 于是维纳果断拒绝了柏格森的生机论：柏格森式时间有哪一点不能被现代自动化实现呢？“现代自动化和活有机体一样，存在于同一种柏格森式时间中，[123]柏格森的思考中没有任何理由能说明，为何活有机体的基本运作模式与这种自动化不一样。”[2]

维纳指的是他和阿图罗·罗森布鲁思（Arturo Rosenblueth）、朱利安·毕格罗（Julian Bigelow）一同提出的反馈概念。[3] 反馈是什么？它只是说输出与预期输出之间的差异会被回馈给系统，以改善操作。比如当我们伸出手去抓一个东西，肌肉、运动和知觉之间会存在多个反馈回路，这使我们调整自己的位置和姿势。反馈也发生在技术对象中，比如罗森布鲁斯举的例子：鱼雷有一种能通过追踪船体或潜艇的磁引力或螺旋桨的声音来搜寻目标的机制。[4] 同样，在神经活动中，正如沃伦·麦卡洛克（Warren McCulloch）和沃尔特·皮茨（Walter Pitts）所观察到的，神经网络是一个超越抽象逻辑

---

① 胡耶对这个项目的评论很有意思，他指出这项尝试是正确的，但它的执行却背离了这种意图；雷蒙德·胡耶，《控制论与终极性》（La Cybernétique et la finalité），见《哲学研究》（*Les Études philosophiques*），新系列，第 16 年，第 2 期，《控制论》（1961，4—6 月），第 175 页：“不幸的是，一种错误的理论在当代科学中传播开来，我们很难谴责它，因为它的总体意图——在生物学中把宏观与微观结合起来——是正确的，但它的执行背离了其初衷，没有彻底意识到这种背离。它包含对微观控制论和量子控制论的讨论，但在执行中它只是把机械控制论的图示应用到了细胞或细胞核层面。”

② 维纳，《控制论》，第 44 页。

③ 阿图罗·罗森布鲁思，诺伯特·维纳与朱利安·毕格罗，《行为，目的与目的论》（Behavior, Purpose and Teleology），见《科学哲学》（*Philosophy of Science*）10，1943 年，第 18—24 页。

④ 同上。

的循环网。①

反馈在这里意味着**反思**，一种在存在及其环境之间的循环，朝向规定着全体的目标或**终极目的**的非线性自我调节运动。因此我们把控制论称为“机械有机主义”。它不同于笛卡尔式因果链——可以把后者想象为从一个命题到另一个命题的线性传递。维纳称，第一反馈系统就像瓦特的蒸汽机的调节器，它能根据不同的负载条件调节速度。② 另一个更现代的例子是稳态，这个概念首先由生理学家克劳德·伯纳德描述，后来由坎农·伯纳德(W. B. Cannon. Bernard)在1865年的《实验医学研究导论》(*Introduction à l'étude de la médecine expérimentale*)中提出，坎农写道：“所有生命机制，尽管多种多样，都只有一个目的，那就是保持内部[124]环境[*milieu intérieur*]中的生命条件的恒定。”③稳态是一种让系统在一系列常数上保持稳定的机制：如温度、体液中钾的含量等。英国控制论学家罗斯·艾什比也把稳态当作生命的特征。这里，反馈的概念取代了单子的反思，促使维纳拒绝了“生命”“生机论”和“灵魂”一类概念④：“我的论点是，生命个体的物理功能和一些新通信机器的运作在某些方面是类似的，它们都试图通过反馈来控制熵。”⑤

---

① 见沃伦·麦卡洛克和沃尔特·皮茨，《内在于神经活动的观念的逻辑演算》(A Logical Calculus of the Ideas Immanent in Nervous Activity)，见《数学生物物理学简报》(*Bulletin of Mathematical Biophysics*)5，第4期，1943年12月，第115—33页。

② 维纳，《控制论》，第95页。

③ 引自沃尔特·坎农，《身体的智慧》(*The Wisdom of the Body*)，纽约：Norton，1939年，第38页。坎农继续引用霍尔丹对伯纳德的评论，说：“从没有哪个生理学家说出过更耐人寻味的话。”

④ 诺伯特·维纳，《人类的人性用途》(*The Human Use of Human Beings*)，伦敦：Free Association Books，1989年，第32页。

⑤ 同上，第26页。

这个类比使维纳用一个共同的**最终目的**来定义有机体和机器，即对“熵值增加的普遍趋势”的抵抗。① 对维纳来说，反馈概念不限于技术对象和有机体；他还把它延伸至对经济和其他社会现象的分析中。讲到他所谓的“长期反馈”时，他举了中国拜天的例子，其中，天的授命与皇帝和王朝的命运相关联——人民因战争和饥荒而遭受的苦难，是皇帝或王朝失去天的授命的一个标志，因此注定要灭亡。维纳指出这是一种**反馈**。② 按照维纳的公式，我们到处都能看到反馈；它构成了一种新认识论。

§22 控制论的控制论

在这里我们想表明，反馈的概念是递归的一种原始形式。哥德尔递归函数和图灵机[125]都是反馈系统，它们把反馈机制写入了具有**前定终极目的**（*predefined telos*）的算法中。有人可能会说，从终极性的角度看，递归算法不同于思维，因为思维没有前定的终极目的。这种说法既正确也不正确。它正确，是因为思考不用像算法那样有直接的最终目的，而如果说一个算法是好的，那是因为它能以最有效的方式达到目的，这可以通过执行时间来衡量。这种说法不正确，是因为思考总

① 同上，第 34 页。

② 诺伯特·维纳，《发明：观念的关怀和滋养》（*Invention: The Care and Feeding of Ideas*），马萨诸塞州剑桥市：MIT Press，1993 年，第 124 页。李约瑟也用了类似的逻辑，把中国思想尤其是这种相互关联的思维模式，描述为有机或有机主义思维，我们在前面提到过这一点，在后面的第五章中将更详细地展开讨论。思想史中这种观点的重叠绝不是巧合——或者用与我们的讨论更相关的说法来说，它绝非偶然。

是对某物的思考，这个某物是意向性的对象，具体把握这一对象的存在就是去理解它的**终极目的**。比如，康德称为**自然目的**(*natural end*)或作为整体的自然这个庞然大物，总是已经是**终极目的**了，但这种目的无法通过客观证据到达。相反，康德告诉我们，只能通过主观理性来接近它。这意味着，我们必须扩展**终极目的**的概念及其与递归性的关系，所谓的二阶控制论详细处理了这一点。被看作二阶控制论主要代表的卢曼和福尔斯特，都用**递归**一词代替了**反馈**(除了提到维纳的时候以外)。我将递归一词扩大，使它包含反馈和自指等含义。

皮埃尔·利维在一篇题为“递归的概念，从控制论到联结主义”(La notion de récursivité, de la première cybernétique au connexionnisme)的文章中，提议将递归性概念理解为三个阶段。第一阶段涉及维纳、麦卡洛克和香农等人；第二阶段涉及艾什比和福尔斯特，以及(后来的)梅图拉纳和瓦雷拉；第三阶段涉及联结主义，例如用非再现性图示研究神经网络。如果说在一阶控制论中，递归性被理解为我们看到的那些与反馈有关的东西，那么在二阶控制论中，这个概念则被扩展到其他研究领域，如物理、生物学和社会科学。在 1947 年的一篇文章中，艾什比论证说机器的自组织——通常被人否定——是可以想象的。[1] 艾什比提议把机器理解为一个与一组变量等同的函数。如果其中一个变量是时间的阶跃函数，组织就会呈现出自发的变化。[2] 利维指出，对艾什比而言，[126]自组

---

① 艾什比，《自组织动力系统的原理》(Principles of the Self-Organizing Dynamic System)，见《普通心理学杂志》(*Journal of General Psychology*)，37，第 2 期，1947 年，第 125—28 页。

② 同上，第 127 页。

织是函数依据环境的变化(就像稳态那样),但艾什比似乎认为环境与机器的关系是一系列函数的组合,而不是单个函数。①

福尔斯特区分了两种机器,简单机器(trivial machine)和非简单机器(nontrivial machine)。一台普通的机器被综合地规定,它与过去无关,可以通过分析确定和预测。② 比如我们可以想一个直白的函数:f(x)＝x ＋ 2。一台非简单机器被综合地规定,它依赖过去,可以通过分析确定但不可预测。非简单机器必然是循环的,并且不仅是重复性的;它从一个更简单的函数出发,产生出复杂性。对福尔斯特来说,这种循环形式,递归③——他称之为**本征形式**(*Eigen-form*)④——不是**恶性循环**,而是**创造性的循环**;事实上,它是基于观察的认识论的基础。观察者观察到的不仅是他或她感知到的,而是对感知的描述,即对描述的描述。并不是说只有两个层次,描述和对描述的描述,相反,这种对自身的指涉可以发生多次,直到达到一个固定点,即吸收态(absorbing state,所谓的**现实**)。这通常可以用视网膜的例子来

---

① 利维,《递归的概念》(La notion de récursivité),第 131 页。

② 海因茨・冯・福尔斯特,《献给尼克拉斯・卢曼:"递归何以是沟通"》,见《对理解的理解:控制论与认知文集》(*Understanding Understanding: Essays on Cybernetics and Cognition*),多德雷赫特:Springer,2003 年,第 309 页。

③ 递归一词出现在福尔斯特的文集《对理解的理解》的每一篇文章,以及他的许多其他文章中,在他的自指理论中起核心作用。

④ 路易斯・考夫曼(Louis Kauffman),《反身性与本征形式:过程的形态》(Reflexivity and Eigenform: The Shape of Process),见《建构主义基础》(*Constructivist Foundations*)4,第 3 期,2009 年,第 121—137 页。本征形式也是斯宾塞-布朗所说的再入,它在瓦雷拉对生命系统的概念化中起着重要作用。

说明：

> 首先，视网膜提供了外部世界的二维投影，人们可以称之为“一阶描述”。接着，视网膜后的网络向神经节细胞提供经过修改的一阶描述，因此是“二阶描述”。随后它还要经过各个运算点，描述的阶层越来越高。①

[127]因此，当我们再次把认识论看作获取知识的方式，我们可以看到，它必然是递归的。这种本征形式似乎适用于包括社会科学在内的各个领域。福尔斯特在卢曼生日时写给他的一篇文章，《献给尼克拉斯·卢曼："递归何以是沟通"》(For Niklas Luhmann: 'How Recursive is Communication')中，试图说明沟通在本体论上就是递归的，并且如果我们进一步扩展这个说法，那么所有生命系统和社会行为也都是递归的。然而，与数学中只涉及数字的递归函数不同，福尔斯特认为，社会学也要处理函数的函数，或者说**函子**(*functors*)。福尔斯特把递归的概念推进得比其他人更远，他的目标是将其扩展到包括语言学、语义学、行动领域的各领域中。同时他也哀叹道："讽刺的是，所有对递归的讨论都落入了如今人们所谓的混沌理论……以便把这些理论以图表、数字或口头的方式卖给《纽约时报》。"②

利维指出，在瓦雷拉和梅图拉纳的著作中，递归一词的用

① 海因茨·冯·福尔斯特，《认识论的控制论》(Cybernetics of Epistemology)，见《对理解的理解》，第232页。

② 福尔斯特，《对理解的理解》，第171—172页。

法有其微妙处。这两位生物学家用它描述一个系统中各个子系统具有的内部关系，这类似维纳对反馈的描述；他们称其为(有机体与其环境的)**结构耦合**(*structural coupling*)。① 但我们要注意到，梅图拉纳和瓦雷拉不同意卢曼通讯系统理论中关于**自生**(*autopoiesis*)的说法；他们坚持认为这个概念只能是生物学意义上的。自生概念出自对细胞循环再生的研究，梅图拉纳研究过这个领域。② 在希腊语中，*Poiesis* 是 *technē* 的同义词，意为产生某种作为产品的东西(*ergon*)；因此，**自生**指系统能够产生自己的操作。卢曼对自生和操作性闭锁(operational closure，如结构的生产)的用法是系统化的更进一步，它真正把自生与技术(technē)联系在一起：外化是沟通的(基础)结构。

在这里我们想提一段关于自生和观念论的有趣讨论。这段讨论值得关注，因为皮埃尔·利维和让·克里斯多夫·戈达德(Jean-Christophe Goddard)两人也把[128]递归问题看作观念论的基础；确实，我们可以在费希特和黑格尔那里找到不同的递归模型。利维在早期文章《费希特的主体间性，反身性与递归性》(Intersubjectivité, réflexivité et recursivité chez Fichte)③的最后一章简要提出，可以用递归来理解费希特哲学中的"我"的运动。他指出，我和非我的递归过程构成了一

① 利维，《递归的概念》，第 143—144 页。

② 尼克拉斯·卢曼，《自组织和自生》(Self-Organization and Autopoiesis)，见《涌现与具现化：二阶系统理论新论》(*Emergence and Embodiment: New Essays on Second-Order Systems Theory*)，布鲁斯·克拉克(Bruce Clarke)和马克·汉森(Mark Hansen)编，北卡罗来纳州达勒姆，杜克大学出版社，2009 年，第 151 页。

③ 皮埃尔·利维，《费希特的主体间性，反身性与递归性》，见《哲学档案》(*Archives de Philosophie*)，50，第 4 期，1987 年，第 587 页。

种类似瓦雷拉所说的自同态(endomorphism),我与非我组成了包括相遇和理解两个环节的循环运动。[①] 因此戈达德指出,对瓦雷拉来说,沟通不是传输,而是我与其环境之间的循环耦合,其中检查约束(*Anstoß*)标示着每一次再入。对费希特来说,检查约束发生在相遇的环节,它把我重新送回自身,以整合这一反思。非我可以是自然或其他社会存在,如果是社会存在,主体间性的问题便产生了。根据利维的定义,反思是"直接在自身处循环(*boucle*)的递归性"。[②] 在这里,我们可以看到两个反思环节:非我进入我,这两个环节又成为下一次反思的对象。利维用这种方式把费希特的绝对自我重新表述为递归的反身性本身:

> 费希特的根本问题是,如何思考反身性本身。而反身性超越了作为自我(Ego)的主体性的自我意识:它是一种更一般的结构,使我们能思考绝对(由此费希特将我们引向黑格尔,在黑格尔看来,独立于个别主体的思维过程是一种反身性实体)。[③]

---

① 让·克里斯多夫·戈达德,《弗朗西斯科·瓦雷拉哲学及先验课题中的自律性,还原与反身性》(Autonomie, réduction et réflexivité: la philosophie naturelle de Francisco J. Varela et le projet transcendental),见*Intellictca* 36—37,2003 第,第 210 页。

② 利维,《费希特的主体间性,反身性与递归性》,第 585 页:"On pourrait définir la réflexivité comme une récursivité qui se boucle immédiatement sur elle-même."

③ 同上,第 587 页:"Le problème fundamental de Fichte, c'est bien de concevoir la réflexivité comme telle. Or la réflexivité dépasse la conscience de soi, la subjectivité du Moi: C'est une structure plus générale, qui peut nous permettre de penser l'Absolute (en cela Fichte nous amène à Hegel, pour qui les processus de pensée, indépendamment du sujet individuel, sont des entités réflexive)."

利维把费希特的递归模型与黑格尔的模型区分开来,正如我们试图做的那样:费希特的形式主义限于[129]自我,黑格尔的反思逻辑则更精致。利维继续说道:“黑格尔提出了一种包含了他者、因此能回馈自身的反身性,费希特与此不同,他试图考察反身性本身,因此面临着需要为它提供另一个一贯性——不是只一个没有内容的形式结构——的问题。”①

利维和戈达德把控制论中的递归概念与德国观念论联系起来的做法,为我们提供了一个恰当方式,以结束我们从黑格尔开始的讨论,因为递归与德国观念论的相似之处恰恰就在对有机性的理解上,我们试图用递归性和偶然性这两个范畴理解它。按照利维的说法,黑格尔的递归性比费希特的更“优越”,因为它能理解包括自我和他者在内的整体。但递归可以采取不同的动态,比如偶然性,它在不同语境下也可以有不同含义。当人们开始琢磨卢曼实际上是不是现代黑格尔主义者时,②这种想法肯定了黑格尔反身性逻辑和他对系统的渴望是一般控制论的先驱。③ 与冈瑟不同,利维提出了一种超越

---

① 同上。

② 汉斯·乌尔里希·贡布雷希特(Hans Ulrich Gumbrecht),《“旧欧洲”与“社会学家”:尼克拉斯·卢曼的理论与哲学传统有何关系?》(‘Old Europe’ and ‘the Sociologist’: How Does Niklas Luhmann’s Theory Relate to Philosophical Tradition?),见 *E-compós* 15,第3期,2012年,第11页。对黑格尔和卢曼在自指方面的详细比较,见安吉莉卡·克里斯(Angelika Kreß),《黑格尔,卢曼和自指的逻辑》(Hegel, Luhmann und die Logik der Selbstreferenz),见《逻辑学200周年》(200 *Jahre Wissenschaft der Logik*),汉堡:Meiner,2014年,第433—455页。

③ 正如汉斯-乔治·默勒(Hans-Georg Moeller)所指出的,卢曼和黑格尔之间有种含糊性。比如在《社会系统》(*Social Systems*,小约翰·贝德纳兹[John Bednarz Jr.]与德克·贝克[Dirk Baecker]译,加州斯坦福:斯坦福大学出版社,1995年,第xlix页)中卢曼说:“每一步骤都必须能契合。随着理论建构的展开,就连起初的任意性也不再任(转下页注)

自我意识的控制论，但这不是说冈瑟错了，只是利维没有把控制论机器设定为准有机体，因为他的目标是实现系统的客观知识。同时，利维关于反身性超越了自我意识的说法也没有错，因为反身性并不局限于个体的自我意识：毕竟，存在对思考的思考，和对思考的思考的思考。是什么使思考进入对思考的思考，以及对思考的思考的思考？是信息。

§23　辩证法的信息

[130]我们想进一步说明，控制论的另一个关键概念，即信息，从根本上是偶然和递归的。我们希望通过引入信息的概念，超越看似僵化的数学模型。先提一个有些奇怪的问题：黑格尔辩证法的信息是什么？如果这个问题成立，该怎么表达它呢？维纳、香农以及在他们之前的人所说的信息是定量的，它是秩序和无序的量度。我们知道对维纳来说，信息是秩序的量度；因此，信息更多意味着系统更有序（熵更少，负熵更多）。在这个意义上，维纳的信息与概率密切相关。正如著名的玻尔兹曼方程 $S=k\log P$ 所指出的，熵的增加恰恰意味着从概率较小到较大的运动。[1] 而对香农来说，信息是“意外”的量度：一个即将发生的事件包含的意外越多，信息就越多。

（接上页注）意了（就像黑格尔的体系那样）。因此出现了一个自我支撑的建构。”默勒也指出，卢曼认为他的系统更先进，因为卢曼认为黑格尔的反思逻辑不能包含主体自身——尽管我们知道事实并非如此。见汉斯-乔治·默勒，《解读卢曼：从灵魂到系统》（*Luhmann Explained: From Souls to Systems*），芝加哥和拉萨尔：Open Court，2006 年，第 173—175 页。

① S=熵，k=玻尔兹曼常数，P=概率。

比如设想我们猜一个以字母S开头的英文单词。如果下一个字母是z,它包含的信息就比a更多,因为a包含的冗余比z多,也就是说以Sa开头的单词为数众多,但以Sz开头的词是屈指可数的。因此对维纳来说,信息与熵对立,在香农那里则恰恰相反。

维纳理论中的信息与熵的关系来自热力学。① 按照热力学第二定律,孤立系统中的熵不能减少,也不能在可逆转换或平衡状态下保持不变;在自发的过程中,熵只会增加,且这个过程是不可逆的。例如热量会从热的物体传递到冷的物体,但相反从冷的物体向热的物体传递是不可能的(这也是鲁道夫·克劳修斯[Rudolf Clausius]对卡诺循环[Carnot cycle]的批判以及克劳修斯对热力学第二定律的定义)。可以这样描述麦克斯韦妖:一个装有单一类型气体粒子的容器,其中的粒子按不同的速度运动。容器分成两个腔室。现在想象有一个小东西(后来被称为麦克斯韦妖)能打开两个腔室中间的[131]阀门,使运动较快的粒子到其中一个腔室,较慢的粒子到另一个腔室。这样,似乎热量就从冷物体移动到热物体上了,这就违背了热力学第二定律。那么这个恶魔是什么?它是如何获得信息的?问题究竟在于光(维纳)、记忆(利奥·西拉德[Leó Szilard])还是知识(莱昂·布里渊[Léon Brillouin])②不是我们主要关心的事,但这意味着,有可能构建这种小妖来违反热力学第二定律,以抵御同质和无序化的倾向,并对抗宇宙的退化。埃尔温·薛定谔在他的《什么是生命》

① 香农对熵的用法来自冯·诺伊曼。

② 见马修·特里克(Matthieu Triclot),《控制论的时刻》(*Le moment cybernétique*),赛塞尔:Champ Vallon,2008年,第236—249页。

(*What Is Life*)一书中提出了**负的熵**(*negative entropy*)的概念,以描述生命的自我保护,后来莱昂·布里渊将其缩写为**负熵**(*negatropy*)。[①] 正如我们前面看到的,维纳也把有机体的概念整合进他的反馈和信息理论中:"有机体被看作信息。它是混沌、解体、死亡的对立面,正如信息是噪音的对立面。"[②]

西蒙东对从统计角度理解信息的做法表示质疑,他提出,人能否在概率之外理解信息。[③] 因此在《以形式和信息观念重新理解个体化》一书中,西蒙东建议发展一种非概率性信息理论,其中信息意味着不相容性、不相称性(或迥异性[disparity])、不对称性。信息是能对个体(被看作一个系统)产生效果的差异,它可能导致或至少有助于个体化的过程。这种[132]不相称性(dispara-

① 正如弗朗索瓦·雅各布在多篇文献中指出的,生命与毁灭的对立早在生物学的开端处就被预见了:"对拜查(Bichat)来说,生命是'与死亡相对的那些功能的综合';对居维叶来说,'抵抗法则的力量主导着无机体';对歌德来说,'生产性的力对抗外部因素的活动';对李比希(Liebig)来说,存在着'抵消分子间化学力、结合力和亲和力的动力。'"见雅各布,《生命的逻辑》,第 90—91 页。

② 维纳,《人类的人性用途》,第 95 页。

③ 吉尔伯特·西蒙东,《以形式和信息观念重新理解个体化》(*L'Individuation à la lumière des notions de forme et d'information*,格勒诺布尔:Éditions Jérôme Millon,2005 年),第 541—542 页:"那么,可不可能用信息理论丰富并更正形式理论提出的形式概念?可不可能借用香农、菲舍尔、哈特莱和诺伯特·维纳的理论?创立信息理论的这几个作者的共同点是,对他们而言信息都是概率的反面……因此可以把信息的量表达为 log P,其中 P 表示源状态的概率。"(Serait-il possible, dès lors, de faire appel à une théorie de l'information pour enrichir et pour corriger la notion de forme telle qu'elle nous est présentée par la théorie de la Forme? Serait- il possible de faire appel à la théorie de Shannon, de Fischer, de Hartley, de Norbert Wiener? Ce qu'il y a de commun à tous les auteurs qui ont fondé la théorie de l'information, c'est que pour eux l'information correspond à l'inverse d'une probabilité... C'est pourquoi il est possible de présenter la quantité d'information comme—log P, P étant la probabilité de l'état de la source.)

tion)可以用图像在视网膜上形成的例子来说明。我们知道两只眼睛的视网膜上呈的像并不相同。正是这种作为信息的不相称性，使图像的个体化得以发生，也就是形成一个统一的图像。

人们可能会有一个疑问：控制论中真的缺乏非定量的信息理论吗？我想，回应西蒙东最好的办法，应该是借鉴唐纳德·麦凯(Donald MacKay)和格雷戈里·贝特森(Gregory Bateson)的说法——因为对这两人来说信息恰恰是质的，它是有效果的差异。[①] 在贝特森那里，信息的递归性更显而易见——它是递归的，因为它是能造成差异的差异。我们该怎么理解这种循环的说法？在讨论它之前，我们先要注意到贝特森有时把他的方法看作递归的认识论，有时又当作生态学认识论。[②] **递归**这个关键词几乎等同于"生态学"，因为是递归使整体得以发展，这是一种包含着各部分的互动的整体性运动。用贝特森本人的话来说，递归是自律性概念的核心："自律性——字面上指对自我的控制，来源于古希腊语的 *autos*(自我)和 *nomos*(法律)——是由系统的递归结构实现的。"[③]

对贝特森来说，信息首先是差异；这种差异是由模式(pattern)产生的。因此贝特森相信他提出了一种新的信息

---

① 我们不得不把讨论限于贝特森。关于第五届梅西会议(Macy Conference)上如何重塑信息概念的更详细的讨论，涉及到唐纳德·麦凯、亚历山大·巴维莱斯(Alexander Baveles，库尔特·勒温[Kurt Lewin]的学生)和克劳德·香农的对话，见许煜，《西蒙东与信息问题》(Simondon et la question de l'information)，《西蒙东笔记本》(*Cahiers Simondon*)，6，2015 年，第 29—47 页。

② 彼得·哈里斯·琼斯(Peter Harries-Jones)，《递归视角：生态学理解与格雷戈里·贝特森》(*A Recursive Vision: Ecological Understanding and Gregory Bateson*)，多伦多：多伦多大学出版社，1995 年，第 3 页。

③ 格雷戈里·贝特森，《心灵和自然：必要的统一》(*Mind and Nature: A Necessary Unity*)，纽约：Dutton，1979 年，第 126 页。

理论，一种不反对冗余，而是依赖于冗余的理论。[①] 它的目的不是消除噪音，而是把偶然性视为必要。在《走向心灵的生态学》(*Steps to an Ecology of Mind*)一书中，贝特森引用了阿尔弗雷德·柯日布斯基(Alfred Korzybski)的名言——“地图并非辖域”——来解释这种差异。从直观上说，地图不同于辖域，因为地图只是对[133]辖域的抽象化；它是对规定着辖域的各关系的表达。但是对贝特森来说，柯日布斯基的命题具有历史意义，因为它是对模式的探究。贝特森辩驳说，欧洲思想向来偏爱实体性的思考，比如它会问，我们的地球和空气是由什么组成的；毕达哥拉斯则是个例外，他会就模式发问。[②] 每一次重复的事件都是个别的，因为它都需要柯日布斯基称之为“时间束”(time-binding)的再语境化(recontextualization)过程。因此同样的模式在重复中可以产生差异和**作为差异的相同性**(*sameness as difference*)。[③] 这种差异是由模式的再语境化产生的。人类通过了解和归纳模式来学习。信

---

① 见琼斯，《递归视角》(*A Recursive Vision*)，第140—141页：“20世纪60年代中期，贝特森兴致勃勃地写信给莉莉说，他写了一篇新文章(GB, 19683)，这篇文章将‘颠覆信息论’，因为它会将‘工程师们所谓的‘冗余’，也就是我说的‘模式’，变成信息的首要现象……它将与大脑理论结合。’”(书信，858—144/1968年)。

② 格雷戈里·贝特森，《走向心灵的生态学》，新泽西州诺思维尔：Jason Aronson，1987年，第455—456页：“他的观点产生于一种广泛的哲学思考，可以上溯至古希腊，蜿蜒地蔓延在欧洲两千年的思想史中。这段历史中始终存在着一种粗略的二分法，常常引起深刻的争议，激起强烈的敌意和流血的对抗。我想，这一切都是从毕达哥拉斯与他的前辈们的争论开始的，争论的形式往往是：‘你是问它是由什么构成的——土、火、水之类的东西’还是问‘它的模式是什么样的’。毕达哥拉斯主张探究模式，而不是实体物质。”

③ 关于贝特森和柯日布斯基的关系的更详细讨论，见琼斯，《递归视角》，第67—68页。

息由差异产生，由不能完全被归纳进已有模式中的新颖性产生。想象一个人用斧头砍树，一个普通人（他说是"一个普通的西方人"）会说，"我砍倒一棵树"，就好像有一个自我在发挥作用，但贝特森认为这是一种谬见。事实上这件事应该被理解为差异的循环：

> 更准确地说，我们应该把这件事描述为：（树中的差异）-（视网膜中的差异）-（大脑中的差异）-（肌肉中的差异）-（斧子运动中的差异）-（树中的差异），等等。这个循环中传递的是差异的转换。而且如上所述，造成了差异的差异是一个**观念**，或者一个信息单元。①

按照贝特森著名的说法，信息是"造成差异的差异"，这又引向他那句著名的格言："互相关联的模式"。贝特森不断寻找模式之间的关联——比如它们的关系——以及这些模式的统一。② 我们将把差异的概念留到后面讨论。贝特森在[134]认识论方面关注的并非知识体系，而是认识的操作性过程，即认识是如何可能的。对他来说，认识是个递归过程，正如我们在观念论者那里看到的，认识的反思性在于它涉及一个不断回归自身，以投向未来的过程。③ 在这个意义上，贝特森不同于认

① 贝特森，《走向心灵的生态学》，第323页。

② 为了回应这一观点，福尔斯特提出了"内嵌的矩阵"（matrix that embeds），指一种系统化（融合主义）的知识路径。

③ 我们关心的不是争论贝特森是观念论者还是唯物主义者。琼斯在《递归视角》中试图表明，不能把贝特森归进这两个范畴中，但有意思的是我们可以想想，除了观念论者以外，还有什么样的作家会写一本叫作《心灵与自然》的书？且书中对学习—演化的讨论与谢林关于心灵—自然的说法类似。

为动物不拥有自我认识的恩斯特·卡西尔,[①]他质疑说,我们怎么能说在猫抓老鼠的时候没有自我认识呢?[②] 维纳始终认为,自我认识的递归过程的最佳体现,是艾什比的稳态。和艾什比一样,维纳认为学习无疑是个反馈过程,但它是"更高层次的反馈,是原则而非简单的行动的反馈"。[③] 艾什比的模型包含多个反馈回路。首先在部分中有反馈,接着又有统一各部分的反馈;也就是说稳态组织由许多复杂程度越来越高的层次组成。然而,西蒙东和贝特森都在"稳态体现了一个生命系统"这个命题中,看到了一个本体论问题。对西蒙东来说,稳态总是寻求平衡,这也意味着死亡。对贝特森来说,尽管稳态看似与生物相似,它实际上仍然类似一个钟表。[④]

在贝特森最著名的一篇文章《自我的控制论:关于酗酒的理论》(Cybernetic of 'Self': A Theory on Alcoholism)中,正反馈——"一瓶酒杀不死他"[⑤]——在很大程度上把酗酒者困在了一个封闭回路中,直到他或她走出这一反馈回路进入另一个层次,也就是从一个系统进入另一个系统;贝特森称之为认识论的改变:"如果深深植根于一个人头脑中的前提得到或遭受了改变,这个人必定会发现,[135]这变化的结果将遍及他的整个宇宙。我们可以称这种变化为'认识论的'。"[⑥]

---

① 见恩斯特·卡西尔,《人论:人类文化哲学导论》(*An Essay on Man: An Introduction to a Philosophy of Human Culture*),康涅狄格州纽黑文:耶鲁大学出版社,1962 年,第一章。

② 贝特森,《心灵与自然》,第 106 页。

③ 维纳,《人类的人性用途》,第 59 页。

④ 琼斯,《递归视角》,第 114 页。

⑤ 贝特森,《走向心灵的生态学》,第 332 页。

⑥ 同上,第 336 页。

酗酒者被一个"他者"困住了,他想向他者证明"他能……",他陷在这些可以称为**对称的**(*symmetric*)正反馈回路中,无法摆脱,直到"触底"。**触底**恰恰意味着看到这个反馈回路的极限,它通常是由灾难(比如被诊断出癌症或严重的事故)引起的,通过这一事件他会看到一个更广的现实,或者另一个系统,贝特森称之为"强力"(power)。

现在,我们可以回到差异概念上来。差异能做什么?差异是最随意的关系:我们可以说两个苹果颜色有差别,即使它们都是红色的;可以说这对双胞胎有差别,尽管除了空间上的差异人们看不出任何差异。接下来是信息的递归性,即差异又产生了差异,这意味着递归性改变了自身。酗酒者的"触底"是一种导致他脱离正向反馈循环,以及自我控制的幻觉的差异。在西蒙东那里,我们看到差异甚至在交流理论中也是必要的,因为交流理论假定当接收者从发送者那里收到信息时,接收者那边会产生一个示意性的差异。① 只有差异还不够,因为只有当这种差异能造成差异时,它才是递归的:"是不是信息不仅取决于一个结构的内部特征;信息不是一种东西,而是当一种东西进入系统并产生转变时的操作。不能在这转变性事件和接受操作的行动以外定义信息。"②

---

① 吉尔伯特·西蒙东,《论技术物的存在模式》(*On the Mode of Existence of Technical Objects*),明尼阿波利斯:Univocal,2017 年,第 150 页:"信息不是形式,也不是形式的集合[*ensemble*];它是形式的可变性,是某个形式的变化的汇集。它是形式变化的不可预测性,而不是一切变化的纯粹不可预测性。因此我们需要区分三个术语:纯粹的巧合,形式和信息。"

② 吉尔伯特·西蒙东,《通讯与信息》(*Communication et information*),巴黎:Les éditions transparence,2011 年,第 159 页。"Être ou ne pas être information ne dépend pas seulement des caractères (转下页注)

在西蒙东那里，差异不是通过质而是通过强度来衡量的。正如个体化的过程是在[136]达到一个阈限时发生的：比如，过饱和溶液在轻微受热时就开始结晶，但当溶液不饱和，它就需要大量的热（这些热必须先把水变成水蒸气来增加液体浓度）才能结晶。西蒙东没有谈过贝特森，贝特森似乎也没有注意到西蒙东，但有趣的是，我们能在西蒙东对个体化、贝特森对学习和演化的关注中，看到交流中的信息理论扩展到了更广的领域。信息是能造成差异的差异，这是因为它同时是偶然的和递归的。

贝特森认为，学习和演化从根本上说都是随机过程。这意味着学习既是递归的，也是偶然的。信息的偶然性使递归模型能根据自动终极性自我发展。贝特森同意路德维希·冯·贝塔朗菲对科学中观察者与环境的分离的批判，但他不同意一般系统论理论家用的自发性概念——对那些人来说，自发性是系统的自律和创造性的基础。就像有机主义者对**生命冲动**这个生机论概念的态度那样，贝特森批评自发性概念过于神秘。① 因此，他把学习和演化看作随机过程，任何还原论做法都不能完全规定这一随机过程。② 至于基因变异，贝特森在这里接受了他的朋友瓦丁顿渐成论（epigenesis）的概念，并用他自己的话阐述道：身体的变化先于基因的变化。③

（接上页注）internes d'une structure; l'information n'est pas une chose, mais l'opération d'une chose arrivant dans un système et y produisant une transformation. L'information ne peut se définir en dehors de cet acte d'incidence transformatrice et de l'opération de réception."

① 琼斯，《递归视角》，第 73 页。

② 贝特森，《心灵与自然》，第 173 页。

③ 还原主义的做法总是双重的：它首先把演化还原为物理和化学过程；再凭这种机制使预测成为可能。

贝特森拒绝了通常被归于拉马克的“获得性改变的遗传”的观点，①以及(新)达尔文主义者渐变论(phyletic gradualism)的观点，即[137]认为演化完全依赖于地质时间中基因的渐变。贝特森援引了瓦丁顿用来说明基因同化理论的实验。1942 年的这次著名实验，在一种果蝇(*Drosophila*)的发育胚胎阶段诱导极端的环境反应。一个叫作双翅(*bithorax*)的基因会使普通果蝇长出一对末端有两个小杆的翅膀，人们认为小杆是为了保持平衡而退化的翅膀。瓦丁顿用乙醚蒸汽刺激胚胎，使两个小杆长成了果蝇的第二对翅膀；他用选定的有双翅表现型的果蝇重复实验二十代以上，发现此后有些果蝇在没有乙醚处理的情况下也会发展出双翅。② 1953 年，瓦丁顿对果蝇的翅无脉表现型进行热休克处理，也得到了类似的结果。贝特森希望通过瓦丁顿的实验证明，演化既不是纯拉马克式的，也不是纯达尔文式的，而是基因型被表现型中的身体改变所唤醒：

> 这种表现型的巨大改变唤醒了一种非常古老而现在被抑制的形态，这种效果也可以由身体改变造成。当蛹在一定剂量的乙醚中中毒，成虫孵化后呈现双翅状。也就是说，双翅这个特征既是遗传的产物，也可看作后生的暴力干扰的产物。③

---

① 这个通常被归于拉马克的说法，实际上不是拉马克本人说的；它更接近达尔文，有人怀疑这个说法来自赫伯特·斯宾塞。见杰西卡·里斯金(Jessica Riskin)，《不止的时钟：关于什么使生物运转的长达数世纪的争论史》(*The Restless Clock: A History of the Centuries-Long Argument over What Makes Living Things Tick*)，芝加哥：芝加哥大学出版社，2016 年，第 220 页。

② 康拉德·瓦丁顿，《发育的渠化和获得性性状的遗传》(Canalization of Development and the Inheritance of Acquired Characters)，见《自然》150，1942 年，第 563—565 页；另见贝特森，《思维与自然》，第 172 页。

③ 贝特森，《心灵与自然》，第 172 页。

正如苏珊·奥亚玛(Susan Oyama)所指出的,基因中的"程序"要影响行为,就必须参与表现型的形式与功能,这种参与又需要来自环境交换的"信息插入"。① 但是"信息插入"能否产生差异,要取决于输入信息的强度和现有的知识与经验。回过头来看,我们可以把贝特森对作为随机过程的演化的理解,与[138]史蒂芬·杰伊·古尔德和尼尔斯·艾崔奇(Niles Eldredge)所说的"间断平衡"(punctuated equilibrium)联系起来,②间断平衡的力量肯定了**偶然性**在演化中的作用。古尔德把偶然性定义为"含有大量随机成分,且各成分具有繁杂的非线性关系的复杂系统的倾向,从对先前条件的全部知识来看,它原则上是不可预测的,但在时间实际展开之后,它是完全可以解释的"。③ 对贝特森来说,偶然性的部分对于用概念理解演化至关重要,没有偶然就没有新的东西:"我相信在任何情况下,都存在一个在某些方面随机的事件流,在任何情况下也都存在一个非随机的选择过程,它使某些随机部分比其他部分'存活'得更久。没有随机,就不会有新事物。"④

---

① 苏珊·奥亚玛,《信息的个体发生学:发展性系统和演化》(*The Ontogeny of Information: Developmental Systems and Evolution*),北卡罗来纳杜尔汉姆:杜克大学出版社,2000 年,第 61—62 页。

② 与渐变论相反,史蒂芬·杰伊·古尔德和尼尔斯·艾崔奇提出了一种被称为间断平衡的理论。他们指出,从我们发现的化石来看,没有证据能支持演化遵循渐变论的理论。除了渐变论证据的缺乏以外,古尔德和艾崔奇还认为化石的形态似乎表明了不连续性的存在,这意味着演化可能是遵循极端环境迫使下的基因突变发生的。见大卫·普林德尔(David F. Prindle),《史蒂芬·杰伊·古尔德与演化的政治》(*Stephen Jay Gould and the Politics of Evolution*),纽约州阿姆赫斯特:Prometheus Books,2009 年,第 101—102 页。

③ 史蒂芬·杰伊·古尔德,《进化论的结构》(*The Structure of Evolutionary Theory*),马萨诸塞州剑桥:哈佛大学出版社,2002 年,第 46 页。

④ 贝特森,《心灵与自然》,第 160 页。

递归性不仅是一种能有效“驯化”偶然的机制，正如我们在黑格尔那里看到的；它也是一种使新事物得以产生的机制，新事物不仅是来自外部的，也是内部的转变。一般来说，技术试图排除偶然性，但与基于线性因果关系的技术物件相比，递归模型能有效地整合偶然性，以产生新的东西；换句话说，它需要持续不断的偶然性。如今在机器学习中，我们也能发现对随机过程和随机性的强调。事实上，我们可以把延伸至现代机器学习的这条历史轨迹，理解为经典人工智能试图把基于逻辑的语义添加到其模型上的失败，正如观念论者对笛卡尔机械论的批判（以及后来休伯特·德雷福斯[Hubert Dreyfus]基于海德格尔对笛卡尔认知理论的批判，对经典人工智能展开的批判）。机器学习由亚瑟·塞缪尔（Arthur Samuel）、斯坦福大学 PDP 研究组和杰夫·辛顿（Geoff Hinton）等多名科学家开发。就它目前的[139]成功来看，深度学习创建其特征向量（feature vectors）的方式在一定程度上包含递归。在神经网络中，每个神经元首先会被赋予一个随机权重，训练意味着通过递归地调整权重来减少误差，直到产生期望的输出。几十年来，一种常见的做法是将随机引入算法，即随机化算法，如被广泛应用于分类和搜索的拉斯维加斯算法（Las Vegas algorithms）和蒙特卡罗算法（Monte Carlo algorithms）。但这里的偶然性或随机性绝非不理性的，因为它涉及的不再只是模态逻辑，而是函数和操作。假如我们看到随机性是如何在编程中实践的，这一点就会更加清晰。首先，随机性使算法能节省运算成本，因为这样计算机就不必穷尽所有样本来优化输出。其次，它破坏了“过量的信息”，也就是说它使输入数据更丰富，因此迫使学习算法学习压缩的再现（compact representation）。第三，引入随机性会使学习算法变异并跳出局部最小值,就像谷歌搜索引擎那样。因为在许多情况下局部最小值并不是最优的,通过随机梯度下降法(stochastic gradient descent)等算法,有可能跳过这些局部最小值,最终它可能也无法精确地到达全局最小值或最大值,而是趋近于它。

在这个意义上(不仅在统计力学的领域),我们也可以理解维纳关于递归性可以在机器中施行,因此控制论机器能"活"在伯格森时间中的说法。西蒙东理解控制论的递归认识论的意义。对他来说,是有可能用机器来对抗这种生成的,正如他在《论技术物的存在模式》导论的结尾处所说:

> 机器作为技术集合体的一个要素,成为能增加信息量、增加负熵和抵御能量退化的东西:机器作为一种组织和信息的运作,就像生命本身那样,它与生命一起抵抗无序化,抵抗那种倾向于剥夺宇宙的变革力量的一切事物的扁平化趋势。人类通过机器对抗宇宙的死亡,机器减缓了能量的退化,它就像生命那样,成为世界的平衡器。①

[140]对西蒙东来说,人类是机器的组织者,因此他看到了人在信息机器的帮助下,抵抗生命和宇宙在熵增下瓦解这一可能。正如多里昂·萨根(Dorion Sagan)和埃里克·施耐德(Eric Schneider)主张的,对热力学第二定律的违背指向这样一种解释,即生命是一种非平衡的热力学系统。按照这种说法,大自然厌恶梯度;它会立即压扁一个被抽去空气的金属罐,造成平衡状态。而另一方面,生命作为热力学第二定律的

① 西蒙东,《论技术物的存在模式》,第21页。

体现，会按相反方向运动。① 然而按照西蒙东的说法，这种暗示着某种“组织”形式的人机关系，恰恰是维纳的话语缺乏的，因为维纳在“生物和自我调节的技术对象之间”看到了某种“等同”，②而对西蒙东来说，这种相似性不过是种误解。西蒙东十分清楚反馈的重要性。他想借用反馈和新的信息概念构思一个新的项目，我们将在本书后面讨论它。

§24 不可计算性与算法偶然性

在第一章中，我们试图在谢林和生物有机主义之间建立联系；而在这章中，我们转向了黑格尔和机械有机主义。为了克服偶然性的威胁——也是对本质的威胁——有必要使偶然性成为必然：不是通过承认偶然性是必然的而在本体论上界定它，而是把它放入检验(test)，这检验是理性化的必要环节。逻辑消除偶然性有两种方式，要么通过把偶然性当作不合逻辑且荒谬的东西排除掉，要么吸收它以丰富概念本身。哥德尔正确地看到，在黑格尔逻辑以及后来转变为递归理论(或者说是递归的一般概念)的逻辑中，加入了一个时间性维度。这一赫拉克利特式的主题体现在递归模型中，这样一来，判断就不仅是规定性判断，而是需要在时间中——在形成过程中——才可能。[141]反思性判断的主导地位既有认识论意义，也有本体论意义。在认识论方面，我们可以在福尔斯

---

① 见埃里克·施奈德和多里昂·萨根，《进入凉带：能量流，热力学与生活》(*Into the Cool: Energy Flow, Thermodynamics, and Life*)，芝加哥：芝加哥大学出版社，2005 年。

② 西蒙东，《论技术物的存在模式》，第 51 页。

特、梅图拉纳和瓦雷拉这些控制论理论家那里看到，递归性是一切真正科学知识的条件。通向科学真理的道路总是对计算的计算、对思考的思考、对观察的观察。除非我们能随着认识的过程逐渐演变，不然便无法认识那个事物。在本体论方面，我们看到了巴门尼德理性本体论的一种新形式，其中每个存在都是递归性存在，无论是一块晶体还是一个有机体。范畴问题，在亚里士多德看来是本体论词汇，在康德那里是知性的纯粹概念，在这种概念化过程中被极大地颠覆了，因为这些范畴不再被给定为操作的默认设置，而是被递归地推导出来。

在控制论中，未知可以由已知构建起来。比如可以通过试验和错误来接近黑箱。因此递归性概念首先关注的是理性。然而，我们该如何面对不可确定性的问题，如何面对不可递归枚举之物？这将是一切计算系统面临的唯一一种来自偶然性的威胁。如果一个数是递归可枚举的，就意味着它是可计算的，不然就会有算法偶然性。莱布尼茨的最好世界假设——“假设最简单”同时“现象最丰富”[①]——也是算法信息理论的标准（例如在安德烈·科尔莫哥罗夫［Andreï Kolmogorov］和格雷戈里·蔡汀［Gregory Chaitin］那里）。比如，给定一个自然数，用来表示它的递归算法必须比数字本身短（越短越好，这

---

① 见莱布尼茨，《形而上学论及其他论文》（*Discourse on Metaphysics and Other Essays*），丹尼尔·加伯（Daniel Garber）和罗杰·阿瑞（Roger Ariew）译，印第安纳波利斯：Hackett，1989 年，第 39 页：“上帝选择了最完美的世界，即一个在假设上最简单，在现象方面最丰富的世界，就好比几何学中的一条线，它的构造简单，性质和效果又极为显著和广泛。”格雷戈里·蔡汀也引用了这段话，见《莱布尼茨，信息，数学和物理》（Leibniz, Information, Math and Physics），2005 年，http://arxiv.org/abs/math/0306303。

也是算法压缩的原则)。当它不可压缩或不可计算时,算法偶然性就产生了。偶然性作为某种不可计算、不可预测之物再入场景,但这种偶然性也可以成为进入另一个循环的跳跃,从而被这个位于智识生活的更高潜力(复杂性更高)的新循环——也就是思考(它不同于反馈或自指,但也[142]不与它们矛盾)——吸收。然而,这不能被还原为正负反馈的简单模型,因为它使简单控制论机器的终极性成了问题。控制论反馈允许一种“同归性”(equifinality),也就是说它允许不同的路径按照各异的情况达到相同的结果。但它并不允许真正的自动终结性(auto-finality)——让意志与理性处于张力中。雷蒙德·胡耶(Raymond Ruyer)指责控制论是一门关于机器和有机体的还原主义科学,它有意或无意地把机械论应用到了所有领域:

> 反馈,机械控制论的周期性效果的回路,只是次级产物,它是对宏观时空中绝对周期性的象征(在莱布尼茨的意义上)和传递,也是对“初始状态最终状态”的转译,是根据不可观察的动力学在可能事件之间做出的真实选择;这些并不是一切个体化的领域的主要规则。①

汉斯·约纳斯也出于类似的理由指责控制论。对约纳斯来说,控制论把目的论误解为“服务于一个目的”(机械的)且“有一个目的”(涉及意志)。② 但我们也许可以按照科林·皮

---

① 胡耶,《控制论与终结性》,第 176 页。

② 汉斯·约纳斯,《生命现象:走向哲学生物学》(*The Phenomenon of Life: Toward a Philosophical Biology*),伊利诺伊州埃文斯顿:西北大学出版社,2001 年,第 122 页。

登里奇(Colin Pittendrigh)和恩斯特·迈尔(Ernst Mayr)的说法,称其为**目的学**(*teleonomy*)而不是目的论,它们的区别在于目的学更类似我们前面讨论的**自动终极性**。① 一方面,尽管控制论确实把反馈概念应用到各个领域,它却不仅是一种"还原主义"科学。它也体现了一种认识论转变,开启了倾向于整合而非分离的新操作思维。② 如果说反馈循环只是在同一个层面上维持,且思维被固定[143]在这个平面上无法提升或进入另一个递归,那么这确实是种还原主义:比如把一切实体都化简为一个算法。③ 因此,二阶控制论中对递归的强调可以看作是控制论系统化的发展,因为它把递归扩展到一切领域中。另一方面,由反馈产生的现实总是会超越反馈的逻辑,它也会外化,并通过外化创造一个新的循环。我们在下一章将继续讨论对控制论的批判,但我们会把控制论表述为自然哲学的一个普遍问题——在自然哲学中形式问题总是更优

---

① 科林·皮登里奇,《适应,自然选择和行为》(Adaptation, Natural Selection, and Behavior),见《行为与演化》(*Behavior and Evolution*),罗伊(A. Roe)和乔治·盖洛德·辛普森(George Gaylord Simpson)编,康涅狄格州纽黑文:耶鲁大学出版社,1958年,第394页;另见恩斯特·迈尔,《目的论的与目的学的:一种新分析》(Teleological and Teleonomic: A New Analysis),载于《自然与社会科学方法论和历史论文》(*Methodological and Historical Essays in the Natural and Social Sciences*),科恩(R. S. Cohen)和沃托斯基(M. W. Wartofsky)编,《科学哲学中波士顿研究》(*Boston Studies in the Philosophy of Science*),第14卷,多德雷赫特:Springer,1974年,第91—117页。

② 乔纳斯比较了飞行员和机器。飞行员不像只接受并执行命令的机器人,因为他有自己的动机和情感。但乔纳斯可能忽略了这样一点:在控制论中动机和情感也可以通过反馈机制来分析。

③ 一个经典的例子是丹尼尔·丹尼特(Daniel Dennett)的《达尔文的危险思想:演化与生命的意义》(*Darwin's Dangerous Idea: Evolution and Meaning of Life*),伦敦:Penguin,1996年,第48—52页,他在这里把自然选择简化为一种"盲目"的算法。

先,因此物质的意义被削弱了。①

至于不可计算性,我们或许可以考虑一种偶然性不能被反思吸收的情况——比如宇宙大灾难——或一种超出反馈逻辑的外化,产生出无法被利用的偶然性,这意味着辩证法走进了死胡同,这是算法的灾难。失败与灾难将我们引向一个更广的、先前的系统无法整合的现实,它迫使我们探索另一个系统。正如当贝特森谈到匿名戒酒会(Alcoholics Anonymous)的神学时,他提到了“强力”(power),强力是另一个更强大的系统;贝特森说:“这个系统或‘强力’必然与每个人所处的位置不同……我所经过的树林的‘美’是我对树的个体和整个森林生态系统二者同时的认识。”②这强力类似于神性;神性可以是另一个系统,它的合理性可能不太容易被认可,但可以通过符号和仪式被合理化。

在此我们与其谈论末日式的事件,不如举一些外化不再能被同化进有机系统的例子。这种外化反而破坏了系统同化的能力,因为它取得了规定性的力量——也就是说,不再是由理性设定界限,而是相反。我倾向于[144]认为这正是21世纪唯物主义的任务,恰恰因为外化不再是黑格尔辩证法中的仆人(*Knecht*)——在那里,外化是理性自我认识的手段;而技术系统的完成,即形而上学的完成,正在消解这种辩证法。这也意味着基于理性的划界的哲学,要让位于一种被观念论者和许多所谓的唯物主义者们低估的唯物主义。我们希望由此

---

① 克劳斯·皮亚斯(Claus Pias)在他的文章《模拟,数码与控制论幻觉》(Analog, Digital, and the Cybernetic Illusion),*Kybernetes* 34,第3—4期,2005年,第543—550页中指出了维纳控制论对物质的无知。

② 贝特森,《走向心灵的生态学》,第338页。

出发，探讨 20 世纪器官学思维中对人—机、文化—技术关系的一些主要解读。考察这一转变的同时，我们将从自然哲学走向一种技术哲学，其中有机主义和器官学将在半途相遇。

第三章
被组织的无机

火是匮乏与过剩。

——赫拉克利特,《残篇》65

[145]如果说控制论试图克服机械论和生机论的对立,这是因为它把递归形式系统化为一种通过信息过程展开的推理形式。有了递归性这种一般化的思维形式——这是我们基于康德反思性判断的重新表述——我们可以追溯20世纪的一个重大物质转变。控制论机器,尤其是图灵机,具有新的地位,因为它不再只是笛卡尔意义上的机制,也不是生物,而是一种**有机—机械**(*organo-mechanical*)存在:一种以有机形式实现的机械存在。有机形式不仅提供了形式本身,它也按照刻写在递归算法中的确定或相对开放的目的,把物质组织起来。即使人们遵循康德的说法,认为哪怕是一片草叶、一条毛虫的秘密也不可能穷尽,随着控制论的实现,我们必须分析自然的概念化及其与技术的关系。这不是说我们要沿袭人们对约翰·冯·诺依曼的自动机或自我复制理论的常规解读——这种解读直观

体现在约翰·何顿·康威(John Horton Conway)的“生命游戏”(Game of Life)中,在爱德华·弗莱德金(Edward Fredkin)和斯蒂芬·沃尔夫勒姆(Stephen Wolfram)等人的“数字物理学”或生物学中的信息理论中又进一步发展——因为这些解读往往只是以还原主义的方式讨论生命的问题。有时为了理解,还原论是[146]必要的策略,但它应当被看作工具而不是一种等同关系。从康德起,再到一些后康德观念论者,概念的生命与生命的概念之间始终有密切的关联,尤其是在黑格尔那里,生命被与概念(Notion/Concept)等同起来。① 直到1948年,随着控制论的出现,概念与生命的同一性被再次确认,从外化的角度重新考察它们的关系也变得必要起来。

§25　从有机主义到器官学

在前两章中,我们试图勾勒一种在生物和机械之间摇摆的有机主义。本章的任务是从有机主义转向器官学,从概念转向生命,因为器官学呈现了另一种形式的递归和连续性。根据器官学的第一原则,必须避免把机器和有机体等同起来——这是一种常见的还原主义错误——也要避免根据技术与“人类智能”的接近程度来衡量技术的进步,因为这种思维方式仍然深深植根于形式与物质的分离。在解释个体化时,形式和物质双方会落入形式逻辑或生机物质的极端。传统笛卡尔机械论植根于对生命形式内在的线性逻辑的信念,这导

① 乔治·康吉莱姆,《概念与生命》(Le concept et la vie),见《鲁汶哲学评论》(*Revue Philosophique de Louvain*),82,1966年,第203页。

致了对有机体的机械化，且这种做法使机械与有机体的**类比**被当成了**等同**。只要机械化是作为认识形式而非作为全体被接受下来，它便不是什么可怕的错误。我们知道，知识从机械主义到有机主义的转变在西方思想脉络中十分重要，但如果把生物形式和机器形式等同起来，便是一个错误，这种观点经常出现在有关算法的大众媒体话语中。哀叹阿尔法围棋打败了来自韩国或中国的世界冠军是不明智的——如果不只是愚蠢的话——因为这只是揭露了一个矛盾：一方面，评论者看到了机械和有机体的对立，由于有机的人被认为是更优越的，所以他们为人的失败而哀叹；[147]另一方面，他们又肯定了机器和有机体的等同性，因为现在机器可以取代人类了。声称机械体不会超越有机体是无效的，因为如今我们看到，控制论正开始使这一趋势成为可能。我们不能轻易忽视这种可能性，但关键问题在于如何找到一种共存的策略。算法——机器的基础——应当被用作有机体的一个功能，帮助精神实现在机器的功用以外的更高目标，从而将机器从预定的规则和功能中解放出来。

维纳断言说控制论已经解决了牛顿时间和伯格森时间的对立，这种说法有道理，也值得被更深入地思考。然而当控制论试图通过模仿来追求有机体和机器的等同性时，它可能依然走在错误的路上，因为这种做法在某种程度上模糊了功能和操作的区别。因此，我们必须批判性地评估对有机和无机的关系的判断，二者的关系不能像在谢林那里一样，只被当作两股潜力，而应当被放入一个解释学循环来考察。从有机主义到器官学的转变表明，必须把有机形式从知识理论提升为生命理论，即另一种递归性。它不是一种朝着有许多反馈循环的全体系统演进的递归，而是把机械递归重新引回地面的递归，这正是生命本身。一般器官学一词是乔治·康吉莱姆在 1947 年提出的，比维纳《控制论》的发表早一年。康吉莱姆认为亨利·柏格森 1907 年的《创造进化论》是器官学项目的先驱。这门学科不能简单从赛博格（cyborg）或者通过“计算机控制的生物反馈系统”实现的人类增强的角度来理解。[①]以这种方式解读康吉莱姆和柏格森，依然同维纳的控制论机器和某种超人类主义太过相似，没有认识到康吉莱姆和柏格森的任务在于让生命优先，使它成为机械化的基础。假如不能批判地重新思考机械化，它便倾向于把人和生命分开。在维纳那里我们很难找到一种生命哲学，尽管在贝特森和二阶控制论中有可能找到，但它尚未是一种器官学。

[148]在《康吉莱姆与人的生命》（*Canguilhem et la vie humaine*）一书中，纪尧姆·勒布朗（Guillaume le Blanc）指出可以在“从柏格森，经过雅克·拉菲特（Jacques Laffite）和康吉莱姆，到西蒙东”的轨迹中找到一条器官学思想的轨迹，这“与文化生物哲学事件，以及构建生物人类学的尝试相呼应”。[②] 我们的兴趣在于考察器官学如何在与有机主义的密切关联中发展起来，它从康德的第三批判出发，在器官学中将递归性和偶然性问题阐述为创造性演化与规范性。在开始这段旅程之前，首先必须重新讨论我们在第一章中阐述的谢林

① 伊恩·哈金（Ian Hacking），《康吉莱姆在赛博格中间》（Canguilhem among the Cyborgs），见《经济与社会》（*Economy and Society*），27，第 2—3 期，1998 年，第 203 页。

② 纪尧姆·勒布朗，《康吉莱姆与人的生命》，巴黎：PUF，2002/2010 年，第 203 页，n. 2。

的有机形式，由此开始把工业革命初期发展起来的自然哲学问题化。从认识论的角度看，技术与自然不再是两个截然不同的术语，因为对自然的理解已经揭示出一种技术形式，这意味着自然不再是清白的第一自然，而是控制论的自然。因此，我们要强调生物有机主义与机械有机主义的模糊关联。必须根据语义的变化以及科学发现、技术创新所产生的新认识论条件，来重新评估自然与技术的关系。比如，谢林时代处于核心地位的力的概念，被控制论中的信息概念取代，信息概念后来又经由薛定谔的工作被应用到生物学中。信息既非能量也非物质，它需要一个新的本体论位置，重构其他范畴之间的关系和知识的基础，正如贝特森和西蒙东把信息和递归结合在一起的尝试。这种做法反对古典形而上学中把积极的形式与惰性物质分开的倾向——古典形而上学的形质说赋予理智一个任务，要么给存在施加形式，要么从它之中提取形式作为它的本质。事实上，我们关于造砖的直观例子(模具赋予黏土以同一性，就像形式赋予惰性物质同一性)已经是一个技术例子了，这意味着它没能考虑到在赋予形式或抽象出形式之前的事情。与其[149]把形式当作积极力量或捍卫物质的能动性，我们将借助器官学的思维，器官学不仅是一种与机械逻辑相对的有机主义思维，从根本上说，它是一种综合的逻辑形式。

为了展开讨论，我们将从谢林对柏拉图的解读开始，这种解读虽然在 1794 年就已成型，先于他自然哲学著作的出版，但对他后来更成熟思想的形成具有重要意义。① 回头来看，

① 见布鲁斯·马修斯，《谢林哲学的有机形式：生命作为自由的图式》，奥尔巴尼：纽约州立大学出版社，2012 年。书中马修斯追溯了谢林 1794 年对柏拉图的解读对他其他作品的影响。

谢林思想中有关技术问题的阐述的缺乏是令人吃惊的，因为这时第一次工业革命已经开始。或许可以认为，这忽略始于他让形式优先于火——根据苏格拉底在《斐莱布篇》中的说法，形式与火是诸神赐予人类的两种礼物。我们将从讨论谢林在有机形式与火之间的选择开始，由此引入柏格森和康吉莱姆的器官学概念。援引柏格森和康吉莱姆并不是要重新引入不同形式的生机论以对抗控制论，而是要勾勒出一种在我看来超越了生机论和**生命冲动**的简单等同的器官学思维。①对有机主义来说，核心问题是“整体”。我们在何种意义上可以讨论整体？整体一方面反对机械式的部分的建构，它体现着一种从同质到异质、从对象到系统的过程；另一方面它也暗示着目的论，在目的论中，各部分都朝着某种超出它们的把握的目的因运行。这正是柏格森和康吉莱姆器官学的核心问题所在：该如何构想一种创造性的整体？

§26　形式与火，或生命

[150]我们需要回到康德的有机概念，并勾勒一种既包含柏格森对康德的厌恶，又整合康吉莱姆对康德的偏爱的器官

---

① 查尔斯·沃尔夫（Charles Wolfe）已经表明，生机论不一定要和充满形而上学色彩的生命冲动概念结合在一起，人们在18世纪的蒙彼利埃（Montpelier）生机论（关系到蒙彼利埃大学医学院的著名医生和教授）中无疑找不到生命冲动概念。相反，这是一种模拟有机体的组织化、动态和系统特性的尝试。见查尔斯·沃尔夫，《蒙彼利埃生机论中的有机组织模型》（Models of Organic Organization in Montpellier Vitalism），《早期科学与医学》（*Early Science and Medicine*），22，2017年，第229—252页；另见查尔斯·沃尔夫，《生物学哲学：生机论的历史》（*La philosophie de la biologie：une histoire du vitalisme*），巴黎：Garnier，即将出版。

学。然而,在开始讨论器官学的概念之前,我们先要处理谢林自然哲学中有机形式概念的局限性。我在布鲁斯·马修斯关于谢林哲学的有机形式的讨论中发现的火的问题,以及马修斯对这个问题的忽略,矛盾地揭露出了谢林有机形式概念的局限性。[①]

在《斐莱布篇》中,苏格拉底与斐莱布就智慧和愉悦哪个更可取展开了一场辩论。苏格拉底的解决方案是,最可取的不是这两个当中的任何一个,而是第三个,即两者的统一。《斐莱布篇》中有一个著名段落——苏格拉底指出有限(τὸ πέρας)和无限(τὸ ἄπειρον)的对立是不够的,我们还要根据它们的共同处(τὸ κοινόν)进行综合。[②] 这第三个概念并非黑格尔辩证法意义上的综合,而是谢林所说的"多之中的统一"(unity in multiplicity)。由三个要素组成的这种形式,带来了接连不断的个体化,这也是谢林在他的《论一般哲学形式的可能性》(On the Possibility of a Form of Philosophy in General,1794 年)中探索的,[③]在那里他用费希特的名字取代了柏拉图。后来在《论世界灵魂》中,他引入有机形式的说法以讨论一般意义上的自然。当谢林肯定柏拉图的智慧,他一定

---

① 马修斯在另一个地方试图把谢林和人类世联系起来;布鲁斯·马修斯,《人类世中的谢林:新自然神话》(Schelling in the Anthropocene: A New Mythology of Nature),见《研讨会:加拿大欧陆哲学杂志》(*Symposium: Canadian Journal of Continental Philosophy*),19,第 1 期,2015 年,第 94—105 页。

② 马修斯,《谢林哲学的有机形式》,第 150 页。

③ 谢林,《人类知识中的无条件者:四篇早期论文》(*The Unconditional in Human Knowledge: Four Early Essays*,1794—1796 年),弗里茨·马蒂(Fritz Marti)译,路易斯堡,宾夕法尼亚州:巴克内尔大学出版社,1980 年,第 38—55 页。

程度上强调了《斐莱布篇》第 16c 段，我将在这里附上谢林的翻译，它值得我们关注：

> 这种形式是诸神赐予人类的礼物，与纯粹的火一起，首先由普罗米修斯给予人类。因此古人（他们比我们更伟大，更接近神）留下了这样的故事，一切从一与多（复数性）中产生的事物，都在自身中包含无限性（*apeiron*，普遍）和[151]有限性（*to peras*，单一）的统一：因此我们也应当依据事物的这种安排，在每个对象中预设并寻找一个理念……——当初正是诸神教导我们这样思考、学习与传授的。①

谢林强调"这种形式"——希腊原文中没有明确这样表达；这样也把《斐莱布篇》和《蒂迈欧篇》结合了起来。但对我们来说重要的是，谢林通过忽视与"这种形式"一起被给予人的火，在某种程度上已经做出了决定。我们可以对照《普罗泰

---

① 谢林，《蒂迈欧》，哈特穆特·布希纳（Hartmut Buchner）编，斯图加特：Frommann-Holzboog，1794/1994 年，第 36 页："Diese Form ist ein Gabe der Götter an die Menschen, die ihnen einst durch Prometheus zugleich mit dem reinsten Feuer des Himmers zugesandt wurde. Deßwegen auch die Alten, (größre Menschen u. näher den Göttern als wir) uns die Sage hinterlaßen haben, daß aus Einheit u. Mannigfaltigkeit (Vielheit) alles, was je vorhanden war entstand, indem er das Uneingeschränkte (απειρον, Allegemeine) u. die Gränze (το περας, die Einheit) in sich vereinigte: daß also auch wir bei dieser Einrichtung der Dinge, von jedem Gegenstand Eine Idee voraussezen, u. suchen sollen··· Die Götter wären es demnach, die uns lehrten, so zu denken, zu lernen u. zu lehren."希腊原文："θεῶν μὲν εἰς ἀνθρώπους δόσις, ὥς γε καταφαίνεται ἐμοί, ποθὲν ἐκ θεῶν ἐρρίφη διά τινος Προμηθέως ἅμα φανοτάτῳ τινὶ πυρί: καὶ οἱ μὲν παλαιοί, κρείττονες ἡμῶν καὶ ἐγγυτέρω θεῶν οἰκοῦντες, ταύτην φήμην παρέδοσαν, ὡς ἐξ ἑνὸς μὲν καὶ πολλῶν ὄντων τῶν ἀεὶ λεγομένων εἶναι, πέρας δὲ καὶ ἀπειρίαν ἐν αὑτοῖς σύμφυτον ἐχόντων. δεῖν [16δ] οὖν ἡμᾶς τούτων οὕτω διακεκοσμημένων ἀεὶ μίαν ἰδέαν περὶ παντὸς ἑκάστοτε θεμένους ζητεῖν . . . οἱ μὲν οὖν θεοί, ὅπερ εἶπον, οὕτως ἡμῖν παρέδοσαν σκοπεῖν καὶ μανθάνειν καὶ διδάσκειν ἀλλήλους."

戈拉篇》中智者讲的有关两个泰坦神普罗米修斯和爱比米修斯的故事,阅读《斐莱布篇》中的这段话。在《普罗泰戈拉篇》中,火不是被送给人,而是被普罗米修斯偷走的。智者讲了泰坦神普罗米修斯的故事,据说他也是人类的创造者,宙斯要求他向一切生物传授技能。他的兄弟爱比米修斯接手了这份工作,但在分配完所有技能后,却发现忘了给人类提供技能。为了补偿他的兄弟爱比米修斯的过失,普罗米修斯从赫菲斯托斯那里盗火赐予人类:

> 现在,不够聪明的爱比米修斯,[321c]轻率地把他所有的能力挥霍在野兽身上;他还没有给人类分配能力,不知该怎么办才好。普罗米修斯四处查看,检查他兄弟的分配结果,发现其他生物都得到了充分和适当的供给,人类却赤身裸体,没有鞋,没有卧处,没有武器;但命定的那一天已经到来,人类要和其他生物一样从大地里走到阳光下。普罗米修斯不知该如何保护人类,感到迷茫,于是从赫菲斯托斯和雅典娜那里偷来了[152]技艺的智慧[321d]与火——因为如果没有火,这些智慧就派不上用场,也不能被任何人有效地使用——把它作为礼物送到人手中。(321c—321d)①

赫西俄德在他的《神谱》中讲了另一个略有不同的故事,在这个故事中,泰坦神在祭品里做了些手脚,想挑战宙斯的全

---

① 柏拉图,《普罗泰戈拉篇》,见《柏拉图全集》,约翰·库珀(John M. Cooper)和哈钦森(D. S. Hutchinson)编,印第安纳波利斯:Hackett,1997年,321c—321d。

能。宙斯便把火和人类的生存手段藏起来,以表达他的愤怒,报复盗火的普罗米修斯。普罗米修斯受到宙斯的惩罚:被绑在悬崖上,白天赫菲斯托斯的鹰来吃他的肝脏,晚上肝脏再长回来。在《技术与时间,1:爱比米修斯的过失》(*Technics and Time*, 1: *The Fault of Epimetheus*)一书中,贝尔纳·斯蒂格勒对这个神话作出解读,表明火作为一种补偿恰恰是因为有欠缺(default)在先。按照这种解读,火是一种允许“借助生命之外的手段追求生命”的技术,有机体通过无机生存,火的历史也构成了海德格尔意义上的已然存在(there-already)。① 在谢林对柏拉图的解读中,形式与火是分离的,它们从一开始就像现在这样并存;也就是说,灵魂与技术(technē)分离——技术正如斯蒂格勒所说,是**被组织的无机**。如果自然哲学等同于有机形式,人们又如何理解这个形式与火不再分离的现实——这种在人类世的今天对我们来说显而易见的状况?

为了公正对待谢林的理论,我们必须承认他并没有完全把火忘记。火在“论世界灵魂”中成为精神的隐喻,他写道,自然中的死亡是生命的熄灭(*erloschene*);在《斯图加特私人讲授录》(*Stuttgarter Privatvorlesungen*,1810 年)中,火成了精神的代名词,精神被描述为“柔和而朦胧的生命之火”(*sanfte, gedämpfte Lebensflamme*)。② [153]对谢林来说,火似

① 贝尔纳·斯蒂格勒,《勒鲁瓦-古汉:被组织的无机》(Leroi-Gourhan: l'inorganique organisé),见《媒介学笔记》(*Les cahiers de médiologie*),6,1998/2,第 187—194 页。

② 见谢林,《斯图加特私人讲授录》,汉堡:Felix Meiner,2016 年,第 32 页;维克·穆勒-吕纳施洛(Vicki Müller-Lüneschloß)也引用了这句话,见《德国古典哲学中的自然概念》(*Der Naturbegriff in der klassischen Deutschen Philosophie*),彼得·豪尔(Peter Heuer)和沃尔夫(转下页注)

乎并不能完全与形式分开,但它不具备我们即将讨论的技术性。如果火并不外在于有机形式,它便是阐明有机与无机的关系的一个核心主题,我们在接下来的两章中将会探讨它。在这里我们的目的不是解构谢林的自然哲学,而是重新思考他的自然哲学中的思想和非思想,以便呈现在康德《判断力批判》之后哲学思考的新条件。

§27　笛卡尔与机械器官

康吉莱姆在他1947年的文章《机器与有机体》(Machine and Organism)中,建议颠倒笛卡尔的那种根据功能相似性把生命机械化的认识论。他对笛卡尔的批判和对康德、柏格森的赞扬是他提出生物哲学(biophilosophy)计划的一部分,在他看来生物哲学始于1910年初,以柏格森《创造进化论》的出版和《生物学年刊》(*Année Biologique*)杂志的创办为标志。①康吉莱姆写道,在笛卡尔体系中,生命没有任何"本体论独特

(接上页注)冈·诺伊泽(Wolfgang Neuser)编,维尔茨堡:Königshausen und Neumann,2013年,第199页:"生产者,或者说纽带,当它与产物结合在一起时,其实就等同于内在的生命与编织,是在万物中燃烧的柔和而朦胧的火焰,(在明察秋毫的人看来)它哪怕在看似死的物体中也存在;与生产者对立和矛盾的则是消耗性的火焰。"(das Producirende nun oder das Band wenn es in der Einigkeit mit dem Produkt ist, ist in der That nichts anderes als das innerliche Leben und Weben, die sanfte, gedämpfte Lebensflamme, die in jedem Wesen, auch dem scheinbar Todten brennt (Clairvoyanten sehen es): im Gegensatz aber und Widerspruch mit dem Producireten ist es das verzehrende Feuer.)

① 乔治·康吉莱姆,《关于法国生物哲学现状的说明》(Notes sur la situation faite en France à la philosophie biologique),见《全集》(*Œuvres Complètes*),第4卷,巴黎:Vrin,2015年,第310页。

性”，它没有被当作“恰当的形而上学对象”。① 在笛卡尔看来，身体及其运动受机械定律支配。对他来说有机体的死亡和时钟的故障没什么区别。这种我们称之为“现代初期”的知识型包含着对自然规律的确定性和完备性的信念，它认为这些规律是一切存在的绝对支配准则。笛卡尔在《论方法》(*Discourse on Method*)第二部分中，带着强烈的自我怀疑精神一边看着窗外的街道和行人一边问，他们会不会是受机械律控制的穿衣服和戴帽子的机器人——这在读者看来并不奇怪。②

笛卡尔用机械模型解释生命活动的做法，可以在他各部作品中找到。我们只需要理解，[154]为何在他看来这种机械模型对于理论和实践理由是充分和重要的。机械模型和生物的关系不仅是一种功能的类比，也是本体论的类比。笛卡尔拒斥了灵魂负责身体运动的传统观点。相反，他把灵魂限制在松果体中的一个地方，那是“想象力和‘一般’感觉的所在地”。③ 灵魂本身不能控制身体的运动，它要通过神经的机制接收感觉并发出命令，神经再与身体的其他机械部分相连。在1664年与《论人》一同发表的《关于人类身体的描述》(La description du corps humain)中，笛卡尔把器官对应到已有的机械部件上，给出了人体的机械模型。在笛卡尔的“对应”中，

---

① 同上，第311页，康吉莱姆还提到了阿兰(Alain)、布伦施维格(Brunschvicg)和萨特的名字。

② 勒内·笛卡尔，《论方法》，唐纳德·克雷斯(Donald A. Cress)译，印第安纳波利斯：Hackett，1998年，第63—66页。

③ 勒内·笛卡尔，《论人》(Treatise on Man)，见《世界论及其他著作》(*The World and Other Writings*)，斯蒂芬·高克罗杰(Stephen Gaukroger)编，剑桥：剑桥大学出版社，2004年，第106页。

心脏就像驱动各部分运动的发条：心脏里有火加热流出的血液；静脉、胃、肠和动脉是让液体、食物和温暖的血液从一处循环流向另一处的管道；血液中携带着“动物精神”或“一种空气或非常精细的风”，①它扩张大脑，使它为接受来自外部物体和灵魂的印象做好准备。② 同样的动物精神也沿着神经从大脑流向肌肉，命令它们运动。笛卡尔继续解释了营养的机制和精液的形成，并试图为各种身体现象提供解释，尽管其中许多说法在今天看起来已经过时甚至显得荒谬了：比如幽默和变瘦的关系。③

笛卡尔对身体器官的机械化是他那个时代的认识论的产物；笛卡尔对热和动脉的运作与教堂风琴的比较，能很好地阐明这种机械化。在这里我们可以画一个对比示意图（见表 3.1）。

表 3.1　教堂风琴与人体的对比

来自风箱的空气	来自心脏的精神
发声的管子	大脑的毛孔使精神通过
空气在管子中的分布	精神在毛孔中的分布

[155]然而我们必须看到，康吉莱姆对笛卡尔的批判也不完全是负面的。事实上，他在笛卡尔身上看到了一种西方哲学史中罕有的技术思维。在他于 1937 年发表的一篇题为“笛卡尔与技术”（Descartes et la technique）的文章中，康吉莱姆

---

① 笛卡尔，《关于人类身体的描述》，见《世界论及其他著作》，第 172 页。

② 同上。

③ 笛卡尔，《关于人类身体的描述》，第 185 页：“当幽默不那么充足时，它们就流动得更容易、更快，因为与之相伴的细微物质和精神有更大的力量搅动它们，使它们一点点地吸收并带走部分脂肪，这是人变瘦的原因。”

系统地阐明了技术在笛卡尔有关真理的论述中的重要作用，文章开篇便写道："笛卡尔十分明确和频繁地说，艺术的有效性是由知识的真理规定的。"[①]笛卡尔（以及弗朗西斯·培根）极力否定自然的终极性，以肯定人类的进步，并证明自然与人造之间的连续性。正如他在《哲学原理》中所说：

> 为此，人类技能制造出来的东西对我帮助不小：因为我知道这些东西与自然物体没有什么区别，除了由技能制造的东西的操作通常要足够大的设备才能完成，因此能轻易被感官所觉察：只有这样它们才能被人制造出来。而另一方面，自然效果几乎总依赖于那些微小得超乎一切感官的装置。在力学（Mechanics）中，绝不存在什么与物理学无关的判断[或准则]，因为力学是物理学的一部分或一个类型：一个由某种轮子组成的时钟显示时间，就像从某种种子长成的树结出相应的果实那样自然。[②]

正是在笛卡尔那里，自然与技术的区分变得模糊了，这不是因为笛卡尔想把作为两种对立现实的自然和技术——像我们今天理解的这样——调和在一起，而是因为在[156]他看来，自然和技术具有一种共同的原则，即机制（mechanism）。因此我们可以说，以机制为共同基础，技术被提升到了知识的

① 乔治·康吉莱姆，《全集》，第一册，巴黎：Vrin，2011年，第490页："Descartes a très expressément et très fréquemment dit que l'efficacité des arts a pour condition la vérité de la connaissance."

② 勒内·笛卡尔，《哲学原理》（*Principles of Philosophy*），多德雷赫特：D. Reidel，1982年，§203，第285—286页。

首位。换句话说，技术不仅是科学知识的应用；正是由于技术和技术活动，科学才会在技术出问题的时刻出现。笛卡尔这位常常反思制造的技艺与医学技艺的哲学家，看到了实践和理论的差异，它们不能被简化为彼此，而是共同构成知识生产的循环。在另一篇题为“技术性活动与创造”(Activité technique et creation)的文章——原本是1938年在图卢兹哲学协会(Société Toulousaine de philosophie)的一次讲座——中，康吉莱姆写道：“事实上是，现代世界同时呈现出理论的多元化和技术的多元化。但我们不能说技术的繁荣有赖于科学的繁荣，或者相反。”①

然而，这种表面上的不确定性只是一种策略，目的是肯定技术与创造优先于作为再现的科学知识。② 康吉莱姆举了许多例子——热力学、巴斯德理论(Pasteur's theory)、静电定律——这些理论都是在蒸汽机、酒精制造和指南针改进等实践遇到障碍后出现的，他也不忘提到屈光学定律的提出与笛卡尔在《屈光学》(*Dioptrique*)中描述的玻璃尺寸问题有关。因此，康吉莱姆得出结论说，“科学思想的产生以技术观念的失败为条件”。③ 康吉莱姆拒绝了那种认为技术是科学知识应用的观点；相反，他认为科学与技术是两种互相启发的知识体系。回头来看，我们会注意到随着技术的发展，这种动态循环在很大程度上被改变了(见第五章)。

---

① 康吉莱姆，《全集》，第一卷，第503页：“Le fait c'est que le monde moderne présente simultanément une multiplication de théories et une multiplication de technique. Mais on ne peut pas lire dans les faits si c'est l'essor technique qui dépend de l'essor scientifique ou l'inverse.”

② 勒布朗，《康吉莱姆与人的生命》，第207页。

③ 同上。

机制，作为自然原则，使笛卡尔能颠倒科学和技术的直观关系，这始终是康吉莱姆重要的灵感来源。然而，[157]从机制的角度理解生命的一个主要问题在于，它试图“在不讨论生命的情况下彻底解释生命”。① 在《机器与有机体》一文中，康吉莱姆试图质疑笛卡尔关于有机体和机器的关系的想法，并指出应当把这种还原颠倒过来，承认有机体的**先在**，这意味着生物学先于技术。如果生物学或有机体先于技术，那么就要重新思考二者的差异和动力学。核心问题不在于机械机制是否能产生有机体，或者说机制和有机体能否等同，而在于必须系统阐述有机与无机的关系（在这里我们可以讨论技术对象）。笛卡尔的作品中有器官学思维的线索：如《人论》等文本中暗含着对“先天的有机给定”（a prior organic given）的模仿，②而在《屈光学》等文本中，器官学的痕迹十分明显；康吉莱姆也引用《屈光学》说：“我们不知道该怎么制造一个新身体，我们只能在内部器官以外加上外在于自然器官的人造器官。”③笛卡尔本人没有进一步发展这种器官学。相反，我们在笛卡尔主义中看到了通过用机械代替有机体、用解剖学代替动态功能，以消除生命的目的论的倾向，目的论被他封闭在生产技术中。④ 正如我们在这里解释的，康吉莱姆试图摆脱这种简化和替代，转向有机体和机器的新关系，也就是一般器官学。

---

① 乔治·康吉莱姆，《生命的知识》（*Knowledge of Life*），斯特凡诺斯·格鲁拉诺斯（Stefanos Geroulanos）和丹尼拉·金斯堡（Daniela Ginsburg）译，纽约：福特汉姆大学出版社，2008 年，第 69 页。

② 同上，第 85 页。

③ 康吉莱姆，《全集》，第一卷，第 497 页。

④ 康吉莱姆，《生命的知识》，第 86—87 页。

§28 康德作为技术哲学家

首先关于器官学这个词,我们要知道"*organo-*"这个前缀既表示器官,也表示有机,前两章已经讨论过这一点。正是*organ*这个词的双重含义使我们看到了康吉莱姆一般器官学的生机论与唯物主义维度。我们需要[158]把生命和生物区分开,因为后者多少与生物学有关。然而,生命与生物的含糊性,也使康吉莱姆能把亨利·柏格森的《创造进化论》整合进他对一般器官学的表述中,正因此,他称柏格森的《创造进化论》是一般器官学的先驱。在与《机器与有机体》一文同年(1947年)出版的《法国生物哲学现状的笔记》(Notes sur la situation faite en France à la philosophie biologique)中,康吉莱姆指出柏格森哲学的价值在于它"理解了生物与机械的确切关系,它是一种关于机械的生物哲学,将机器视为生命的器官,并为一般器官学奠定了基础"。[①] 在康吉莱姆看来,柏格森是"第一个把机械发明看作生物功能、看作生命对物质的一种组织的法国哲学家"。[②] 康吉莱姆认为生命恰恰是机械和价值的中介,这种动力(以冲突的形式)产生了经验和历史。[③] 我们在康吉莱姆和柏格森那里能看到不同于谢林的递归形式的另一种递归,它能为了保存生命而生产并重新整合无机物,同时展现出更发达的生命形式。

---

① 康吉莱姆,《法国生物哲学现状的笔记》,第319页。

② 康吉莱姆,《生命的知识》,第174页,n64。

③ 康吉莱姆,《劳作中的人的环境与规范》(Milieu et Normes de l'homme au travail),见《全集》(*Œuvres Complètes*),第4卷,第306页。

有机体概念对康吉莱姆很关键，因为是它规定了生物的个体性。在《生命的知识》文集中的《细胞理论》(Cellular Theory)一文里，康吉莱姆反对那种认为能用基于原子论细胞概念的分析性理论来理解个体的观点，他提出一种从“整体性”(globality)角度理解个体性的综合性理论。① 有机形式对康吉莱姆的有机主义和文化的生物哲学十分重要，它为技术赋予了新的角色。勒布朗在谈到有机形式时说：“有机形式这个概念本身属于生机论的认识论领域，以及相应的政治多重决定和浪漫主义。”②

[159]我们在第一章中已经看到了有机主义和生机论的区别。但这并不排除这样一个事实，即有机形式在生机论中至关重要，康吉莱姆同样要感谢汉斯·德里奇、斯文·霍斯塔迪乌斯(Sven Hörstadius)、汉斯·斯佩曼(Hans Spemann)和希尔德·曼戈尔德(Hilde Mangold)的贡献。③ 这不仅是对我们试图探讨的那种自康德以来的哲学条件的肯定，也是对有机思维的进一步发展，同时在自然和技术的关系方面为哲学思考提供了新的条件。正是在有机概念的问题上，康吉莱姆建议把康德

---

① 勒布朗，《康吉莱姆与人的生命》，第 47 页。

② 同上：“La forme organique est elle-même un concept s'inscrivant dans le champ épistémologique du vitalisme et dans la surdétermination politique qui lui correspond, le romantisme.”

③ 康吉莱姆，《生命的知识》，第 90—91 页。斯文·霍斯塔迪乌斯(1898—1996)是一位瑞典胚胎学家，他对发育胚胎学的贡献经常被与德里奇、斯佩曼和曼戈尔德一同提起。他通过胚叶细胞的分离和重组，对分裂晚期的海胆胚胎进行实验，研究细胞的互动。他表明卵细胞内容物的不均匀分布与早期胚胎细胞的质量变化相对应，这些细胞的交流在分化过程中起着重要作用。斯文·霍斯塔迪乌斯，《海胆发育的机制》(The Mechanics of Sea Urchin Development)，见《生物学年鉴》(*L'année biologique*)26，第 8 期，1950 年，第 381—98 页。

解读为一个技术哲学家，尤其是他的《判断力批判》：

> 现在，与笛卡尔相反，一位作者既肯定了有机体不能被还原为机器，也相应地肯定了艺术不能被还原为科学。这位作者是写出《判断力批判》的康德。确实，在法国，我们不习惯在康德那里寻找技术哲学，但对这些问题感兴趣的德国作家，尤其是1870年以来的那些人，成功做到了这一点……在题为“目的论的判断力批判”的第65节中，康德举了笛卡尔很爱用的钟表的例子，以区分机器和有机体……在第75节中康德区分了人的有意的技术与生命的无意的技术。但在第43节(“审美判断力的批判”部分)中，康德从知识的角度定义了有意的人类技术的独特性。①

在第一章中，我们已经讨论了康德《判断力批判》第65节中对有机概念的讨论的重要性，以及这个概念随后在谢林和黑格尔自然哲学中的发展。我们应当仔细看看康吉莱姆对第75和43节的分析。事实上，康德不是在75节，而是在72节区分了自然中的两种运作程序或因果[160]操作：一种是有意的(有意向的技术，*technica intentionalis*)，一种是无意的(自然的技术，*technica naturalis*)。前者与自然的目的因或自然目的有关，它已经包含了一切自然进程的目的。我们无法客观地得知这一自然的目的。后者则与“自然的机械作用”有关，它或许偶然地与我们的艺术概念一致，但这种偶然也使它

① 康吉莱姆，《生命的知识》，第92—93页。

"被错误地解释成了自然生成的一种特殊方式"。[①] 在第43节中,康德努力将艺术与自然、技术和科学区分开。对于鞋匠这样的工匠来说,尽管他或许能具体描述出该怎么做出最好的鞋子,却"无疑无法自己做出一双来"。[②] 康吉莱姆(借助保罗·克兰纳尔[Paul Krannhal]的《技术的世界含义》[*Der Weltsinn der Technik*])给出了一种超越了有机体和机器的不可还原性的解读,他指出,对康德来说,"每种技术在本质上都积极地包含着一种不可还原为理性化的生机独特性"。[③] 康德处理的是自然的目的因和被假定为与艺术一致的机械原因的迥异性。认识到这种差异,并不意味着必须拒绝机械法则。相反,康德肯定了一切"作为感官的对象而在自然中必然的东西,都应根据机械法则来判断",但他又继续说:"特殊的定律以及它们产生的从属形式的一致和统一,这种从机械定律来看必须被认作偶然的情况——这些东西在自然(无疑是作为系统的整个自然)中作为理性的对象存在——我们也应根据目的论的法则来考察。"[④]康吉莱姆把康德解读为技术哲学家

---

① 伊曼努尔·康德,《判断力批判》,詹姆斯·梅瑞迪斯(James Creed Meredith)译,牛津:牛津大学出版社,2007年,§72,第218页。

② 同上§43,第133页。

③ 康吉莱姆,《生命的知识》,"机器与有机体",第93页。这一观点受到了一句保罗·克兰纳尔《技术的世界含义》中的引文的启发。引文出自《判断力批判》:"艺术作为一种人的技巧也区别于科学(作为**能力**区别于**知识**),作为一种实践区别于理论能力,作为技术区别于理论(作为测量术区别于几何学)。出于同样的原因,一种人只要知道该做什么就能立即做,因此除了对希望实现的结果的充分知识以外就不需要知道别的东西的活动,不能被称为艺术。属于艺术的只有那些即便具备了最完善的知识,也不意味着人就有做它的技巧的事情。坎培尔很精确地描述了该怎么做出最好的鞋子,但他无疑无法自己做出一双来。"

④ 同上,§77,第237页。

的策略，是为了肯定对他来说机械和有机体的不可还原性，实际上，这种做法指出了把机械性整合进有机性、把[161]机器整合进生命的方向。康吉莱姆试图用民族志中的不同例子，展现机械与有机形式之间更复杂的关系，我们可以总结如下：

(1) 有机性不可还原为机械性。相反，机械性可被看作有机性的一种特例。我们或许可以说机械化是一种排除了有机过程中的某些“无用”和“偶然”特征的合理化。机械化意味着对有机体的简化与合理化。康吉莱姆没有区分有机形式与生机，这与我们前面讨论过的其他生物学家不同——比如李约瑟，他提出了超越机械论和生机论的第三种路径。

(2) 技术对象源于器官的投射。康吉莱姆从阿尔弗雷德·埃斯皮纳斯(Alfred Espinas)的《技术的起源》(*Les origins de la technique*，1897年)一书中借鉴了这一观点，埃斯皮纳斯的观点又出自黑格尔主义者恩斯特·卡普的《技术哲学的基础》(*Grundlinien der Philosophie der Technik*，1877年)。① 在这本书中，卡普提议把工具理解为器官的投射：比如钩子可以看作手的投射。通过内在的外化，人类递归地回到自身而获得对自身的知识(卡西尔也把卡普的器官投射理解为一种自我认知)。人类学家勒鲁瓦-古汉在他关于技术演化的民族志中进一步研究了器官和技术的紧密关联，他在书中把技术同时

① 见阿尔弗雷德·埃斯皮纳斯，《技术的起源》，巴黎：Alcan，1897年，和恩斯特·卡普，《技术哲学的基础》，布伦瑞克：George Westermann，1877年。

理解为记忆的外化和身体器官的解放。①

然而我们必须强调,康德试图把"作为整体的自然"的知识表述为经验法则的全体性(见§75),这一整体不能被客观地了解。整体始终是未知的,但通过理性的理念(或是作为启发法原则的先验预设),人们可以"仿佛"整体自身呈现出来那样接近它。② 理性抵达整体性是通过反思性[162]判断,这判断把自然法则统一了起来。整体与反思判断的关系似乎预设了一种递归性,其目的在客观上始终是未知的,但可以主观地通过理性来了解。也是这种整体规定了递归过程中的各部分。对整体的考察作为一种方法,经由康德和科特·戈德斯坦,对康吉莱姆的一般器官学产生了很大的影响。戈德斯坦的《有机体的结构》(*Der Aufbau des Organismus*,1934年)③一书对当时的法国哲学(如梅洛·庞蒂)影响巨大。他还提出

---

① 见安德烈·勒鲁瓦-古汉,《姿势与话语》(*Gesture and Speech*),安娜·博斯托克·伯杰(Anna Bostock Berger)译,马萨诸塞州剑桥:麻省理工学院出版社,1993年。

② 我想感谢米歇尔·克勒瓦西耶(Michäel Crevoisier)强调了这一点。

③ 这本书于1951年被译成法文,题为《有机体的结构,基于人体病理学的生物学导论》(*La structure de l'organisme. Introduction à la biologie à partir de la pathologie humaine*),又于1939年被译成英文,题为《有机体:从人体病理学资料出发的整体论生物学方法》(*The Organism: A Holistic Approach to Biology Derived from Pathological Data in Man*),麻省剑桥:麻省理工出版社,1995年。关于康吉莱姆和戈德斯坦的进一步评论,见查尔斯·沃尔夫,《康吉莱姆是生物沙文主义者吗?戈德斯坦,康吉莱姆与"生物哲学"项目》(Was Canguilhem a Biochauvinist? Goldstein, Canguilhem and the Project of 'Biophilosophy'),出自《医学与社会,欧陆哲学新视角》(*Medicine and Society, New Perspectives in Continental Philosophy*)。达利安·米查姆(Darian Meacham)编,多德雷赫特:Springer,2015年,第197—212页。

了一种有机主义的整体论视角，以及关于异常和病态的理论，这些学说在康吉莱姆的理论中都能找到痕迹。对戈德斯坦来说整体论是什么？在《有机体的结构》第六章中他给出一个明确的回答。如果不深入讨论他用来阐明观点的各种临床及实验室例子的细节，我们可以挑出两点。第一点是，戈德斯坦坚持以整体论的方法理解有机体的行为，而不局限于局部和解剖学解释。最简单的例子是，如果把海星摆成异常的姿势，人们会看到有机体很快便会回到正常的姿势，①或者当有机体受伤时，比如当蜣螂失去一条腿，它会协调整个身体来弥补损失。② 戈德斯坦反对作为局部化的基础的解剖学评判，也反对所谓的拮抗作用(antagonism)，即认为每一种表现都是由两种相对的力量或运作机制造成的(例如肌肉的无力)。相反，戈德斯坦想从整体的角度解释这些现象，他这样解释肌肉群："向来不存在两种拮抗性机制的活动。我们甚至不是在讨论孤立的各种神经支配，而是只处理一种。"③第二点是，戈德斯坦深受格式塔心理学中图形—背景理论的影响，[163]尽管他本人从未自称格式塔心理学家。在讨论整体论的同一章中，戈德斯坦指出"每种反应都是整体按照图形—背景的完形形式作出的'格式塔反应'"。④ 在批判了拮抗理论的不足后，他这样回到了图形—背景的关系中：

当有意开展某一明确的运动，与肌肉群的不同区域

① 戈德斯坦，《有机体》，第179页。
② 同上，第192页。
③ 同上，第219页。
④ 同上，第182页。

> 所需的分布状态相对应，脊柱器官中会产生差异性的兴奋。这种不同区域的兴奋的模式，形成了“图形过程”，它作为一种兴奋分布的明确的格式塔，从作为背景的有机体的其余部分中凸显出来。在整个完形中，收缩肌或拮抗肌的刺激代表了一个部分，它只能被人为地孤立起来。①

这种图形—背景关系也可以在康吉莱姆等作者那里找到，尤其是西蒙东，他经常用图形—背景关系描述个体化的过程和技术性的起源，我们将在第四章中讨论这一点。尽管康吉莱姆在文中没有明确用到图形—背景的比喻，他对康德的解读却似乎已经应用了这种观点。我们可以说，康吉莱姆的一般器官学首先基于有机整体，其次是一种让机械主义回归生命的呼吁。为了进一步构建起他在书中只提到了两次的一般器官学，我们需要问：为什么康吉莱姆主张把柏格森的《创造进化论》解读为一般器官学的先驱？

§29 《创造进化论》中的器官学

演化是创造性的，因为它是递归的。它由生存手段的一次次改进构成，这些改进凭借其人为性和它所建立的交互客体关系，敞开了世界的新视角。它也包含一种朝组织化力量（也就是生命本身）的不断回归，以便废除那些已经造出来且[164]变得层级化的东西。每次回归都不是回到同一个物或

---

① 同上，第219页。

同一个地方，而是对有机与无机的重组。在《创造进化论》中，柏格森试图超越机械论与终极论。机械论是一个缺乏“真实时间”的人造系统，因为机械部件没有历史，每个状态都可以通过外部原因恢复。这意味着它可逆而不绵延。终极论总会预设一种设计，就连康德的自然目的也预设了一种设计，这使他的《判断力批判》与控制论相似。不同于莱布尼茨那种把存在归于前定设计的终极论，激进的终极论会把这种庞大的存在计划拆分为更小的单元，其中每个个体都有**内在终极性**。柏格森嘲笑终极论者怀有一种幻想，认为这种拆分可能会减小它的影响范围。理由很简单：由于有机体整体是生命的空间维度，每个“自足”的有机体总会受到其他有机体的影响，因此这种内部终极性只肯定了“外部终结性”的必要。因此，我们会读到柏格森的一个著名论断：“终极性要么是外在的，要么就什么都不是”——“事实上，这向他们展现了一种似乎比我们自己的理论还要激进的观点，终极性要么是外在的，要么就什么都不是……因此一种**始终**内在的终极性观念，是自我毁灭性的。”①

柏格森对终极性的拒绝是微妙的，因为尽管他否认生命冲动的终极性质，但就像恩斯特·迈尔说的，“考虑到它的效果，它不可能是别的东西”。② 弗拉基米尔·扬凯列维奇(Vladimir Jankelevitch)指出伯格森主义预设了一个有机整

① 亨利·柏格森，《创造进化论》，纽约：Modern Library，1944年，第47—48页。

② 恩斯特·迈尔，《目的论的观念》(The Idea of Teleology)，见《思想史杂志》(*Journal of the History of Ideas*)，53，第1期，1992年1月—3月，第120页。

体也是同样的道理;在这种预设下似乎很难拒绝终极论。当柏格森说终极性要么是外在的要么就什么也不是,他只是拒绝了一种其实是伪装成终极论的机械论,即开始(设计)已经暗含了结局。外部终极性意味着向偶然性与创造性敞开,它以不能被还原为简单设计的有机整体复杂性为条件。那么,我们该如何表述这个有机整体呢?正如康德在第三批判第65节所说的钟表和有机体的区别,柏格森也注意到机器[165]缺乏绵延(endurance, *durer*)①——机器可以持续存在,却不绵延;一块岩石可能会改变,但是每个接连的状态都外在于彼此;②或者用扬凯列维奇的话来说,“一个物质系统**完全是人们在任意某刻观察它时的样子,除此之外它什么也不是**。它不绵延,因此在某种意义上说它是永远纯粹的,因为它没有任何过去能浸染和调和它的现在”。③ 如果一架机器可以从它的各个部分来理解,那么一个有机体只能从它的整体来理解:“有机体要么是整体,要么就什么也不是。”④我们不能向一架机器要求比它已被造成的样子更多的东西,而有机体“不是它们此时所是,是它们此时所不是”。⑤

柏格森所强调的有机整体在多大程度上不同于终极论的整体?对柏格森来说,整体不是从结构上规定一个有机体的东西;相反它是生命本身。他赞同康德在第三批判第77节中的观点,

---

① 弗拉基米尔·扬凯列维奇,《亨利·柏格森》(*Henri Bergson*),奈尔斯·肖特(Nils F. Schott)译,北卡罗来纳州达勒姆:杜克大学出版社,2015年,第4页。

② 同上,第5页。

③ 同上;重点来自引文原文。

④ 同上,第8页。

⑤ 同上,第10页。

柏格森写道:“我衷心地同意生命是一种机制(mechanism)这个观点。但它是一种各部分在宇宙整体中被人为区隔开的机制,还是真实整体的机制?”《创造进化论》通过把哲学设定为科学的基础、把生命设定为机制的基础,对演化主义哲学展开了批判性考察。在此我们要讨论时间的问题,因为生命是绵延的。这种绵延不仅是持续存在,因为演化是“过去在现在之中的真实持续,一种绵延,它现在和过去都是作为联系纽带的连接符”。[①]生命也是创造性的,因为绵延“意味着发明,形式的创造,对全新的事物的不断阐述”。[②] 在这里我们看到,对柏格森来说,演化是以“全新的事物”为标志的多样性构成的绵延,[③]而间断或变化也使它区别于[166]数学化的实体或对象化。生命意味着过去的持续以及在绵延中整体和部分的一贯性。

柏格森备受指责的二元论并不是真正的二元论,因为它没有提出两种不可克服或不可调和的现实。二元论在绵延中被理解,通过直观被解决。同样,机械和有机体的二元论也不是二者的对抗,而是在按照创造性演化的空间(部分—整体关系)和时间(绵延)维度进行整合之前的状态。柏格森的一般器官学确实试图调和惰性(物质)与活性(生命)、无机和有机。

---

① 柏格森,《创造进化论》,第 27 页。

② 同上,第 14 页。

③ 绵延是多样性的统一(见亨利·柏格森,《时间与自由意志:关于意识的直接数据的论文》[*Time and Free Will: An Essay on the Immediate Data of Consciousness*],第 2 章,第 10 页,鲍格森[F. L. Pogson]译,伦敦:G. Alan,1913 年),也是间断的统一。这种解读似乎与巴谢拉对柏格森的批评相悖,巴谢拉认为柏格森那里只有连续性,没有间断。见加斯东·巴谢拉(Gaston Bachelard),《瞬间的直观》(*Intuition of the Instant*),艾琳·帕特瑞(Eileen Rizo-Patron)译,伊利诺伊州埃文斯顿:西北大学出版社,2013 年。

我们知道，正是在《创造进化论》中，柏格森提出了**生命冲动**概念，我们可以把它理解为一种作用于物质组织的生命动力，或是一种不可还原为任何神秘的生命力的创造力。[①] 柏格森区分了**生命冲动**的间接与直接运作方式，这也是对理智和本能的区分："它要么通过创造一种**被组织的**工具**直接**作用于这一活动；要么可以通过一个有机体**间接**作用于它，这个有机体不是自然而然地拥有所需的工具，而是要通过形塑无机物质来建构工具。"[②]

因此，**生命冲动**是一种**组织性的**力量，它或直接影响有机体，或通过有机体间接地把**无机物组织化**，使其成为有机体的一部分。为了重构柏格森主义的器官学，我们将把重点放在他的《创造进化论》第三章，康吉莱姆对这章做了一大段评论。[③] 我们将讨论柏格森建立的二元性：生命对物质，直观对理智。如果说理智通过把物质几何化，递归地构建起一个人工系统，那么直观则通过消解物质和理智的关系，使机制回归它的基础即生命。在这里，柏格森对**理智**的定义无疑是狭隘的，但它与今天所谓的**人工智能**关系紧密，因为人工智能从根本上说是基于[167]几何化时间和空间的。柏格森对理智的批判也适用于那些关于人工智能的幻想，它们认为在自身中找到了绝对。**行**

① 柏格森在《创造进化论》第 267 页解释了生命冲动概念："不能把它和动力(impetus)相提并论，因为任何取自物理世界的图像都不能更清晰勾勒出它的概念。但它只是一个图像。实际上，生命是属于心理秩序的，包含各种彼此混合的说法的含混的众多性，正是心灵世界的本质。"

② 柏格森，《创造进化论》，第 142 页。

③ 康吉莱姆，《对创造进化论第三章的评论》(Commentaire au troisième chapitre de L'Évolution créatrice)，见《全集》，第 4 卷。

动(*act*)是获得对理智及其潜能的真正理解的关键,正如柏格森强调的,理智不像柏拉图的洞穴寓言描述的那样,要么凝视太阳要么凝视影子。行动同时也是沐浴在生命的海洋,即**生命冲动**中。因此我们可以说,柏格森试图解释理智的起源,而不是简单地假定它。对柏格森来说,哲学的一项首要任务是解释理智的起源,消解其几何形式,以揭示它的原初现实:

> 然而我们沐浴在一种慷慨的流体中,从那里汲取劳动和生活的力量。从这片我们沉浸其中的生命海洋里,我们不断汲取一些东西,感到我们的存在,或至少是引导着存在的理智,是在那海洋中通过一种局部的集中过程形成的。哲学只能是一种重新融入整体的努力。当理智重新融入它的原则,或许便能重新活回它的起源。①

柏格森立即给出了一种对他的理论——被看作积极的反馈循环——的反驳:如果一个人想超越理智,那么除了理智本身,他还能从哪里开始呢?如果是这样,我们不会被封闭在这个循环里吗?柏格森引入"行动"以打破这个循环,因为行动是一种能触发格式塔转换的信息。比如我们不能仅凭理智学会游泳,而是必须先下水,只有通过行动理智才能被带回它与之分离、甚至全然脱离的现实。② 在这里,康吉莱姆看到了斯宾诺莎的**自然的自然化**和**自然化的自然**,与柏格森的意识流和理智的关联,③尽管柏格森只在《道德与宗教的两种来源》

---

① 柏格森,《创造进化论》,第210页。
② 同上,第211页。
③ 康吉莱姆,《全集》,第125页。

(*Two Sources of Morality and Religion*)中用到过斯宾诺莎主义的词汇。[①] 如果正如柏格森主张的,理智以几何主义为特征,那么就必须跳过这种几何主义(它被看作[168]自然逻辑,如归纳和演绎,这是这位哲学家批判的)以抵达意识的原初现实。[②] 理智作用于物质,以便在它的空间中观察,物质也帮助理智进行图式化,以便延续自身。因此我们看到,理智和物质是同一个起源过程的两面:

> 因此,我们说物质不能决定理智的形式,理智也不能把它的形式强加给物质,而且我们知道,这两者并不是在某种前定和谐下相互调节,而是逐渐相互适应,最终达到了一种共同的形式。此外,这种适应发生得相当自然,因为是同一运动的翻转同时创造了心灵的理智和事物的物质性。[③]

说这同一起源有两面,不意味着物质就是理智。相反,它们是两种互相关联的现实。柏格森把理智带出沉思的整体——就像柏拉图的洞穴比喻那样——把它转移到劳动的基础上,如康吉莱姆所说的,就像一头耕牛(*bœuf de labor*)。[④] 在理智和物质的相互性中,柏格森重新引入了一种基础,物质

---

① 亨利·柏格森,《道德和宗教的两种来源》,阿什利·奥德拉(R. Ashley Audra)和克劳德迪斯利·布雷顿(Cloudesley Brereton)译,伦敦:MacMillan,1935 年,第 44 页。

② 柏格森,《创造进化论》,第 214 页:"智力本身以自然逻辑的形式包含着一种潜在的几何主义,它在智力朝内在自然或惰性物质里渗透的度量和比例中,自由运作。"

③ 同上,第 225—226 页。

④ 康吉莱姆,《对创造进化论第三章的评论》,第 135 页。

和理智作为相互的过程从这里起源。行动，它就像一个偶然事件，脱离了递归形式，把理智从它的常规中带出来，向它揭示了一片海洋，理智只是这海的表面："[然而]意识的状态超出了理智；它与理智确实是不可比拟的，因为它本身是不可分割且全新的。"①康吉莱姆用更动人的方式描绘道："正是通过反思其不断改进的特征，理智发现它自己是一个流的动态与流动性的沉积和固化。理智在生命中重新诠释自己，复苏它的起源，它从静止变为动态，从冻结再次变得灵敏。"②

[169]终极性受到**趋势**(*tendencies*)的制约——柏格森在《创造进化论》和《道德和宗教的两种来源》中都用到了趋势这个词(基本趋势、原初趋势、自然趋势、原始趋势等等)。趋势不是目的，但它们推动流的运动——趋势可以是习惯、意志或某种未来的方向。所有这些影响因素都预设了"一个体现着深刻生命原则的有机整体，趋势是这一原则的表现"。③ 终极性的问题再次出现，因为这些趋势就像阀门，参与生成过程并引向所谓的"创造性终极论"。④ 然而我们或许要问，这个流不是谢林赋予自然的那个一(*one*)吗？物质和理智岂不是都源于与抑制物(Hemmungen)的持续接触，抑制物反过来又规

---

① 柏格森，《创造进化论》，第219页。

② 康吉莱姆，《对创造进化论第三章的评论》，第136页："C'est en réfléchissant son caractère de rectification progressive que l'intelligence retrouvera la mobilité et la fluidité du courant dont elle est le dépôt, la solidification. L'intelligence, se retrempant dans la vie, revit à rebours sa genèse, de statique elle redevient dynamique, de figée elle redevient agile."

③ 瓦茨·坎宁安(G. Watts Cunningham)，《柏格森的终极性概念》(Bergson's Conception of Finality)，见《哲学评论》(*Philosophical Review*)，23，第6期，1914年11月，第656—657页。

④ 同上。

定了意识运动的倾向吗？二元论是否只是一种为了回归“流”而必须消除的虚构？

为了更好地理解这些问题——尽管我们可能永远得不出满意的答案——我们必须准确定义物质与理智。① 康吉莱姆建议按两个阶段理解物质性的问题：第一，根据它与绵延的关系，第二，根据它与广延（*étendue*）的关系。就它与绵延的关系而言，物质体现为“在把现在与过去联系起来、把习惯合并、运用现在以把它推向未来的方面的无能为力”。② 物质可以被看作一种坠落（*chute*）；它是遗忘（*oubli*）的产物，正如菲利克斯·拉维松（Félix Ravaisson）在《论习惯》（*On Habit*）中所说的。康吉莱姆指出，柏格森[170]对物质的看法与他的老师拉维松互相呼应。拉维松认为“身体存在而不成为任何东西[*sans rien devenir*]”，柏格森也持相同的观点，认为物质是“一种限度，一种对倾向（inclination）的理想表达”。③ 就其与广延的关系而言，物质被看作外化的永久威胁，它以缺陷的形式阻碍了精神的张力或个性。正如柏格森所说：“我们所有的分析都表明，生

---

① 康吉莱姆，《对创造进化论第三章的评论》，第145页。康吉莱姆指出，《创造进化论》中的物质概念不同于《物质与记忆》中的物质概念。在《物质与记忆》中，柏格森把物质理解为“图像的集合体”（an aggregate of ‘images’）。对柏格森来说，图像介于观念论者所说的**再现**与实在论者所说的**物**之间。它不仅是再现，却也算不上是物；这种策略性定义使柏格森提出一种对记忆的原创解读。见亨利·柏格森，《物质与记忆》，纽约：Zone Books，2005年，第9—10页。根据扬凯列维奇的评论，《物质与记忆》是对组织化的个体身体的物质，与个体意识的关系的研究，而《创造进化论》的重点在于“宇宙物质与试图组织的普遍意识”的关系。在《思维与运动，论文与会议结集》（*La pensée et le mouvant. Essais et conférences*，巴黎：PUF，1969年）第57页中，物质表现为重复；无机物是一系列无比快速的振荡，可见的和可测量的变化也涵盖其中。

② 康吉莱姆，《对创造进化论第三章的评论》，第148页。

③ 同上，第149页。

命有一种重新攀上物质所降下的斜坡的努力。”[①]在《创造进化论》第三章的结尾处，柏格森用蒸汽的著名例子解释了生命与物质的关系。这个例子说，想象一个充满蒸汽的容器，容器上有一条裂缝，蒸汽从这条开口溢出来，与外界的空气接触后冷凝，再次回落容器中。同时，溢出的蒸汽试图提升并阻拦下落的水滴。借助这个画面，柏格森表示“气流必然不断从生命巨大的水库中喷涌而出，涌出的每一股落回来，都是一个世界”。[②] 这种以自身耗尽告终的递归形式并不是一个准确的类比，柏格森也提醒读者说，世界的创造是生命参与其中的自由行为，因此不同于蒸汽试图逃脱的喷射活动。不过，这个画面展现了生命的创造力，它“在一个不断拆解自身的现实中塑造自身”。[③] 从这幅画面中我们可以看到，物质是生命运动的反转，但它并不反对生命，而是进化的必要条件：

> 我们讨论的这种生命的动力，体现在创造的需要中。它无法绝对地创造，因为它面临着物质，也就是说面临着一种作为它的反转的运动。但生命的动力利用这种物质，即必然性本身，试图向它里面引入尽可能多的非规定性与自由。[④]

在与广延的关系方面，精神中的张力就像广延从中产生的背景，像在与[171]机械必然性的关系下的自由。[⑤] 从张力

---

① 柏格森，《创造进化论》，第268页；大卫·拉普杰德(David Lapoujade)也引用了这句话，见《时间的力量，柏格森的阐释》(*Puissances du temps, versions de Bergson*)，巴黎：Éditions de Minuit，2010年，第97页。

② 柏格森，《创造进化论》，第270页。

③ 同上。

④ 同上，第274页。

⑤ 同上，第258页。

(tension)到广延(extension)的过程是一种**反转**(*inversion*)。康吉莱姆把不足、反转和去张力(de-tension)归入同一范畴。[①] 柏格森说,**释放**(*detend*)是为了延伸而放开张力。[②] 康吉莱姆区分了广延和空间。前者是知觉的内容,后者是同质部分的纯粹外在性;因此"物质是意识的一个可能方向,它本身比空间性更广延[*étendue*]"。[③] 我们可以借康吉莱姆的一段准确总结来重新把握这几个词的关系:

> 简而言之,通过精神现实去张力的递减秩序(由此物质获得了与心灵/精神的隐秘关系),我们获得了广延(恰当秩序的物质,它与精神秩序的关系被逐渐遗忘)、被延伸者(extended,过去分词在这里表示对精神过去的参与的遗忘),和空间(各部分相互之间的外在性,以及整体相对于精神的外在性)。空间是理智通过一种描绘取得的成果。在这里,我们能看到行动的残酷性和逻辑思维的粗暴性质。[④]

---

① 康吉莱姆,《对创造进化论第三章的评论》,第 153 页;在第 151 页,康吉莱姆评论说,柏格森只在《创造进化论》里,而不是在《物质与记忆》里,才把**去张力**(*detension*)这个词看作张力和广延的中间项。

② 柏格森,《创造进化论》,第 259 页。

③ 康吉莱姆,《对创造进化论第三章的评论》,第 154 页。

④ 同上:"En somme nous obtenons, dans l'ordre de réalité spirituelle décroissante dé-tente (par quoi la matière soutient avec l'esprit un rapport privatif), ex-tension (ordre proprement matériel où s'oublie progressivement le rapport à l'ordre spirituel), étendue (participe passé signifiant l'oubli de la participation spirituelle passée), espace (extériorité des parties les unes aux autres et de l'ensemble à l'esprit). L'espace c'est l'achèvement par l'intelligence d'une esquisse. On reconnaît là le caractère brutal de l'action, le caractère abusif de la pensée logique."

因此康吉莱姆指出,《创造进化论》中的物质比《物质与记忆》中的物质具有“更多的自然现实性”,因为在广延形式中,物质被“提供并把自己交给理智的习惯”。[①] 如果说行动触发了理智的反思,使它回归创造性,那么这种反思只有当理智被迫返回并超越自身时,才能发生。这种反作用于理智的力只能是物质本身。通过与物质的接触,生命巨大的虚拟倾向才能实现,[172]或者说得以个体化。而个体性又总会被重新联系、整合回一个有机整体。

如果我们再回来看柏格森关于学游泳的例子,那么显然,人不能只通过看一段视频来学会游泳,通过视频人可以用几何形式把物质图示化,比如手臂的运动和踢腿。在泳池边重复这些空间化的动作而不真正接触水这种物质(它是广延而非空间),也不能学会游泳。正如在游泳的例子里,作为物质的水并不像静态的形式那样,限制着运动,游泳者只能通过反作用于水才能往前进。从器官学的角度来看,水既不仅是物理的和静态的,也不是几何与物理属性的集合体;相反,它是使得身体减轻重量、让身体能把自己推向意图的方向的东西。学游泳就相当于发明一种能把水作为人—水统一体的功能整合进来的新姿势。

我们可以就柏格森的观点提出一个更普遍的主张,即器官学是一种实践,它将有限**无限化**,通过把对象去几何化而**解放**被规定者,以便**创造**。柏格森关于理智起源的理论也暗示着物质的起源,和一种消解理智造成的僵化的空间性的企图。康吉莱姆在评论中阐述了他所说的“**柏格森主义的一般器官**

① 康吉莱姆,《对创造进化论第三章的评论》,第 156 页。

学”(*Bergsonian general organology*),他在后来的《机器与有机体》和《关于法国生物哲学现状的说明》中表示:

> 形式的形成与物质的物质化相关。康德在他对空间形式的描述中,关注的是它的用途。而柏格森认为如果一个人不理解它如何形成,就无法理解它的用途,因为在这里也是功能创造了器官。更早的时候(《创造进化论》,第175页)柏格森把物质描述为**器官**。①

这里说物质是器官是什么意思?这段话是对康德把理智和物质理解为[173]形式和物的批判。相反,它们应该被理解为相互作用的运动。如果把理智和物质分解成运动,我们便会看到形式的形成与物质的物质化没有什么区别。因此在这种起源中,处在核心位置的不仅是形式的功能,而是用途与形成过程的统一。物质是内化的器官:“[器械]反作用于存在的自然,并建构它;物质呼唤人行使一种新功能,也就是赋予他一种更丰富的组织,一种延伸了自然组织的人造器官。”②

---

① 同上,第157页:“La formation de la forme serait corrélative de la matérialisation de la matière. Dans la description de la forme spatiale, Kant s'intéresse à son usage. Bergson pense qu'on ne peut pas comprendre l'usage si on ne comprend pas la formation, car ici aussi c'est la fonction qui crée l'organe. Plus haut (E. C., p. 162/632) Bergson a qualifié la matière d'organe.”

② 柏格森,《创造进化论》,第155—156页;卡特琳娜·赞菲(Caterina Zanfi)也引用了这段话,《柏格森哲学中的机器》(La machine dans la philosophie de Bergson),见《柏格森主义年鉴》(*Annales Bergsoniennes*),6,2013年,第286页。

在这里我们可能会想更进一步，称柏格森主义的器官学体现了一种递归地取消科学的层级化态度的哲学意图，因此它通过从互动与创造的角度重构理智和物质的起源，拒绝把实证科学当作哲学思考的出发点。演化之所以是创造性的，恰恰因为它不局限于作为科学的几何秩序，并且通过回到自身诞生之处的努力，它凭借承受其行动的物质，构建起一种与新的功能相对应的新器官。对游泳者来说，水不是这个人试图加以几何化并克服的问题，毋宁说，水成了他或她的身体的一部分，没有水，运动就不能推进。一个游得好的人不一定比游得差的人身体更强壮，但他或她知道如何更好地把自己和水组织起来，使它们都能更有效地运动。在《创造进化论》中，柏格森指出"完善的本能是一种使用乃至构建被组织的器械的能力；完善的理智是制造和使用未被组织的器械的能力"。[1] 与理智相关的物质是在空间中被图式化的无机器械，即**被组织的无机**。这一点在他后来的《道德和宗教的两种来源》[2]中更加明显，柏格森写道：

> [174]让我们想一想这个事实：生命是一种从原材料中获得某些东西的努力，而本能和理智在完成的状态下，是利用工具实现这个目的的两种不同手段；在本能中，工

---

① 柏格森，《创造进化论》，第155页。

② 赞菲指出，《道德和宗教的两种来源》并不是柏格森肯定其唯灵论的作品，而是展示了唯灵论和机械论的相互需要。柏格森在这本书结尾处写道："神秘召唤来机械……机械主义应当意味着神秘主义。"（第268页）。

> 具是生物体的一部分；在理智中，它是一种需要人发明、制作和学会使用的无机器械。①

本能和理智作为两种模式并存。它们一个是上手的(ready-to-hand)，一个是在手的(present-at-hand)，而工具的发明和练习又引向具体化和自然化的使用。因此，当柏格森讨论秩序和无序，他试图表明秩序和无序不是两个绝对的说法，而是相对的。无序被称为无序，只是因为它不局限于特定的秩序，但这不意味着它缺乏秩序。如果秩序和无序是彼此相对的，那么柏格森则把进化从理智的命中注定带回到生命的无限可能性。这可以看作是有机主义和器官学的根本区别；即，有机主义研究系统——如有机体——中各个部分的关系，而器官学则超出有机形式，把无机物也重新整合进一个被组织的整体；我们可以称这种对被组织的无机的持续整合为**演化**。为了整合它们，就必须把它们从在手存在状态中释放出来，因此它是创造性的。生命从根本上是人为的。必须从器官学角度理解这种人为性，在器官学中，创造力被从理智施加的僵化性中释放了出来。只有通过"做—拆解"(doing-undoing)的过程，才可能实现这种解放，因为如果不做，就无法拆解，如果生命没有被预先假定，也就无法做。机器学习算法就像理智，可以让我们把一张普通照片变成类似保罗·克利

---

① 柏格森，《道德和宗教的两种来源》，第97页。在后面一段柏格森又继续道："如果我们的器官是自然的器械，那么我们的器械必将是人造的器官。工人的工具是他手臂的延伸，因此人类的工具设备也是身体的延伸。自然赋予我们一种本质上是制造工具的理智，由此为我们准备了一种扩展。"(第267页)。

或梵高的风格，但这不是创造性的，因为它所做的只是对像素进行几何映射。我们必须承认，这是个可以从器官学角度被整合的有用的功能，但它不能取代创造力。

§30　规范与意外

[175]柏格森的器官学试图通过把物质和理智的运动置于**生命冲动**的**现实**中，重新思考它们，从而找到生命的本体论基础；类似地，康吉莱姆也认为生命中的技术的问题，超越了一切科学的概念化。正如他在《机器与有机体》一文结尾处所说，器官学的优点在于表明“人类起初是通过技术与生命保持一致的，后来才坚信他通过科学造成了断裂”。[①] 在《生机论的面向》(Aspects of Vitalism)中，康吉莱姆用不同的方式重申了这个论点，文中他引用黑格尔的“理性的狡黠”(List der Vernunft)来描述这一策略。在黑格尔看来，理性会采用向其他对象迂回的狡计来达到目的。这种迂回乍看起来似乎是偶然和不重要的，事实上却是必然的：

> 我们都知道，机械论一词来自“mēchanē”，它的含义“engine”包含两种意义：一方面是狡计和计谋，另一方面是机器。人们可以问，这两种意思能不能合为一种。人类发明和运用机器，以及一般性的技术活动，难道不是黑格尔所说的理性的狡计吗？理性的狡计在于它以按各自的本性相互作用的对象为中介，实现它的目的。从本质

① 康吉莱姆，《生命的知识》，第97页。

> 上讲，机器是一种中介，或者像机械论者所说的，是中继(relay)。一种机制不会创造任何东西——这是它的惰性(*in-ars*)使然——但它只能通过技艺被构建，它是个狡计。因此，作为科学方法和哲学的机械论，是对机器的全部用途的隐含假定。①

机械论哲学家想用机制解释生命，也就是说，在不讨论生命的情况下解释生命。② 生机论者的回应是，不能把生命归结为任何物理化学和细胞的原理。对柏格森来说，人造系统是机械的，却不是真实的。当科学变得机械化，它就妨碍了我们理解作为生命本身的创造力。生命是个在拆解中构建的递归的过程，其中科学是必要的，[176]因为它是一种为了构建而需要被拆解的构建。与把科学呈现为生命冲动之流中的否定必然性相反，康吉莱姆给科学赋予了一种更积极的角色，并提出生机论的任务是寻找生命和科学的关系的意义。③ 在《概念与生命》(Le concept et la vie，1966 年)中，康吉莱姆也谈到了基因编程和生物学的信息论，他反对仅把它们理解为"引进的比喻"；相反他指出，必须理解"它所提供的知识的发展和进步"。④ 康吉莱姆想强调，就像文艺

---

① 同上，第 63 页。

② 同上，第 69 页。

③ 同上，第 61 页。

④ 康吉莱姆，《概念与生命》，第 219 页。在这篇文章中，似乎有时康吉莱姆为了支持知识理论，而回归了黑格尔式的把概念和生命等同的做法。正如其他一些作者所说，柏格森的方法是一种"基于直观的生机论"，而康吉莱姆的方法是"概念主义的生机论，其中概念和生命是一体的，或至少是统一的"：见查尔斯·沃尔夫(Charles Wolfe)和 T. K. Wong，《生机论的回归》(The Return of Vitalism)，载于《生命(转下页注)

复兴时期的生机论者主张的那样，生命试图“把机制放回它在生命中应有的位置上”①——或者用他自己的话来说，是“通过科学重回生命”。② 这也是一般器官学的精神。

形式的理论，即形而上学，试图理解一与全，却忽视了火的持续物质化，也就是技术。生命理论试图通过创造的概念处理有机与无机的动态关系，创造由整体驱动，而整体就是生命本身。为此，我们必须关注技术现实，它和人类现实一样有自己的动力学。工程师头脑中的图示和形式被以物质的方式外化，因此它们有效地使自己脱离了头脑的束缚，释放进它们即将参与的世界中。这些物质存在不再只是图示，因此批评说技术对象只是数学的，而不理解它们同时也是物质的，几乎没有意义。[177]换句话说，通过把技术对象简化为它们的图示，人们就回到观念论，并无意识地否定了唯物主义。被创造物从来不等同于创造它的图示，也不等同于贯穿创造过程的**生命冲动**。这里涉及的不仅是形式和人造器官的问题，还有在火的启发下的生命问题。康吉莱姆赞

(接上页注)的关怀：生物伦理学与生物政治学的跨学科视角》(*The Care of Life*: *Transdisciplinary Perspectives in Bioethics and Biopolitics*)，米格尔·德·比斯特吉(Miguel de Beistegui)，比那可(G. Bianco)和格兰西斯(M. Gracieuse)编，伦敦：Rowman & Littlefield，2015年，第70页。尽管康吉莱姆那篇写于1966年的文章是对从亚里士多德到康德、黑格尔和柏格森对生命和概念的关系的考察，但在我看来，它对知识理论和生命理论的关系处理得很含糊，远不如他在一般器官学中讲得清晰。按照福柯的说法，我们可以说对康吉莱姆来说，这种等同不是黑格尔意义上的，而是说：“形成概念是生活而非扼杀生命的方式；这是一种相对流动的生命，而不是把生命固化的企图。”见米歇尔·福柯，《生命：经验与科学》(La vie: l'expérience et la science)，《形而上学与道德哲学评论》(*Revue de Métaphysique et de Morale*)，90，第1期，1985年，第13页。

① 康吉莱姆，《生命的知识》，第73页。

② 同上，第62页。

同马克思主义哲学家用辩证法来解释生物现象，[①]但这种解释只是因为生命作为永久需要（*exigence*）与自身的机械化斗争，才能成立。[②]

柏格森和康吉莱姆哲学中的生命是创造性的，但这种创造性有着不同的形式。纪尧姆·勒布朗建议可以通过康吉莱姆有关阿兰艺术评论的写作，理解康吉莱姆和柏格森的差异。[③] 阿兰和柏格森都脱离了柏拉图式对艺术的理解，即在真实世界中对理念的模仿，他们两人都认为，艺术的实现是一种与偶然的相遇——不仅是绘画，写作（诗歌）和作曲（音乐）也都向肌肉运动的偶然性开放。[④] 但阿兰和柏格森的看法也有很大区别。在阿兰看来，艺术倾向于捕捉住一种运动、固定一种形式，因为静止是再现的基础。而在柏格森看来正好相反，这种固定是对生成的限制。柏格森坚持认为，即使是在欣赏艺术作品的时候，也需要运动的延续，因为艺术揭示了现实，即“普遍反应性绵延”（universal reactive duration）。[⑤] 然而，康吉莱姆认为阿兰和柏格森都无意地重

---

① 马克思和恩格斯注意到工具在人化（hominization）中起的重要作用，正如恩格斯在《自然辩证法》（*Dialectics of Nature*）手稿中，“劳动在从猿到人的转变中起的作用”（The Part Played by Labour in the Transition from Ape to Man）的章节描述的，但这篇文章中还缺少哲学解释。

② 康吉莱姆，《生命的知识》，第62页：“如果生机论解释了生物中生命永久的迫切需要，机械论则解释了活人对生命的永久态度。这里的人是被科学从生命中分离出来的生物，人又试图通过科学回归生命。如果说作为迫切需要的生机论是模糊的、未形成的，那么作为方法的机械论便是严格的、专横的。”

③ 康吉莱姆，《对阿兰就艺术创作的说法的反思》（Réflexions sur la création artistique selon Alain），见《全集》，第4卷，第415—425页。

④ 同上，第429页。

⑤ 同上，第433页。

复了一种柏拉图主义。阿兰明确否定了柏拉图主义,却又主张要固定形式,柏格森也拒绝了错误与无物(*néant*),因为无物是一种错误。正如勒布朗指出的,阿兰和康吉莱姆想理解[178]“在不适应、错误和偏差的威胁下”的力,①这在柏格森的思想中却不怎么重要:“在生活和艺术中树立力的概念(**生命冲动**)和它关于实在的本体论、排除非存在和虚无的做法,使力的误用变得不可能。如果生活和艺术中有好的生产和发明,那么就没有损失、错误或失败的位置——这是全部的问题所在。”②

这或许会让我们想起巴谢拉的批评,即“在创作演化史诗时,柏格森无疑只好把意外忽略掉”。巴谢拉提出建立一种“以意外为原则”的学说,因为他认为真正的创造性演化只有一条普遍法则——“每次演化尝试的根源处都藏着意外的法则。”③这不是说柏格森的思想中没有偶然性。事实上,柏格森强调了偶然性在演化中的重要作用,因为是偶然性给演化的路途引入了分叉。但柏格森没有把意外问题当做主题考察,也是事实,因为他优先考虑作为统一中的众多性的绵延。如果“损失、错误和失败”对柏格森来说不是问题,那是因为他也拒绝了适应的观念。这里,**适应**(*adapta-*

---

① 同上。

② 勒布朗,《康吉莱姆与人的生命》,第 215 页:“En forgeant le concept de force (élan vital), tant dans la vie que dans l'art, son ontologie du réel, excluant tant non-être ou tout vide, rend impossible l'usage erroné de la force. S'il y a bien production et invention dans la vie comme dans l'art, il n'y a pas pour autant, et c'est tout le problème, place pour la perte, l'erreur ou le raté.”

③ 巴谢拉,《瞬间的直观》,第 13 页。

tion)指的是生物体协调它的各个器官,以应对环境变化的能力。[①] 柏格森批评适应为机械论和终极论的体现,[②]因此对他来说[179]不存在**适应**。对康吉莱姆来说,从生物学的角度看也不存在适应,因为**不适应**只意味着简单的抹除;但可以讨论社会性的不适应。[③]

如果我们听从勒布朗的说法,认为柏格森走得还不够远,没能接受失败和错误的必要性,那么正如福柯所说,在康吉莱姆那里我们会发现错误是"永久的偶然性[*aléa*],围绕着它,生命的历史和人类的生成缠绕在一起"。[④] 他在理解病理逻辑时,讲到了错误或偶然性,因为异常或不规则性是生命不可或缺的一部分。正如康吉莱姆在《正常与病态》(*The Normal and the Pathological*)中说的,"不规则性和异常性不是被当

---

① 这与演化论中所谓的**适应主义**(*adaptationism*)略有不同,适应主义认为器官能自我适应以发挥最好的作用,这意味着功能优先。它假定器官的功能是物种演化的指示标志。为了把演化过程解释为一个完美化、复杂化的过程,人们会问"脊椎动物的静脉瓣膜起什么作用?",参见大卫·普林德尔(David F. Prindle),《史蒂芬·杰伊·古尔德与演化的政治》,纽约州阿姆赫斯特:Prometheus Books,2009年,第110页。与适应主义的演化论相反,还有形式主义的演化论,认为形式优先于功能,先产生形式,随后有机体可能会发现它的用法。

② 在《创造进化论》第63—68页中,柏格森拒绝了达尔文作为自然选择的适应的观点,适应的过程带走了不适合的东西,但没能完全解释有机体的复杂性。他也拒绝另一种适应的观点,即认为内容必须与环境相适应。在有机体中,人们找不到"先行存在、等待着物质的形式"。在柏格森看来这两种关于适应的假设都只能解决几何式的问题。

③ 康吉莱姆,《不适应性,一种社会现象》(L'inadaptation, phénomène social),见《全集》,卷4,第1059页,在1963年12月于巴黎举行的"不适应性,一种社会现象"研讨会上发表。康吉莱姆指出,被理解为作为有机体及其环境之间的机制的适应,不能直接应用于社会分析,因为"社会不是一种环境"(第1055页)。

④ 福柯,《生命:经验与科学》,第14页。

作影响个体的意外，而是个体的存在”[1]——或者，用他引自加布里埃尔·塔尔德(Gabriel Tarde)的话说，“正常是怪异的零度”。[2] 奥古斯特·孔德和克劳德·伯纳德[3]坚持生理学与病理学的同一；换句话说，病理学是超出了正常的极大和极小值的东西，正常是生理学的研究主题。[4] 康吉莱姆质疑了生理学与病理学的等同，他通过重新定义病态，坚持了病理学是从生理学中衍生出来的观点。[5] [180]病态不是规范或秩序的缺乏，而是规范偏离了健康，因此对立并不存在于正常和病态之间，而是在病理学与健康之间：[6]

健康的特征是能够容忍规范的变化，只有情境和环

---

① 康吉莱姆，《生命的知识》，第125页。

② 同上，第127页。

③ 奥古斯特·孔德和克劳德·伯纳德的传统可以追溯到弗朗索瓦·布鲁赛(François Broussais)和布朗的应激理论的影响，我们就谢林的一般有机体概念简要讨论过他们。

④ 这种观点使伯纳德主张“生理学和病理学是交织的，本质上是一种东西”。伯纳德在后来的一段话中表示，“健康与疾病并不像古代医生和现在的从业者仍然认为的那样，是两种本质上不同的模式……事实上，这两种存在模式之间只有程度的区别：夸大、不成比例、不协调的正常现象构成了患病状态”。见克劳德·伯纳德，《关于糖尿病与动物糖元生成的课程》(*Leçons sur le diabète et la glycogénèse animale*)，第56页；引自乔治·康吉莱姆，《正常与病态》，纽约：Zone Books，1991年，第64页。

⑤ 康吉莱姆，《正常与病态》，第76页。康吉莱姆注意到，伯纳德对病理学的定义中混淆了定性与定量，这引向他的问题：“疾病的概念是一种定量科学知识能处理的客观现实的概念吗？”他在第79页指出，量化在很大程度上是基于机械模型的：“阈值是屏障，调节是安全阀、伺服制动器或者恒温器。”

⑥ 康吉莱姆，《生命的知识》，第131页。“我们不能说‘病理’概念在逻辑上与‘正常’概念相矛盾，因为处于病态的生命也不缺乏规范，而是存在着其他的规范。严格地说，‘病理’是‘健康’在活力方面的对立面，但在逻辑上不与‘正常’矛盾”。

> 境的稳定性——它表面上有保障,实则必然总处于不稳定中——才能给“明确的正常性”赋予欺骗性价值。只有当一个人能胜任几个标准,当他不仅是正常时,才是真的健康。衡量健康的标准,是一种能克服有机体危机,建立新的、与先前的不同的生理秩序的能力。健康是一种能生病并康复的难得特质。①

正如一些作者指出的,康吉莱姆明显受到了科特・戈德斯坦的影响。戈德斯坦拒绝一切对常态和健康的统计学定义,而是考察他所说的“个体规范”:“在此只有一种有效的规范;它包括整个具体的个体性,以个体为它的尺度,因此它是个人化的个体规范。”②每种疾病都意味着一次适应环境的新过程,这将产生新的个体规范。怀着同样的态度,康吉莱姆主张“可以这样区分病态:它是一种只发生在有机总体层面上的正常状态的改变”。③ 在糖尿病的问题上,康吉莱姆质疑伯纳德的观点,后者认为糖尿只是血糖的一种功能,而肾脏通过恒定的阈值发挥功能,康吉莱姆则引用更新的研究,表明肾脏阈值不是固定和静态的,而是可变的,它取决于个体的具体情况。④

---

① 同上,第 132 页。

② 引自吉恩・盖恩(Jean Gayon),《康吉莱姆生物哲学中的个体性概念》(The Concept of Individuality in Canguilhem's Philosophy of Biology),《生物学史杂志》(*Journal of the History of Biology*),31,第 3 期,1998 年,第 310 页;出自科特・戈德斯坦,《有机体的结构》,拉海耶:Nijhoff,1934 年,第 269 页。

③ 康吉莱姆,《正常与病态》,第 87—88 页。

④ 同上,第 79 页。

§31　诡异的火

[181]病态的定义是有机体适应环境能力的减弱。一个健康的有机体能适应各种环境，并采纳环境中的某些元素来强化自己，而病态的有机体只能适应某种特定的环境来维持其内部的环境。另一方面，在戈德斯坦和德国动物学家雅各布·冯·魏克斯库尔(Jacob von Uexküll)的启发下，康吉莱姆坚持认为应该把有机体及其环境作为一个整体来考虑。康吉莱姆援引戈德斯坦的观点，即生物学"必须关注存在和倾向于存在的个体，也就是说，个体试图在给定的环境中尽可能发挥其能力"。① 环境(milieu or environment)问题跨越了器官学的两个维度(在这里我们遵循安德烈·勒鲁瓦-古汉的说法)：一方面是器官的外化和解放，另一方面是环境被内化(*interiorization*)为一个有机整体："环境是正常的，因为生物在那里能活得更好，能更好地维持它自己的规范。说一个环境是正常的，意思是生物能为了自己的好处利用它。它只是在形态学和功能规范方面被称作正常。"②

递归性是在生物及其环境之间建立的规范的机制。它不只是像机械定律那样被强加于人，而是斯宾诺莎主义的"内在因果"。因此，我们便能理解为什么皮埃尔·马舍雷(Pierre Macherey)在评论康吉莱姆时称，存在规范的内在因果，它是从受其支配的主体中产生的。③ 当发生的事件超过规范能够

---

① 康吉莱姆，《生命的知识》，xix。

② 康吉莱姆，《正常与病态》，第142页。

③ 朱利安·皮耶伦(Julien Pieron)，《规范哲学的批判性与政治性维度》(Critical and Political Stakes of a Philosophy of Norms)，(转下页注)

正常化的能力范围时,规范就会发生变化。疾病——如果看作是这种偶然事件——会导致新规范的建立,这是有机体与环境的新关系的建立。当然,症状或许需要一段时间才会出现,但对病人来说,它似乎是个突然的事件,打断了先前的常规和和谐。生理和心理疾病都产生于[182]无法适应和接纳现有环境的无能为力。[①] 通过技术的协助开始新一轮适应的递归过程,是理解生命的必要条件:

> 疾病恰恰在它剥夺了我们的正常功能的运作时,向我们揭示了这些功能。疾病是生命通过人对生命投以思辨关注的来源。如果说健康是在器官的沉默中的生命,那么严格地说,不存在健康的科学。健康是有机体的无辜状态。它必然像所有的纯真一样消失,这样知识才有可能。生理学像所有的科学那样,如亚里士多德所说,起源于惊奇。但是真正重要的惊奇还是疾病造成的痛苦。[②]

如果在生物哲学中,有机体表现为一种包含了有机体、它的工具和环境的有机形式,那么有机体就总是已经和其他有机、无机存在一道,在自身之外了,同时它也依赖于有机体规定这种有机整体的边界的能力,就像蜱虫通过过滤它的周围

(接上页注)见《生命的关怀:生物伦理学与生物政治学的跨学科视角》,米格尔·德·比斯特吉等人编,伦敦:Rowman & Littlefield,2015 年,第 101 页。

① 康吉莱姆,《正常与病态》,第 184—185 页。

② 同上,第 101 页。

环境(Umgebung, surroundings)来定义其内部世界(Umwelt,内化的外部环境)的动态。但人不是蜱虫,人也用工具组织他们的环境——这也是一次病理旅程的开始。事实上,人不仅改变他们的环境,还建立了全新的环境——比如工业革命期间工厂的出现。有机身体对机械机器的屈从产生了一种不适,不适源于对机器的节奏和操作的强制适应,因为根据机器进行的分工也是对知识和身体有机性的碎片化。有没有可能扭转这种局面——也就是说,让机器服从于有机身体?柏格森认为人类的意识使他们能摆脱机械主义的束缚,因此他提出"用物质——即必然性本身——创造一种自由的工具,**制造一种能战胜机械主义的机器**"。[①] 在《机器与有机体》的最后一段评论中,康吉莱姆引用了社会学家乔治·弗里德曼(Georges Friedmann)[183]对工业机制的批判,以及研发一种新的工作模式、使机器适应于人的有机体的想法:

> 弗里德曼认为,发展一种使机器适应人的有机体的技术,是一场不可避免的革命。在他看来,这种技术是对经验过程的科学再发现,原始民族通过这种过程,试图让自己的工具适应于有效且在生理上节约的活动的有机规范——这种适应活动把积极价值置于对运作中的有机体的技术规范的评估中,有机体会自动保护自己,免于让生理性从属于机械性。[②]

① 柏格森,《创造进化论》,第288页。

② 康吉莱姆,《生命的知识》,第96页。

弗里德曼认为,泰勒制(Taylorism)带来的人机适应过程是对工人的固化,他认为应当把工人对泰勒制的反抗同时理解为生物性和社会性的捍卫——或者说是对健康的捍卫。因此,这种适应情况要求建立人与机器的新关系,使工人从生物屈从于机械的状态中解放出来。我们的首要任务不是把弗里德曼的判断放入劳动史并详细讨论,但值得注意的是,他的提议呼应了同时代的许多技术理论家,其中包括深受怀德海影响的刘易斯·芒福德(Lewis Mumford)。但今天我们知道,工作条件不是器械适应于有机体,而是机器本身正变得有机化——这种新的辩证法正走向技术系统的全体性。维纳关于牛顿力学和伯格森生机论的对立已经过时的观点,标志着一场认识论革命的开始,这场革命将有效地把人和机器整合进诸多反馈回路中。马克思在《资本论》中描述的自动化形式已经不是我们在今天的工厂中常见的那种。自动性不再是重复,而是递归。在有关未来智能城市、人工智能、机器学习、纳米技术、生物技术等的设想中,递归性操作得到体现。我们已经指出,递归内在于适应过程中,它是本体论性质的,但我们也见到,递归在这个过程中成了一种社会和技术性的**惯常操作**(*modus operandi*)。考虑到递归算法正作为主要的适应模式被执行——德勒兹称其为控制社会(societies of control)——生物哲学也像自然哲学那样,[184]面临着它的极限。[①] 同时,也存在着一种被超人类主义政治(如人体增强、基因工程)强制施行的人工选择(而非自然选择)。

---

① 我们无法在这里详细讨论这一点:比如出于宣传和消费目的对互动环境的建构、面部识别技术在各处的普遍运用,以及在建筑中使用互动混凝土(interactive concrete)。

如果我们想认真看待维纳的论点，即机械论和生机论的对立在控制论中被消解了，并把这视为自黑格尔哲学以来的形而上学完成的标志，那么哲学——作为递归思维的最高形式——还能以什么方式思考呢？当然，我们可以追随海德格尔，说这是哲学的终结，但为了使用并超出海德格尔的哲学概念进行思考，思维必须认定一种新的条件，使摆脱反馈回路的封闭性的转变在此条件下成为可能。可以把康吉莱姆的生命概念理解为这样一种思想：它超越了黑格尔主义对哲学概念和系统概念的等同，把系统放回生命中。[①] 如果说通过康德，有机概念被看作哲学对抗机械论和决定论的武器，以及对世界主义政治的渴望，那么如今我们正面临一种截然不同的情况：首先，机械的正在采取有机的形式；其次，它盖过了生物进化。在这种情况下，我们不得不重新评估思维，反对一切趋于封闭的倾向——我们将在下一章**组织性的无机**中开展这项任务。

① 见康吉莱姆，《黑格尔在法国》(Hegel en France)，《全集》，第4卷，第322页。文中，康吉莱姆指出马克思和克尔凯郭尔的计划有一个共同的目标，即拒绝这种等同，他们都反对把对世界的判断与黑格尔体系的判断等同起来的诱惑。

第四章
组织性的无机

如果你没有预料到出乎预料之物，你就不会发现它……

——赫拉克利特，《残篇》18

[185]我们比以往任何时候都更生活在控制论的时代，因为装置和环境正成为有机性的。环境积极地参与进我们的日常活动中，而全球性智能化的出现恰恰意味着，递归性将构成我们未来环境的主要运算与操作模式。配备大数据的算法递归性，将深入人体器官和社会器官的方方面面。技术参与的模式从根本上说是环境性的，它同时也改变着环境。这一章将讨论一种更详细的器官学，和进一步推进它的必要性。我认为，有必要先考察人机关系中的递归性和连续性问题，才能充分阐述环境有机化的意义——讽刺的是，环境从一开始就是有机的。正如西蒙东准确观察到的，**环境技术**（*milleu-technics*）是文化技术的一般性操作。可以通过畜牧业的例子来理解西蒙东的文化技术概念，在

畜牧业中，技术作用于环境，而不是直接作用于生物。[1] 我们可以把后人类条件理解为通过技术系统的操作(即环境技术)，实现的大规模人类驯化，正如[186]彼得·斯劳特戴克(Peter Sloterdijk)在他的文章《人类动物园法则》(Rules for the Human Zoo)中描述的——就像古代圈养家畜那样。[2] 目前阶段的标志是从通过发明工具实现自我驯化，到通过调节外部技术环境实现对群众的大规模规定。这种全球性驯化远超出了先前通信技术——电信、广播、电视，乃至20世纪的互联网所能产生的效果。环境的智能化和系统化是一种更先进的环境技术，它与控制论运动悄无声息的延续密切相关。[3]

在畜牧业的例子中，人通过把技术应用于初级自然，发展出了第二自然，它像德日进所说的理智圈那样包裹着地球。畜牧业耗尽了动物、植物和环境的潜力，文化技术则让第二自然持续产生，正如西蒙东观察到的："人们可以说，文化通过对环境的管理，开创了第二自然的起源，畜牧业脱离

---

① 吉尔伯特·西蒙东，《论技术》(*Sur la technique*)，巴黎：PUF，2013年，第317页。

② 彼得·斯劳特戴克，《存在的驯化：对澄清的澄清》(The Domestication of Being: The Clarification of the Clearing)，见《未被拯救：海德格尔之后的论文》(*Not Saved: Essays after Heidegger*)，第100页。伊恩·亚历山大·摩尔(Ian Alexander Moore)和克里斯托弗·特纳(Christopher Turner)译，伦敦：Polity，2017年，第89—148页。

③ 埃里希·霍尔(Erich Hörl)，《一千种生态学：控制论化的过程与一般生态学》(A Thousand Ecologies: The Process of Cyberneticization and General Ecology)，见《整个地球：加利福尼亚与外部的消失》(*The Whole Earth: California and the Disappearance of the Outside*)，迪德里奇·迪德里奇森(Diedrich Diederichsen)和安塞姆·弗兰克(Anselm Franke)译，柏林：Sternberg，2013年，第121—130页。

了一切自然,它把自然带进一个对衍生出的物种来说的超级死胡同。”①

20 世纪的有机主义和器官学,可以部分被看作是把这第二自然整合进身体与文化的有机性的努力。奇怪的是,这也包括德国的国家社会主义——它试图把浪漫主义与工业主义结合起来,以构建民族主义意识形态。② 西蒙东提出了另一种[187]重新考察技术对象,来克服文化与技术的对象的对立的方法。他本人从未用过**器官学**一词,但正如我们在上一章提到过的,纪尧姆·勒布朗已经指出,器官学是康吉莱姆和西蒙东的共同主题。我们也必须提醒自己,西蒙东受到控制论尤其是反馈概念的影响很大,他也受到督导他的补充论文《技术对象的存在模式》的康吉莱姆的影响。因此,递归性是西蒙东对技术对象的探讨的核心。我们将看到他的某种隐含的器官学,是如何在贝尔纳·斯蒂格勒的作品中得到进一步拓展与补充的。在西蒙东和斯蒂格勒之间,我们也能找到处理偶

---

① 吉尔伯特·西蒙东,《艺术与技术》(Art et Technique),见《论技术》,第 317 页。

② 比如约瑟夫·戈培尔(Joseph Goebbels)在《德意志技术》(*Deutsche Technik*,1939 年 2 月 17 日柏林汽车展开幕式上的讲话)中写道:“我们生活在技术的时代。这个世纪节奏的加快影响着我们生活的各个领域。几乎没有任何活动能够逃脱它的强大影响。这无疑会产生一种危险,即现代技术可能会让人类失去灵魂。国家社会主义从不拒绝或反抗技术。它的主要任务之一毋宁说是有意识地肯定它,在内部用灵魂填充它、规范它、取代它以造福我们的人民和他们的文化水平。过去,国家社会主义的公开声明常常谈到我们这个世纪钢铁般的浪漫主义。如今这个说法已经完整实现了它的含义。我们生活在一个既浪漫又如钢铁般的时代……国家社会主义懂得如何使用没有灵魂的技术框架,并用我们这个时代的节奏和激情来填充它。”引自唐·伊德(Don Ihde),《海德格尔的技术:后现象学视角》(*Heidegger's Technologies: Postphenomenological Perspectives*),纽约:Fordham University Press,2010 年,第 11 页。

然性的两种不同方式。西蒙东的偶然性问题仍然接近自然哲学，在自然哲学中，偶然的相遇是或许能引发进一步个体化的信息源。而对斯蒂格勒来说，偶然性问题更接近艺术的创造性。正如我们所料，他们两人的差异是由于在西蒙东的个体化理论中，自然依然是个重要因素，而对斯蒂格勒来说，**自然**这个词已经被赋予了过多的含义；通过放弃**自然**这个词，斯蒂格勒抛弃了纯粹的第一自然而看重第二自然，后者是一种技术化的自然，一种在它之中什么都不自然的自然。[1]

§32　普遍控制论，一般流程学

在第三章中，我们看到了生命的概念如何与适应紧密相关，适应是进化和动物行为理论的核心。西蒙东指责适应的概念与形质说类似，也就是说主体必须服从环境，就像古人对物质和形式的处理方法一样：惰性物质通过被归入一种形式而获得身份。在《以形式和信息观念重新理解个体化》(*L'Individuation à la lumière des notions de forme et d'information*)一书中，西蒙东批评了社会学家库尔特・勒温(Kurt Lewin)基于[188]对物理学场论和数学拓扑的应用的群体动力学理论。西蒙东批评了勒温理论中的几个弱点。

---

① 贝尔纳・斯蒂格勒，《从力比多经济到心灵生态学，与弗莱德里克・内拉的访谈》(De l'économie libidinale à l'écologie de l'esprit. Entretien avec Frédéric Neyrat)，《诸众》(*Multitudes*)，第 24 期，2006 年 1 月："我对自然这个词很警惕，因为它充满了文化与技术的对立，而我并不喜欢对立的模型。"(Je me méfie du terme de nature, parce qu'il est surchargé d'oppositions à la culture et à la technique, et je n'aime pas les modèles oppositionnels.)

在这里我们没办法说明所有的细节，但可以试着通过三个要点理解它。首先，勒温的分析建立在适应的范式上，即个体应当适应群体，群体呈现为一个力场。第二，强调这种基于力场的适应，妨碍了我们把**存在**理解为连续的个体化操作。① 第三，生命空间（一个人的经验和需求的场所）已经个体化了，也就是说它已经是一种解决方案，因为这种作为力场的再现，没有考虑到不同数量级下的迥异性（或不对称、不相容性）。我们可以这样总结西蒙东的批评：他认为勒温把个体化简化成了社会适应，勒温基于拓扑学和场论的方法不足以表达个体化的动力学。相反，西蒙东建议我们通过探讨控制论中的信息概念，理解个体化过程。

现在，我们希望更准确地理解西蒙东如何用信息概念，同时拒绝了形质论和实体论。这样他也用关系取代了物质，把偶然性引入关系的结构和运作中。按照西蒙东的说法，这两种古老的个体化理论都假定了一种先于个体化存在的个体化原则（它基于已经个体化的要素，如形式和原子）。它无法解释个体化，因为这种原则所假定的要素也必须得到解释。信息则提供了一种适用于各种数量级的概念工具，无论是电子的微观层面还是蒸汽机的宏观层面。偶然事件将信息带入系统，对系统的某些要素或整个系统产生意义，从而触发新的个体化过程。因此西蒙东在他关于个体化的书的结尾处主张，“发现意义与集体的任务，是服从于偶然[*hasard*]的”。② 如果不进一步解释，服从于偶然这种说法还是个[189]含糊的哲

---

① 吉尔伯特·西蒙东，《以形式和信息观念重新理解个体化》，格勒诺布尔：Éditions Jérôme Millon，2005 年，第 209 页。

② 同上，第 303 页。

学命题。这种把个体化置于偶然性或巧合概念上的做法，可能会模糊对个体化的理解。

我想主张，西蒙东在《论技术物的存在模式》中，试图把这种偶然性概念整合进技术组织。正如存在好的无限性和坏的无限性，同样也存在好的偶然性和坏的偶然性：运气或灾难。应当按照机器组织处理这些不同的偶然性概念及其分类的能力，来评价它们，而不只按照自动化。最重要的组织形式之一，是西蒙东所说的**开放机器**（*open machine*）。开放机器有不确定性余裕（margin of indetermination），这意味着它不会对“纯粹的巧合”（例如噪音）不敏感。没有不确定性余裕的放大器无法处理噪音，因为它会像处理需要的信号那样把噪音放大，仿佛它们是理想的信号。相反，有不确定性余裕的放大器能削弱这些噪音，不把它们放大，从而容忍噪音。一台对信息敏感的机器能分辨不同模式的声波，因此可以把不规则的声波消除，让规则的声波通过。实现这一点可以有不同的方法。最直接的是建立一种能根据噪音的不规律性过滤它的机制，但这可能也会消除需要的声波；因此，最理想的情况是有一个控制这个学习过程的反馈机制。西蒙东那时还太早，无法预测到20世纪末才出现的机器学习。他显然受到了控制论，尤其是反馈概念的极大影响。西蒙东在控制论中看到了对实证主义（孔德）和批判（康德）两方的修正，他称之为**现象主义的客观主义**（*phenomenalist objectivism*）。实证主义倾向于使结构优先于操作，并把对操作的研究排除出科学领域。另一方面，批判——尤其是康德的前两部批判——则把知识同行动拆分开。[①] 在现象

① 西蒙东，《控制论的认识论》，见《论哲学》，第178页。

主义的客观主义中，结构与操作的分离是通过反思把它们统一起来的准备。在实证主义中，综合发生在人性(humanity)之中，人性成为“规范性的绝对原则；①[190]在康德的批判中，它在敬重[*Achtung*]中表现出来”。② 显然，西蒙东在这里指的是康德的第三批判，第三批判充分阐述了反思性判断，试图把它当作前两部批判的统一。由于控制论继承了这种反思性思维，西蒙东称，康德只有把控制论放入《判断力批判》，才能处理它。③ 对西蒙东来说，控制论指明了新的认识论，必须把它与笛卡尔的认识论区别开。正如他在许多地方重复强调的，“自动性不是控制论”，“机器人与控制论无关”。④ 西蒙东称笛卡尔主义和控制论的推理形式是两种不同的认知图示：一种是线性的，基于逻辑命题，另一种则基于**循环因果**(*recurrent causality*)。

循环因果(*causalité récurrente*)是一种回到自身以作用于自身的因果关系——这是西蒙东有时称作**内部共振**(*internal resonance*)的**反馈**的一种转译。⑤ 循环因果是递归的。正是在这个意义上，西蒙东称那些具有由循环因果构建起来的环境的技术对象为**技术个体**(*technical individuals*)——它与技术**要素**(*elements*，如齿轮、二极管、三极管)和技术**集合体**(*ensembles*，如实验室或工厂)形成对比。这种回归自身以决定下一步行动的能力是“生物”意义上的“个体”标准。循环因

---

① 同上，第179页。

② 同上，第180页。西蒙东认为，在人性的统一的方面，康德和孔德是一样的，他们唯一的区别或许是，这种统一在康德那里体现在个体中，在孔德那里体现在社群中。

③ 同上。

④ 西蒙东，《控制论的认识论》，见《论哲学》，第43、45页。

⑤ 同上，第47页。

果的确涉及反馈,但它岂不是也呼应着我们在上一章讲到的,维纳对牛顿主义和伯格森主义时间的对立的批判吗?如果牛顿机械论和伯格森生机论的对立被扬弃了,那是因为确立了第三种,即有机主义形式的组织,它既保存了前二者,又提升了它们的潜力。

器官是能自我调节的。器官的起源中有一种聚合(convergence)的努力,它试图系统地把器官与其他器官,以及作为整体的身体结合在一起:

> [191]需要通过一项重要的工作[une œuvre de vie],超越被给定的现实和它目前的系统化,走向新的形式,这些新形式只是由于它们共同存在并构成一个系统,才能保持自身;当一个新**器官**在进化的序列中出现,它只有在实现了系统的、多功能的聚合的情况下,才能保持自身。**器官是它自身的条件。地理世界和现有技术对象的世界,也以类似的方式进入一种关系——其中具体化是有机的,它通过这种关系性功能规定自身。**[①]

这是西蒙东在《论技术物的存在模式》中讨论"有机"具体化的唯一一个段落。说器官成为自身的条件是什么意思?这意味着它位于一个与其他部分互相关联的系统中;它让自身适应系统的同时也改造系统,这反过来又成为进一步的操作模式的条件;它通过整个有机系统的反馈,成为自己的条件。在一

① 吉尔伯特·西蒙东,《论技术物的存在模式》,明尼阿波利斯:Univocal,2017年,第58—59页;重点由本书作者所加。

篇题为“控制论与哲学”(Cybernétique et philosophie，1953)的预备性文章中，西蒙东用**整体性**(*holique*)一词来描述控制论的这种组织形式。[①] 我们可以用他最喜欢的一个例子——他在前面那个关于地理世界和技术物世界的关系的段落结尾处，提到的甘巴尔引擎(Guimbal engine)——来概括这种“有机”技术思想。甘巴尔引擎是一种利用河流作为驱动力和冷却剂，以减少焦耳效应造成的过热(可能会烧毁发动机)的涡轮机。河流和涡轮机成为一个有机功能统一体。在这种情况下，河流是涡轮机的关联环境(associated milieu)。关联环境对涡轮机的有机结构至关重要，因为它允许循环因果发生：当水流增强，涡轮机也产生更多的热，而由于水流更快，它也能更有效地把热带走。

西蒙东和维纳一样，都意识到了技术物正“变得有机”：就像他说的，“由于具体化技术物的存在模式，与自然自发产生的对象类似，人们可以合理地把它们看作自然对象；换句话说，可以对它们进行[192]归纳研究”。甘巴尔引擎是循环因果产生整体性组织的一个很好的例子。西蒙东和维纳都在思考机器变得有机的可能性，后来冈瑟又将其进一步阐述为自我意识。然而，我们也应该公正地看到西蒙东试图超越维纳和艾什比控制论的努力。控制论为科学指出了一个新时代，但对西蒙东来说，维纳 1948 年的著作《控制论》就像笛卡尔的《论方法》，还没有完整地规定控制论的方法。因此西蒙东认为，最紧要的任务是重新阐述一种控制论思维，他称之为**一般流程学**[②]：

---

① 西蒙东，《控制论与哲学》，第 43 页。

② 西蒙东，《控制论的认识论》，第 197 页。

> 作为控制论和实证主义的综合的这第三个学科，将不仅是知识的价值论，也是关于存在的知识：它将规定操作与结构的真正关系，结构中的操作、操作中的结构以及同一系统中的结构转换的可能性。这是该学科涉及的范围；它将同时是科学的和哲学的，我们称之为流程学。①

西蒙东把维纳的控制论——我们也可以把贝塔朗菲的一般系统论和李约瑟等人的有机主义算在内——理解为一种操作的数学。在上面这段引文中，西蒙东似乎暗示说控制论使操作优先于结构。但这种说法不太合适，因为一切系统都预设了结构。说深受贝塔朗菲影响的控制论忽视了结构，也没有什么意义。我们只有到了本章的结尾才能理解西蒙东超越控制论的真正贡献。目前我们可以说，一般流程学的核心在于一种结构和操作的转换的理论。维纳暗示的机器和有机体的等价性在西蒙东看来有问题。根据对有机体的某些行为的研究而发明的控制论机器，相比有机体只有**功能的等价性**（*functional equivalence*），但不一定是**操作的等价性**。[193]比如，阿尔法围棋可能具有和围棋世界冠军相同的功能，但却不一定有相同的操作。功能等价性与其经济价值密切相关。马克思在他对机器的经济分析中没有区分操作和功能，一般智能（*allgemeiner Verstand*）依然是范畴分析的功能等价物。因此我们看到，人工智能的功能等价性带来了大规模失业的威胁。一般流程学在某种意义上是一种一般控制论：它旨在超越特殊的或具体的控制论（如心理学和社会学），设想一种

① 同上，第189页。

操作和结构不断相互作用的起源。它不仅是一种知识价值论，也是存在的知识——即个体发生学或本体价值论（onto-axiology）——这意味着它统一了行动与价值、操作与结构。新价值的出现取决于一个成问题物的存在，因为这个成问题物表现出一种不相容性，为了达到**作为**相容性的新稳态，不相容性必须被解决掉。于是西蒙东称“价值论功能因此是整体系统的结构调整的一个方面”。[①] 价值论的功能既是外在的，也是内在的，就像希腊城邦中的公民和公民政体一样，构成一个整体的结构和操作。[②]

§33　心灵与集体个体化中的递归性

一般流程学是西蒙东个体化理论的核心思想。操作和结构的转换需要一种它们参与其中的起源。个体化是个递归过程，它的动力学是相互的（各部分之间）和整体的（作为一个整体）。在这里，我们想提出的问题是：在这种流程学思维中，技术的作用是什么？偶然性与技术的[194]关系是什么？《以形式和信息观念重新理解个体化》一书，是根据控制论指明的新认识论，重新理解存在与生成问题的尝试。它还不是一篇器官学论文，而是自然哲学论文；也就是说，它还不涉及人与机器、机器与世界的关系。相反，我们想指出西蒙东是在《论技

① 西蒙东，《控制论的认识论》，第63页。

② 同上，西蒙东指责柏格森没有试图为价值论中的道德的两种来源建立更深刻的关系。我们已经看到，整体或有机结构在柏格森哲学中发挥着根本的作用，柏格森思想中无处不在的二元论只是迈向有机统一的其中一步。

术物的存在模式》一书中提出了器官学思维，但这种思维在他的主要论点中几乎找不到，因为在他的个体化理论（涉及物理存在、生物和心灵存在）中，技术还没有成为主题。从两种意义上，可以说这种思维是器官学的。首先，技术是成为**先验**存在的**后验**存在：比如，记忆是经验性的，因此是**后验**的，但一旦被记录下来，它就成了**先验**的，因为它成了新的经验的条件。[①] 其次，个体和集体处于一个有机整体中，它们不能像鱼和水那样被分开；这种有机的部分—整体关系是个体化理论的条件。

现在，我们将试着找出递归性在西蒙东以个体化为例的流程学中的作用。我们可以把人类的个体化理解为两种现实或结构——心灵和集体——之间交流与变换的操作，它始于某种成问题的东西。我们或许可以把问题的解决理解为占据目的或**终极目的**的位置。西蒙东指出，心理主义和社会学主义都犯了一个致命错误，它们都试图把心灵和集体这两种现实实体化，使它们互相对立。从任何一个极点出发的分析都有局限性。这种实体化的倾向产生于想把握人的本质的愿望。[②] 心理主义认为社会是个体内部活动的投射，而不考虑个体内部的张力；社会学主义则从外在性角度把个体视为产物，而不考虑

---

① 当然，西蒙东不是第一个谈到这个问题的人：恩斯特·卡西尔已经讨论过康德式先验没能涵盖的作为综合的符号形式，康拉德·洛伦兹（Konrad Lorenz）则把康德的先验解释为系统发生（phylogenesis）的后验，见康拉德·洛伦兹的《当代生物学视角下的康德先验学说》（Kant's Doctrine of the A Priori in the Light of Contemporary Biology），《一般系统，一般系统研究学会年鉴》（*General Systems. Yearbook of the Society of General Systems Research*），7，1962 年，第 23—35 页。

② 西蒙东，《以形式和信息观念重新理解个体化》，第 289 页。

个体的能动性。[195]在西蒙东看来，个体和社会不是实体性的现实，而是**关系的集合**(*ensembles of relations*)。

西蒙东认为，个体化同时既是心理的也是集体的。这意味着我们不能把心理的与集体的分开，因为心理的总已经是超个体的了。生物的这种超个体关系体现为感知和行动的交互，问题通常是由情感作用(affectivity)的介入解决的。① 当情感作用不能成功解决问题时，心理性因素就会干预，这时情感作用就只好放弃它在个体化中的核心作用。② 在西蒙东看来，心理方面的问题不能从"个体基础的层面"(infra-individual level)被解决，因为"心理生活超出了前个体而走向集体"。③ 为了理解他的意思，我们可以以孤独为例。孤独不是断绝一切同世界的关系；相反，在某种意义上说它是超个体的，因为它总在寻找一个外部，不然就只剩下孤立："真正的个体是经历过孤独的个体；他在孤独之外发现了超个体关系的存在。个体通过被施加于他的考验[épreuve]，发现了关系的普遍性，这考验就是孤立。"④

西蒙东引用尼采《查拉图斯特拉如是说》中走钢丝者的例子：他跌到地上之后被人群抛弃了。查拉图斯特拉对他产生了情感，把尸体扛在肩上带走埋葬。西蒙东写道："正是通过查拉图斯特拉面对一个被人群抛弃的死去友人的孤独，超个体性的考验开始了。"⑤与走钢丝者的这次相遇——或者更好

① 同上，第165页。
② 同上。
③ 同上，第166—167页。
④ 同上，第280页。
⑤ 同上。

的说法是，与这个意外事件的相遇——开始了对通往新个体化的超个体性的发现。这种超个体性由内在和外在两个极点构成，它们构成了一个递归运动：外在的内化和内在的外化。[1] 这恰恰意味着，就像在记忆的例子里，[196]**后验**的变成了**先验**的——不是严格意义上作为先验性(transcendental)的**先验**，而是说它成了选择的条件或标准。

心理和集体的个体化是通过这种递归性实现的，正是在这个意义上，我们可以理解集体不能与心理分离，反之亦然。相比西蒙东用来描述物理个体化的结晶化过程，递归模型能更好地表达心理和集体的个体化。结晶化的类比是有限的，因为像晶体和过饱和溶液这样的物理存在具有较低的潜力，它的行为能力也相当有限，而行为或运动对心理和集体的个体化来说是最原初的。一个心理存在不会像溶液那样等待，直到变得过饱和。相反，它会不断寻找信息，以维持或减少它的熵，而这种寻找源于过剩(excess)，或者海德格尔意义上的**绽出**(*ekstasis*)。西蒙东在结晶化中指出的那些作为个体化的模式的要素仍然有效——例如前个体(个体化在其中发生的现实)、迥异性(正在个体化的系统中的张力)，以及亚稳态(问题的解决的标志)。

前个体是一种无法被穷尽的现实，它始终是个体化发生的背景。像谢林的**自然的自然化**那样，它标志着自然无限的生产力，对西蒙东来说，自然是个体化的**先验**条件，也就是说它为个体化提供了一个前个体的现实。西蒙东的个体化总以前个体为前提，前个体是个被给定的现实，它作为潜能被包含在个体

---

[1] 同上，第281页。

中。个体化无法穷尽这种前个体的现实。相反,这种现实被保存在已经个体化的存在中,成为下一次个体化过程的前提条件。西蒙东在伊奥尼亚生理学家,尤其是阿那克西曼德的**无限定**(*apeiron*)那里,发现了前个体的概念。在第三章中,我们已经看到这种无限定是如何被刻写在**有限**(*peras*)之中的,这种刻写构成了个体化的动力。前个体不是一种原因,而是使从原因到结果的路径得以实现的潜能或资源。比如过饱和溶液,它具有潜力,因此是前个体现实,但不能直接引起结晶化;相反,结晶化是通过偶然事件实现的,如[197]加热。前个体不只是统一,也不只是同一性;①换句话说,它是隐藏的过剩:

> 人们可以称自然为个体携带的前个体现实,这种说法使我们再度认识到前苏格拉底哲学家用的**自然**一词的含义:伊奥尼亚生理学家发现了在个体化之前,一切种类的存在的起源;自然是**可能者的现实**(*reality of the possible*),阿那克西曼德从这种无限定(ἄπειρον)的种类推出了一切个体形式:自然不是人的对立面,而是存在的第一阶段,第二阶段是个体和环境的对立,是在同全体的关系中对个体的赞扬。②

前个体属于产生形式的背景。发挥能量作用的不是形式,而是承载形式的背景。背景是**虚拟性**(*virtualities*)、**潜在性**(*potentials*)和**力**的系统,形式则是现实性的系统。③ 亚稳

① 同上,第25页。
② 同上,第305页。
③ 西蒙东,《论技术物的存在模式》,第72页。

态概念是平衡的反面——我们可以在艾什比的稳态概念中发现平衡，因为稳态是由对平衡的寻求规定的，而寻求平衡对西蒙东来说是个体化的绝路：死亡。迥异性——不相容性或不对称性——是个体化的动力，它迫使我们说的这个存在采取行动，以化解迥异性产生的张力。行动意味着提升和亚稳态化。每一次成功的个体化都像一次量子跃迁，它从一个离散的能级跃升至另一个，正是能级的离散性同时产生了亚稳态，也就是说当克服个体化的阈值的进一步的条件（物质，能量和信息）得到满足，下一阶段的个体化便会发生。亚稳态就像我们在谢林那里看到的**抑制**，因为它是体现着精神运动的递归运动的过渡性产物，但这两个概念的不同处在于，由于发现了信息概念，西蒙东的模型更加微妙。如果我们考虑到《以形式和信息观念重新理解个体化》一书结尾处西蒙东的说法——“个体化的知识就是知识的[198]个体化”——心理与集体个体化的递归性就更明显了；西蒙东的说法意味着，在认识主体与包含主体和环境在内的全体之间存在（瓦雷拉和梅图拉纳的“自生”意义上的）耦合。人们也可以把这看作对柏格森生命理论与知识理论的重新表述。西蒙东和谢林的模型有什么区别？或者更准确地说，在什么意义上西蒙东不是观念论者呢？

谢林提出通过力来构建物质，但西蒙东却没有要通过信息来构建物质。信息是能量过程和物质过程的额外之物：“额外”的意思是，它既不能被还原为能量也不能被还原为物质，而是在过程中无处不在。信息是一种本身有含义（signification）的迥异性：“含义”指，它携带着系统不能忽视的意义。信息只是个体化的条件之一，除它以外我们还会看到物质条件和能量条件。如果说力可以被还原为能量的效果(比如在钟摆的例子里,势能向动能的转换产生了力),信息则不能被还原为物质或能量。信息作为一种含义,与噪音不同,是因为它承载着意义而噪音不一定承载意义;当噪音承载意义,它便已经是信息了。信息不是纯然的巧合,正如我们在导论和第二章中已经看到的,信息既是递归的也是偶然的,正如贝特森对它的定义:它是"能产生差异的差异"。

信息的概念来自传播理论和数学,因此它首先是个技术性概念,现实地体现在技术对象中。一个承载信息的技术对象能使各心理个体建立跨个体(transindividual)关系:比如一本书可以被许多读者共享并形成一个集体(例如一个读书小组或粉丝俱乐部)。当一本书被以不恰当的方式使用时(比如被用来支撑不稳的桌子),它就失去了信息,不再具有跨个体的关系,这也意味着它失去了含义。换句话说,符号和技术物中的现实已经是一种综合了。[①] 正如西蒙东所说:"按技术物[199]的本质来理解它,也就是说一旦技术对象被发明、思考、需要或被人类主体设想,它就成为我们所说的**跨个体**关系的支撑和符号。"[②]因此西蒙东给技术对象赋予了一种促成个体化进程的作用:

---

① 西蒙东和恩斯特·卡西尔有一个相似处,因为对卡西尔来说,符号中有一种综合,康德《纯粹理性批判》中对综合的分析不能完全解释它;见卡尔·汉堡(Carl H. Hamburg),《现实与符号形式》,第二章,见《符号与现实:恩斯特·卡西尔哲学研究》(*Symbol and Reality: Studies in the Philosophy of Ernst Cassirer*),海牙:Martinus Nijhoff,1956 年。

② 西蒙东,《论技术物的存在模式》,第 335 页:"L'objet technique pris selon son essence, c'est-à-dire l'objet technique en tant qu'il a été inventé, pensé et voulu, assumé par un sujet humain, devient le support et le symbole de cette relation que nous voudrions nommer transindividuelle."

> 通过技术对象的中介，人际间的关系得以建立。这是超个体性的模型……除了在一些非常罕见和孤立的情况下，与技术物的关系都不能在单个的个体中变得充分；[这种关系]只有在它成功地产生集体性个体间现实的情况下，才能建立起来，我们称这种现实为跨个体性，因为它在诸多主体的发明和组织能力之间建立起一种耦合。①

如果我们遵循西蒙东关于跨个体关系的说法，便可以设想一种超出了人工制品(如甘巴尔引擎)、扩展至心理和集体个体化的器官学思维。跨个体关系嵌入技术对象之中，按照这些对象的操作和组织图示进行调整。因此，通过用新形式的超个体关系和新的动态来重建舞台，技术对象的演化不断地改变着个体化的戏剧。控制论提出反馈和信息概念，它引入了一种新的认知图示，因此也产生了新的人机关系和社会性组织。西蒙东把他对技术谱系的解读——从“要素”到“个体”和“组合体”——与特定的历史时期联系起来。他认为技术要素代表着18世纪渴望无限进步和人类生活持续改善的乐观主义。技术个体则产生于19世纪的自动化机器，它把人类从生产的核心处转移了出去。而在20世纪，西蒙东看到了技术集合体，它是随着信息机器和控制论产生的一种组织超个体关系的新项目，为的是解决异化问题。

[200]西蒙东称这种研究和参与技术的方式为**机器学**(*mechanology*)。这门旨在克服文化与技术、技术与自然之间的对立关系的学科，还没有完成。通过个体化过程(被理解为

① 同上，第342页。

由几个阶段组成的操作，从张力的加剧到以亚稳态形式解决这些张力）和个体化（被理解为心身关系的图式化和物理性具体化），西蒙东开启了器官学思维，这为理解人与机器的关系提供了一个理论框架，这个框架在某种程度上已经超越了柏格森和康吉莱姆。因为不同于后两位思想家，西蒙东没有假装在发展一种生物哲学，而是提出了一种结合了技术哲学的个体化哲学。然而，在他那里这种结合通常还是隐含的，他还没有阐述技术对象在心理和集体个体化过程中的作用；因此，我们还要把西蒙东与控制论的对话进一步深入。

§34 偶然性的器官学

贝尔纳·斯蒂格勒的一般器官学可以说是对西蒙东分析的延伸，它重新解读了西蒙东个体化（individuation）和个化（individualization）理论中的主要术语。斯蒂格勒从2003年开始阐释一般器官学概念。① 与康吉莱姆的器官学——它与科特·戈德斯坦等人提出的有机整体密切相关——不同的是，我们发现斯蒂格勒对有机整体概念强调得比较少，他更重视**功能性器官**（*functional organs*）。这是因为对他来说，**器官学**一词主要出自音乐学，而不是柏格森和康吉莱姆的生命哲学。在这里我们更感兴趣的与其说是斯蒂格勒与柏格森、康吉莱姆的呼应，不如说是他们的差别。斯蒂格勒很少提到康吉莱姆尝试勾勒器官学概念的《机器与有机体》一文。我们可以重构递归性和偶然性的概念，因为[201]它们在斯蒂格勒的思想中十分重

① 根据我们2017年12月22日在巴黎的一次谈话。

要:对他来说偶然性是类因,而递归性常被称为重复。

如果我们说斯蒂格勒思想中有递归性概念,那是因为它刻写在持存和预存的回路之中。持存和预存出自胡塞尔的内时间意识理论,其中持存指记忆或保持的能力,预存指预期的能力。斯蒂格勒以胡塞尔的第一和第二持存、预存概念为基础,提出了第三持存(tertiary retention)概念。举个例子,当我们第一次听约翰·施特劳斯的蓝色多瑙河时,我们会保留旋律的每一个**现在**。由于每个**现在**都总是**已经不在**的了,旋律的这种持存被称为**第一持存**。同时,由于我也预期到了接下来的旋律——否则我就无法理解乐句,也就**没有**音乐,只有声音——这种对即将到来的、**尚未**的**现在**的预期,被称为**第一预存**。如果明天我还记得蓝色多瑙河,那它就不再是被暂时保留下来的**现在**,而是回忆:记忆或第二持存。由于我已经对音乐有记忆了,我便能预期每个乐句的结尾和整首曲子的结尾,这被称为**第二预存**。在第一和第二持存及预存概念的基础上,斯蒂格勒提出了他所谓的**第三持存**:人工记忆。比如,我对施特劳斯作品的第二持存是不可靠的,它会随时间的推移而变得模糊,但是一张 CD 可以帮助我恢复记忆。这样,唱片(模拟信号)或 CD、MP3(数字信号)是第三持存,它在某种程度上能唤起第一、第二持存和预存,就像普鲁斯特的玛德琳蛋糕那样,但它也不只是马德琳蛋糕,因为它具有斯蒂格勒称之为"确位"(orthothetic)的精确性,这个新造词来自两个希腊语词:*orthotēs*,意为"精确性";*thesis*,意为"位置"(position)。[1] 因此,第一、第

---

[1] 贝尔纳·斯蒂格勒,《意外的哲学思考》(*Philosophising by Accident*),贝努瓦·菲耶(Benoît Dillet)译,爱丁堡:Edinburgh University Press,2017 年,第 61 页。

二和第三持存与第一、第二预存共同构成一个回路，其中灵魂不再只是一种返回自身以规定自身的运动，而是说，从事着**认识**(*noesis*)活动的灵魂同时也是**技术**(*tekhnesis*)，它的组织依赖于第三种记忆。[202]这第三种记忆是对有机体持存的有限性的补偿，因为如果有机体不能把它的经验外化为符号和工具，就不能完整地保留它们并传给下一代。此外，被称为**记忆**的第二持存只有通过第三持存才能被有效激活，因为是第三持存(如文字或图像)为记忆提供了共时化和历时化的力量。

和西蒙东一样，我们在斯蒂格勒的器官学中也发现了内化和外化的递归形式。记忆在技术对象中的外化也伴随着**后验**向**先验**的转变。这种转变是从经验向非先验(a-transcendental)的过渡——称它为非先验是因为它既不是纯粹的先验性，也不是经验性。斯蒂格勒正是根据这个回路，试图重新阐释西蒙东的**心理和集体个体化**。然而，这种对胡塞尔的解读也指向斯蒂格勒对西蒙东的批判。正如斯蒂格勒发现胡塞尔在内时间意识现象学中犯了忽视技术对象的错误，他也批评西蒙东没能看到对操作的预期依赖于技术对象。① 斯蒂格勒的预期指的是，技术对象**同时**是记忆和预期二者的支撑，因为如果预期要求记忆的组织，那么这种组织正越来越依赖人工记忆。在斯蒂格勒看来，西蒙东忽略了技术对象在时间化中的作用，因为他太依赖柏格森的时间概念，把生命时间与几何化对立起来，而使第三持存得以可能的正是几何化：

---

① 贝尔纳·斯蒂格勒，《西蒙东作品中的时间与技术，心理与集体个体化》(Temps et individuation technique, psychique, et collective dans l'oeuvre de Simondon)，见 *Intellectica*，1998 年 1—2 月：第 253 页。

> 西蒙东与时间问题的关系太受限于他对柏格森思想的深入探究了，以至于无法摆脱谴责时间的几何化的生机论形而上学，时间的几何化也是空间化，它恰恰内在于每次第三持存中；同时也没能摆脱柏格森主义对胡塞尔指出的第一、第二持存的重要区别的忽视。①

[203]因此斯蒂格勒认为，尽管西蒙东试图在信息概念的启发下重新思考个体化，却没有看到信息需要物质支撑，而物质支撑正是技术对象。这种批评可能有些太急切和严格了，但它值得我们关注，因为它有助于我们反思自第三章以来讨论的内容。我们试图表明，对西蒙东来说，存在着一个外化和内化的递归过程，对他来说技术对象承载着所谓的"跨个体关系"，这是信息的来源——尽管西蒙东确实没有像斯蒂格勒那样，按照同样的重要程度处理时间性问题。斯蒂格勒对西蒙东（以及柏格森）的批评指向了器官学的另一个维度。正如我们已经看到的，在《创造进化论》中柏格森把理智—物质与直观—生命对立起来，想把物质从几何学拆解为运动。另一方面，斯蒂格勒的器官学却在很大程度上（如果不是完全地）依赖于几何化，因为它允许时间的空间化，而这种图式化对创造性演化来说必不可少。斯蒂格勒也像安德烈·勒鲁瓦-古汉那样——他表明应该从记忆的外化和器官的解放这两个平行的维度来理解人化——把外化理解为时间的空间化：比如写作把言语离散化和空间化为符号。工具、语言、仪式、写作等，

---

① 贝尔纳·斯蒂格勒，《个体化的剧场：西蒙东与海德格尔的相移和解决》(The Theater of Individuation: Phase-shift and Resolution in Simondon and Heidegger)，见 *Parrhesia* 7，2009 年，第 46—47 页。

都是外化的形式，它们把人类同其他动物区别开来："人类的记忆和工具一样，是外化的产物，它存储在族群(ethnic group)中。因此它区别于动物的记忆，我们对动物记忆所知甚少，只知道它存储在物种(species)中。"①

我们知道，拉马克的错误在于他相信在适应环境的过程中产生的表现型会变成基因型——就像著名的长颈鹿的例子，它为了吃树上的叶子而伸长脖子，这反过来解释了为什么它的脖子长。奥古斯特·魏斯曼发现了一个事实，即体细胞不同于生殖细胞，前者是不能被遗传的，这让拉马克的长颈鹿例子变得可笑起来。然而，环境因素确实存在，康拉德·瓦丁顿——他是约瑟夫·李约瑟和格雷戈里·贝特森亲密的同事——将其理论化为表观遗传学(epigenitic)。瓦丁顿的[204]表观遗传景观(epigenetic landscape)概念，可以通过他所说的演化中的表观遗传展现出来：在由不同的斜坡或山谷组成的景观中，球的运动依赖于特定的构造和偶然的相遇。②他还造出了渠化(canalization)这个词，它衡量的是物种不论

---

① 安德烈·勒鲁瓦-古汉，《姿势与话语》，安娜·博斯托克·伯杰(Anna Bostock Berger)译，马萨诸塞州剑桥：麻省理工学院出版社，1993年，第258页。

② 要注意到，这一理论对勒内·托姆(René Thom)的作品产生了重大影响。1966年，托姆在瓦丁顿编辑的《走向理论生物学I》(*Towards a Theoretical Biology I*)一书中，发表了题为"形态发生的动态理论"(A Dynamic Theory of Morphogenesis)的文章，有些人认为这标志着突变理论的诞生。见萨拉·弗朗切斯科利(Sara Franceschelli)，《形态发生、结构稳定性和表观遗传景观》(Morphogenesis, Structural Stability and Epigenetic Landscape)，载于《形态发生：图案和形状的起源》(*Morphogenesis: Origins of Patterns and Shapes*)，保罗·布吉内(Paul Bourgine)和安妮克·莱斯纳(Annick Lesne)，海德堡：Springer，2011年，第283—294页。

基因型和环境的变化，产生出相同表现型的能力。瓦丁顿的表观遗传学和渠化，构成了基因与环境的耦合功能，是一种发展系统生物学理论。①

我们在本章开头提出的一个问题是：技术与环境的关系是什么？从动物行为的角度看，我们可以观察到在有机体和环境之间存在一种操作模式，即为了产生耦合而进行的适应。但一旦有了技术，意志也会发挥作用。人类不仅是适应环境，也不仅像消耗环境的动物（比如吃光所有的草）那样，人也为了生存而改变环境。在技术的帮助下，人类能够一代代地传递记忆，而不改变体细胞和遗传细胞。与适应（adaption）相对，斯蒂格勒用了**采纳**（*adoption*）这个词。人类**采纳**环境，但不只是通过**适应**来采纳。采纳是肯定那些偶然产生的东西，把它融入整体。采纳不同于适应，也不与适应对立，仿佛它们是两个不相容的过程那样。相反，它们之间存在一种动态。适应和采纳的策略构成了器官学。就像西蒙东描述的甘巴尔引擎那样——它通过把河流的地理环境**采纳**为自身功能的一部分（冷却机制），来**适应**它（比如通过油水分离）。换句话说，这条河创造了一个技术—地理关联环境。蒙古包是采纳不断变化的环境的一种方法；药物治疗是帮助病人采纳病毒所造成的受限环境的方法；意志[205]是克服痛苦与自怜的方法（比如，金格·莱恩哈特[Django Reinhardt]在被火灾夺去左手的两根手指后，成了一名传奇吉他手）。换句话说，采纳就

---

① 见苏珊·奥亚玛（Susan Oyama），《信息的个体发生学：发展性系统和演化》（*The Ontogeny of Information: Developmental Systems and Evolution*），北卡罗来纳杜尔汉姆：杜克大学出版社，2000 年，第 111 页。

是通过创造一种关联环境来克服环境的缺陷的方式。

正是在关联环境的问题上,我们可以在斯蒂格勒思想中找到一种隐含的有机形式。斯蒂格勒称技术为"后生系统发生的记忆"(epiphylogenetic memory)。用他自己的话说,这个词指"我从未经历的过去,依然是我的过去,没有它,我就从不能拥有自己的过去"。[①] 后生系统发生记忆构成了个体和集体记忆的假体。在海德格尔的意义上说,它们也很大程度上包含着我们被抛入的世界(*Geworfenheit*),**已在**的世界——我继承了它,它形塑了我认同的倾向(而不是静态的同一性)。在过去三十年间,斯蒂格勒不时调整他对第三持存和后生系统发生这些术语的表述,最近为了回应一些特定问题,他又谈到了**体外化**(*exosomatization*),然而所有这些术语都落回同一个主题——技术是"以生命之外的手段追求生命"。[②]

爱比米修斯的意外不仅是一个过失,也是一个欠缺——正如那句法语习语所说,是**必需的欠缺**(*le défaut qu'il faut*)。这种必需的过失构成了意志和必然性的问题。作为一个意外地成为哲学家的人,斯蒂格勒自己的传记生动地展示了从偶然性到必然性的过渡。斯蒂格勒一开始做过许多事情,后来因为持枪抢劫被判入狱五年,在监狱里开始学习哲学。在现象学家杰拉尔德·格拉内尔(Gerald Granel,当斯蒂格勒还是图卢兹一家爵士酒吧的老板时认识了他)的鼓励下,

---

① 《技术与时间,1:爱比米修斯的过失》(*Technics and Time*, 1: *The Fault of Epimetheus*),加州斯坦福:斯坦福大学出版社,1998 年,第 140 页。

② 斯蒂格勒,《技术与时间》,1:17。

斯蒂格勒在图卢兹第二大学注册了哲学课程。出狱后，他遇见雅克·德里达，经由德里达的推荐，在让·弗朗索瓦·利奥塔的指导下写了回忆录。后来他又在德里达的督导下于社会科学高等学院读博士，他的论文后来发展成了多卷本的《技术与时间》(*La technique et le temps*)。

[206]这段个人传记并非不重要，因为斯蒂格勒正是通过意外的问题，开启了一条思考和行动的新途径——也就是说，通过对目的的悬搁来**生成**(to *become* by suspending the end)。对斯蒂格勒来说，监狱是个意外，莱恩哈特失去手指也是如此，但这些意外或创伤是造成他们的个别性的原因——或者更准确地说，是**类因**——因为并不是每个囚犯都能成为哲学家，也不是每个音乐家在失去手指后都能成为更好的音乐家(金格·莱恩哈特和保罗·维特根斯坦[Paul Wittgenstein]是例外)。这些意外**通常**被认为是致命的悲剧，但这些原因有可能超越常规性(比如失去了几根手指的吉他手可能不得不转去从事需要较少手指技巧的音乐职业)，并成为一个新关联环境的条件。通过对终极性的悬搁，人也就悬搁了起源与命运的关联，这一关联是亚里士多德对本质定义的核心，根据他的说法，起源已经包含了它的结果。正是通过这种拒绝亚里士多德目的因的尝试，斯蒂格勒把**准因果**概念引入了人化和个体化：

> 我们可以像亚里士多德那样主张说，结果已经包含在起源中了。在这个意义上，对一个存在的起源构成进行彻底的分析，也能告诉我们有关它的结果的事情，因为毕竟，起源和结果共同构成了这个存在的本质——使它

> 在时间中同一。以这种方式使用理性，我们就错过了时间和生成的问题（此外，时间也不等同于生成）。与亚里士多德和全部形而上学相反——与海德格尔称作“本体神学”（onto-theology）的东西相反——我认为**在起源和结果之间**存在一个偶然的过程；**我们不能只讨论本质过程，因为有些事件扰乱了那种认为结果已经包含在起源中的形而上学幻象。哲学应当学会思考这种偶然性（以及它的系谱）。**①

我们甚至可以更进一步。斯蒂格勒不仅试图打破亚里士多德的起源和结果的本质关联，他甚至表明，对起源问题的断言是不合法的。事实上，人们只能讨论缺乏起源的必然性，一种**必需的欠缺**。或者换句话说，技术是偶然的，同时它也是[207]起源。如果起源是偶然的，那么它就不能再被当作本质来把握。在这种情况下，偶然的成了必要的，因为偶然规定了人。人们应当分析技术性的历史，而不是声称存在一种人的原初本质。

让我们再回到偶然性的问题上来，谈谈斯蒂格勒“意外的哲学思考”这一主题的含义。在本章一开始，我们指出西蒙东的偶然性概念接近自然哲学，而斯蒂格勒的偶然性概念更接近艺术实践。对斯蒂格勒来说，艺术家的任务在于调节个体化过程，以构建**一贯性的规划**——也就是说使意外成为必然，去预料意外之物，正如这一章开篇引用的赫拉克利特的说法。为了处理如今感知性（sensibility）的问题——或者斯蒂格勒

---

①　斯蒂格勒，《意外的哲学思考》（*Philosophising by Accident*），第34页。

所说的"感性的灾难"(the catastrophe of the sensible)——我们必须把时代的偶然性和它灾难性的生成看作事件(*Ereignis*),并使这种乍看之下无望发生的意外性成为必然;也就是说,不仅把它看作事实或要遵循的命运,而是看作心理和集体个体化的必要条件。

§35　自然或艺术

艺术的对象是感性的,通过技巧组织感性是**技术**(*technē*)。斯蒂格勒在感性的外化中,看到了通往有机性和社会性的途径。通过这种外化,认识的灵魂不再是个体、孤立的灵魂,而是一个**拥有**历史、**在**历史中的历史性存在。对西蒙东来说,在个体化过程之前存在着前个体的现实。这种现实是潜能的水库,它不会被耗尽,也就是说一旦条件满足,它就将允许另一个个体化过程发生。正如我们在前面看到的,西蒙东倾向于把这种前个体的现实看作自然,而斯蒂格勒拒绝使用**自然**一词,他把前个体理解为技术、历史和心理存在的集合体。如果说在谢林那里,我们看到自然掌握着艺术家化偶然为必然、把无限刻写于有限之中的技术,在斯蒂格勒那里,与个体化对应的则并非自然的形象,[208]而是艺术家,他的任务不仅是让偶然成为必然(作为偶然的操作),而是旨在作为一种**启示**(*revelation*)**提升**(*elevation*)观众。艺术家通过他或她的作品,敞开了一个短暂的超个体化过程,也就是一种心理和集体的个体化。如果艺术作品是感性**技术**的结果,如果这种**技术**把认识的灵魂引入社会的回路,那么艺术家便发挥着个体化促进者的作用。在《象征的贫困》(*De la misière* *symbolique*)第二卷中,斯蒂格勒提出一个问题:什么是艺术家?他的回答如下:

> 艺术家是心理和集体个体化的范例形象,其中**我**只存在于**我们**中,而**我们**同时被个体化过程所预设的紧张、过饱和的前个体基础,和组成这个我们的各个**我**的共时建构所构成。这些个**我**,或心理个体,是前个体潜能的继承者和担负者,这潜能以各不相同的方式,把这些我与它们组成的**我们**连接在一起。①

这里的艺术家一词可以任意替换成**哲学家**、**教育家**、**工程师**等,因为艺术家只是一个范例形象。艺术家不是创作有品味的作品的人,而是有能力和责任创造一个允许我与我们之间的超个体化发生的回路——以艺术作品的形式将感性外化,或者写一本书、编一段程序——的人。递归通过艺术作品得以建立,它构成一种朝向终点的自我认知,而终点始终是神秘的,就像在秘法传授(mystagogy)中那样,是一种**无目的的合目的性**。对这种个体化来说最重要的是**我**和**我们**之间的张力,通过由张力和解决驱动的必然运动,亚稳态最终得以实现,这种亚稳态只能是多样的,因为最终结果对每个领受者来说总是神秘和个别的。亚稳态是稳定的,但它不是平衡。相反,它意味着这种结果不是用途的终极性,而是一个过程。亚稳态表示一种过渡状态,[209]当新的个体化过程被触发,它可能会转向另一个阶

① 贝尔纳·斯蒂格勒,《象征的贫困》(*Symbolic Misery*),第2卷,《感性的灾难》(*The Catastrophe of the Sensible*),巴纳比·诺曼(Barnaby Norman)译,伦敦:Polity,2015年,第154页;翻译有所修改。

段。西蒙东主义的个体化概念和技术对象的个化，在斯蒂格勒的思想中得到了统一，因此技术对象（在这里是艺术品）成为心理和集体个体化不可或缺的维度。

艺术家是能够调节本质的感性（essential sensible）和意外的感性（accidental sensible）的人，这调节也是一种行动，它使意外（这个词既指非本质的，也指偶然的）成为必然。艺术创作是一个使未料到的事物被预料到的过程，也就是说，意外被当作必然，因为现在它们是使转变得以可能的条件。它是意外的，因为它是信息性的，它偏离了常规、规范或是已预料到的东西，从而开启了新的个体化回路，以实现一种新的规范性。这种个体化表现为认知的“付诸行动”（acting out），也就是越过了一个阈值，就像量子跃迁那样，一个能级提升至另一个能级；或者换句话说，它是一种秘法教授。如果不谈斯蒂格勒经常引用的约瑟夫·博伊斯，我们也可以参考达达主义和超现实主义实践，如马塞尔·杜尚、马克斯·恩斯特、安德烈·布勒东等人。我们可以说，艺术创作的这个主题在超现实主义者那里相当明显，对他们来说意外存在于一切形式的艺术创作中，包括拼贴画、随机接龙（exquisite corpse）、自动写作等等。马克斯·恩斯特在《论超现实主义绘画》（Traité de la peinture surréaliste）中提出：

> 如果要在这里描述这个过程——它起初令我们惊讶，进而将我们带上这条与其他几人共同的道路——我倾向于把它看作两种相距甚远的现实在一个不合适的平面上的巧遇（这解释和概括了洛特雷阿蒙[Lautreamont]那句著名格言：像一台缝纫机和一把雨伞在解剖台上的

巧遇那样美),或者更简短一些,按照安德烈·布勒东的说法,它是一种系统性迷失方向的效果的文化。①

这种无望发生的偶然性,作为两种相距甚远的现实相遇的机制,以及这种相遇本身,无论多么无望发生,都**必须**成为艺术。**义务**(obligation)恰恰意味着[210]必然性。超现实主义者只是这种使意外成为必然的行动的范例形象。当然,还有其他植根于对意外的思考的行动。斯蒂格勒为艺术实践增添了一个新维度,即个体化理论。个体化过程的基础是寻求真理的意志和创造力,它使观看者参与进神圣中——观看者通过技术对象(无论是绘画、照片还是影像),不是通过本质,而是通过意外,来欲望非存在。艺术家或哲学家是把偶然性提升到必然性层面的人,提升的意思是,把偶然性作为一个关联环境的要素来把握。不同于**自然的自然化**和**自然化的自然**——它们展现了精神或不可见的自然的一般活动,其中偶然不再与必然对立,因为每个偶然事件都被现实化为必然——斯蒂格勒在精神和集体个体化的递归中的偶然性概念,指出了精神的另一维度,在这里精神有一种**意志**,它不仅能把虚拟现实化,还通过把偶然性把握为生成和个别化(singulaize)的机遇,来为偶然性赋予意义。

§36　第三预存与先占

如果我们回到西蒙东和斯蒂格勒对偶然性的首要性的理

---

①　马克斯·恩斯特,《如何激发灵感》(Comment on force l'inspiration),见《为革命服务的超现实主义》,6,1933年5月15日,第43页。

解，那么，偶然对西蒙东意味着输入的信息，对斯蒂格勒则意味着挪用或转化的时刻——海德格尔称之为事件（*Ereignis*）。这一**事件**已经预设了**含义**，因为没有**含义**就没有**生成**和**挪用**。但剩下的问题是，在技术系统化的时代，这样的事件该如何发生？它会不会像技术哲学家期望的那样发生？在《论数码物的存在》（*On the Existence of Digital Objects*）一书中我指出，在斯蒂格勒提出的持存和预存的回路中，还少了一个要素。[①] 这个缺失的要素，即第三预存，对理解技术系统的演化而言至关重要，它意味着技术系统成为有机的。为了勾勒我所说的**计算解释学**（*computational hermeneutics*）——它基于我在本书第二章更详细地讨论过的哥德尔递归函数——我尝试提出第三预存的[211]概念。不得不说，在写作《论数码物的存在》时，我还没能把它与我们这本书试图探讨的主题联系起来。在我看来，第三预存的概念对于研究时间结构来说至关重要，数字技术重构了这一结构，而数字技术本身也呈现为一种新的规定形式。这种决定总是先占的（preemptive），因为机器已经预期到会有什么选择：在这种情况下，自由就意味着选择。这恰恰表明，偶然性被化简为**最有望发生**的。偶然的是可能的，但它不是最有望发生的，也不是比较有望发生的。偶然的是不太有望发生、甚至**无望发生**的。斯蒂格勒作品中关于第三预存的讨论似乎很矛盾。一方面，正是差异的持存和预存产生了德里达的**延异**（*différance*）概念，[②]斯蒂格勒正是基于**延异**，阐发了作

---

① 见许煜，《论数码物的存在》，明尼阿波利斯：明尼苏达大学出版社，2016年，第6章；这里也是我第一次提出第三预存和递归的概念。

② 见雅克·德里达，《延异》（Différance），出自《文学理论：选集》（*Literary Theory: An Anthology*），朱莉·里夫金（Julie Rivkin）和米歇尔·瑞安（Michael Ryan）编，马萨诸塞州马尔登：Blackwell，2004年，第278—299页。

为差异和延迟的第三持存。另一方面，他不谈论第三预存似乎表明第三预存被化约为第三持存了，这是矛盾的。为了澄清这个问题，我们需要回到胡塞尔关于时间意识的写作。

在胡塞尔1905—1906年的课程中，持存和预存的关系还没有被充分阐释，事实上，只有几页谈到了预存。在后来的贝尔瑙手稿（Bernau manuscript，1917—1918年）和C手稿（C-manuscript，1929—1934年）中，胡塞尔提出了持存和预存关系的更完整的模型。在不同的地方，胡塞尔的关注点和方法都有明显的变化。[①] 预存是胡塞尔区别于他的老师弗朗兹·布伦塔诺（Franz Brentano）的一个关键点。布伦塔诺的模型有两个主要要素：对现在的普通感觉和对过去的再现。前者是真实的，后者不真实，因为我们永远无法直接体验过去。[②] 也就是说在布伦塔诺的意识模型[212]中，预存问题几乎不存在。胡塞尔和布伦塔诺的另一个主要区别，也是胡塞尔三重意向性模型的核心：对布伦塔诺来说，被感知的是现实的，是真实内容与心理内容的对应，而对胡塞尔来说，心理的现在不是瞬间，而是时间性的延伸。[③] 这种延伸——或者更确切地说，这种个体化——包含多个连续的阶段，它们经过了交织的

---

① 不过，这不是我们在这里主要关心的问题；相反，我们的兴趣在于就胡塞尔模型中的持存和预存功能建构一种一般性理解。

② 胡塞尔批评布伦塔诺认为我们无法直接体验过去的观点，这种批判使他站到了亚里士多德一边。见皮埃尔·凯勒（Pierre Keller），《胡塞尔与海德格尔论人类经验》（*Husserl and Heidegger on Human Experience*），剑桥：剑桥大学出版社，1999年，第68页。

③ 莉莉安娜·阿尔伯塔齐（Liliana Albertazzi），《埃德蒙德·胡塞尔》（Edmund Husserl），见《弗朗兹·布伦塔诺学派》（*The School of Franz Brentano*），莉莉安娜·阿尔伯塔齐，马斯莫·利巴迪（Massimo Libardi）和罗伯特·波利（Roberto Poli）编，多德雷赫特：Kluwer，1996年，第186页。

持存、原初表象和预存的中介。胡塞尔和布伦塔诺不同，他试图探讨意识的时间和意识的个体化，时间是这种个体化的原则。胡塞尔有效吸纳了布伦塔诺理论的一些要素（比如，作为连续流的意识），也阐述了自己的三重意向性模型。

对持存和预存关系的最清楚的解释，可见贝尔瑙手稿中的第一篇和第二篇。胡塞尔在 1905—1906 年的课程中只简要概述了二者关系，但在手稿中进一步阐释了它，给预存赋予了更重要的作用，胡塞尔在这里提出了他所谓的初级过程或原初过程（*Urprocess*），表明如何在持存中理解预存、在预存中理解持存，这是一个能解释二者的动态调整的复杂模型。在此我们可以附上胡塞尔自己的示意图（见图 4.1）。

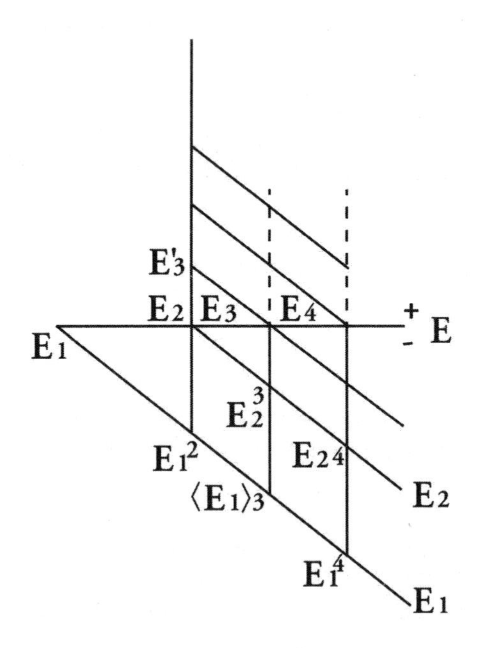

图 4.1　胡塞尔《全集》(第 33 卷)，
第 22 页，对时间意识的说明。

每个“初级呈现”(primal present)都是伴随着持存和预存的意向性行为。我们可以设想从 E_1 到 E_4 的一系列来临的事件，以 E_2 为**现在**。这时 E_1 进入了持存，因此它调整了预存 E_3。在下一个**现在** E_3 处，我们看到 E_1 和 E_2 被保持为 E_1^3 和 E_2^3。下一个预存也根据持存的调整而有所调整；正如胡塞尔所说，“当新的核心数据(*Kerndaten*)出现时……不仅旧的数据变成了持存的，预存的意识也‘增长’了，它遵从新的原初材料(*Urdaten*)，相应地(*terminierend*)用它们充实自己”。① 正是在这个意义上我们可以说持存(如 E_1^2—E_2)包含了即将到来的预存(如 E_3)，[213]预存里也有持存，因为每个预存的意识都不是一瞬间的事件，而是一个持续的流的一部分，因此预存和第二持存类似——只不过它是朝向未来的。②

在这里，值得强调一下持存和预存在功能上的差异，尽管预存确实依赖于持存，但它不仅是持存的产物。胡塞尔在《全集》(第 11 卷)第 18 节③中指出，持存和预存具有内在区别：指向性(*Gerichtet-sein*)本质上是属于预存的。这种指向性不属于自我的行为，它是一种自我不积极参与的“被动指向性”。在题为“对空再现的可能类型的描述”(Description of the Possible Types of Empty Representation)的一节中，*Leervorstellungen* 或**空再现**一词指[214]意识流的初级

① 埃德蒙德·胡塞尔，《全集》(第 33 卷)(*Hua XXXIII*)，鲁道夫·贝尼特(Rudolf Bernet)和迪特·洛马尔(Dieter Lohmar)编，多德雷赫特：Kluwer，2001 年，第 2、20 篇。

② 同上，第 23 页。

③ 见埃德蒙德·胡塞尔，《全集》(第 11 卷)(*Hua XI*)，玛戈·弗莱舍(Margot Fleischer)编，海牙：Martinus Nijhoff，1966 年，第 71—78 页。

印象环节，意识由此开始被不断构成。胡塞尔提出，尽管预存和持存都是空再现，它们依然必须具有不可估量(*gewaltig*)的差异：首先，持存缺乏指向性，因为它只是推向过去，而预存会不断地指引注意力(Gewahren)。[①] 其次，胡塞尔指责布伦塔诺把持存和印象之间的正当关联当成了原初联想，胡塞尔指出，这种联想只发生在预存中。[②] 似乎被动指向性是根本的，因为它会也指引主动指向性，这意味着被动指向性已经是一种**选择**了：

> 当把握着的自我关注指向即将到来的事物，这种主动指向性会跟随在预存的基础上累积在知觉中的被动方向。当把握的关注指向刚刚被觉察的事物，也就是说，当把握的关注经过持存的连续体，这种指向性的方向与属于知觉本身的被动方向相反。[③]

我们不能把预存和持存彻底拆分为两个操作，事实上它们共同构成了一个必要的回路：持存虽是被动的，但却能激发预存；预存是主动的，它根据与个体经验相符的结构来丰富持存。然而，我们在此必须强调，预存不能被简化为第一或第二持存，否则就不会有**延异**了，正如德里达阐明的：不如说，被动性和主动性的分界的动态，才是胡塞尔先

---

① 同上，第 74 页。

② 同上，第 77 页。

③ 图因·科图姆斯(Toine Kortooms)，《时间现象学——埃德蒙德·胡塞尔对时间意识的分析》(*Phenomenology of Time Edmund Husserl's Analysis of Time-Consciousness*)，多德雷赫特：Springer，2002 年，第 183 页。

验现象学的基础。如果我们在第三持存的历史背景下进一步考察被动和主动指向性之间的动态，便能看到，第三持存的演化同时也引发了预存的演化，这个演化过程既不能包含在人类主体或意识中，也不能化简为任何固化的持存。

债(debt)是第三预存的原初形式；它同时也是持存。随着第三持存的数字化形式的出现，我们都负了债：不仅[215]负了过去的债——我们没有经历过它，但它依然属于我们——也负了未来的债，我们必须按照它的预测行动，以返回这个未来。**先占**这个词指的是把做决策委托给算法，在我们的时代，先占显然是自动化社会的主要问题，自动化社会中的每个可能的相遇都可以是计算的结果。随机算法的使用不仅把偶然引入了用户体验，也是为了提高计算的准确性。正如斯蒂格勒描述的，一种基于操纵心理力量的消费主义，正延伸进基于数据的计算中。随着营销策略从操纵无意识转向大数据分析——也就是操纵意识(正如我们在剑桥分析公司事件等例子中看到的)——基于心理力量的营销(甚至包括精神分析)似乎正失去其在目前这种消费主义下的核心作用(尽管它仍然是根本的)。正是预存问题使我们面临自由的问题。

§37　无机有机性或生态学

随着如今的机器和技术系统正变得有机，我们该如何看待这些试图理解人机关系的器官学尝试？新型工业化，有时被称为“工业 4.0”，已经提出要使环境自动化和智能化。① “智能化”在这里是什么意思？智能意味着预期的能力，对最理想情况的预期。自20世纪以来，[216]我们见证了第三次工业革命（信息机器）的成熟，它向着由人工智能和数字网络支持的、我们称之为全面自动化的状态发展。自从20世纪下半叶计算机引入以来，自动化的机械和序列控制逐渐被数字反馈系统取代。数字化的力量在于能有效地在不同的技术集合之间建立客体间关系，②压缩时间和空间，从而把这些集合以易被计算的方式系统化。智能物和智能环境的激增是如今这场革命的特征。因此我们面临一个挑战是，不仅要对工业化及其产生的异化展开新的批判，也要反思**第三预存**被应用到各种规模的系统中的可能性和不可能性。正是在第三预存中，偶然性问题变得重要，因为必须能预期到偶然，才能优化它。因此第三预存的演化并不基于对偶然性的拒绝，而是取决于偶然性；这也是智能的含义之一。

智能物通过发挥运动—知觉器官（把近似的感觉知觉转化成信号）、分析器官（基于计算和已有的数据）和综合器官（第三预存的构建）的作用，参与到环境中。这些设备通过网

---

① 我们没办法详细谈智能物件和智能城市；为了我们的讨论，我将引用新闻中对工业4.0的一段总结：1.传感器将参与制造过程的每个环节，提供控制系统所需的原始数据和反馈。2.工业控制系统将变得更复杂，分布得更广，实现灵活、细致的过程控制。3.射频技术将和无线网状网络（wireless mesh networks）中的分布式控制模块结合，使系统能以有线、集中控制的系统做不到的方式被迅速重新配置。4.可编程逻辑将变得越来越重要，因为不可能预料到需要预测控制系统动态响应的全部环境变化。5.智能、连接、嵌入式设备将无处不在，设计和编写它们将变得更具挑战性——且不用说会更有趣和有回报；见约翰·多诺万（John Donovan），《工业4.0——它是什么？》（Industry 4.0—What's That About?），2013年，https://eu.mouser.com/applications/industry—40。

② 关于客体间性概念，见许煜《论数码物的存在》，第四章。

络连接在一起，这与基于生物体和环境的协调的适应现象相反。技术系统能够预期和调节，如今，社会现象可以通过信号操纵被诱导出来，跨越各个网络。通过传感器和不同的捕获形式进行性能分析，构成了一种戈德斯坦意义上的新型**个体规范**，这种个体规范不限于病理和临床分析，因为环境概念已经超出了人类器官，扩展至类比器官和数字器官，构成一种以**无机有机性**（*inorganic organicity*）为特征的新环境。无机有机性和无机机械性的区别在于，后者需要完全的共时化，不然系统就无法运行，而前者（尽管它也需要共同的时间轴）则允许多样性出现：比如个性化（personalization）和[217]自下而上的运动。事实上，多样性是有机技术系统优化性能所必要的。因此有些人认为，超级智能（superintelligence）是一种偏爱多样性而非限制多样性的智能；但这种多样性的概念仍然有限，因为它只在某一**特定**系统内才有可能。

通过对知觉、持存（数据捕获）、预存的关系的有机配置，来规定个体规范的递归模型，已经成为病理的来源。离我们最近的一个例子是网络和游戏成瘾，这些瘾和毒瘾一样，需要一个既能让人舒适，又让他们虚弱得无法适应其他环境的环境。认为可以通过改变使用工具的方式（比如所谓的**处之泰然**[*Gelassenheit*]）来摆脱这种状况，太过简单了，因为关键问题在于那种通过调整环境实现的系统性规定，它类似于人类驯化动物的方法。技术基础设施像积木一样互相叠加，①从传感器到数据，从数据到软件，从软件到系统，系统再按照递

---

① 本杰明·布拉顿（Benjamin Bratton），《堆栈》（*The Stack*），马萨诸塞州剑桥：麻省理工学院出版社，2016 年。

归的反馈回路运作。技术系统远远超出了任何个别技术对象的操作能力,也超出了任何人类个体的认知能力。基于三种预存和持存形式的递归回路,构成了灵魂的新的动力学,这表明了技术对象的演化,以及灵魂被精神产物变得脆弱的**非人性化**(*inhumanization*)进程。

自控制论出现以来,我们如今见到无机有机性的发展延伸到了每一个智能设备,和系统化组织的多个层次中。它们不再只是**被组织的无机**,而正成为**无机的组织化**,它递归地运作,产生出自己的结构和模式。递归性是一种深入了一切量级(比如合成生物学)的思维。人们用递归算法把 DNA—RNA—蛋白质的复制概念化。或者正如一位合成生物学研究者在引用谢林的自然哲学之后说:"合成生物学家的目标是,通过运用自然的自组织原理,来增强和超越自然,简而言之:**通过驾驭自然来超越自然!** 他们把自然概念化[218]为一种技术,或者更具体地说:一位通用工程师。"①

自然是递归的;人们能从自然中找到部分和整体的相互性。但递归不仅是一种自然现象,它也是一种技术思维,或者是侯世达所说的"奇怪的循环"。② 算法可以通过递归性驯化各种形式的偶然性,让它们变得有用。必须从物质和历史的

---

① 让·施密特(Jan C. Schmidt),《合成生物学作为探索新技术科学浪潮的修辞与现实的后现代技术》(Synthetic Biology as Late-Modern Technology Inquiring into the Rhetoric and Reality of a New Technoscientific Wave),见《合成生物学:特征和影响》(*Synthetic Biology*: *Character and Impact*),贝恩德·吉斯(Bernd Giese),克里斯蒂安·帕德(Christian Pade),亨宁·维格尔(Henning Wigger)和阿尼姆·范·格莱克(Arnim von Gleich),多德雷赫特:Springer,2015 年,第 15 页。

② 侯世达,《我是个怪圈》,纽约:Basic Books,2008 年。

角度分析技术与偶然性的关系；这些关系反映了占主导地位的科学认识论。数字时代的资本采用了由算法和数字网络支撑的递归形式，因为它能再生（regeneration）/再生产。但这种再生不是线性的积累；它能以递归方式克服（无论是通过整合还是消除）偶然性，走向无限，即积累和发展的终极目标。这不仅是意识形态性的，因为技术不是意识形态，对资本的批判从根本上说是对技术的批判。我们能找到许多具体的例子：谷歌是一个庞大的递归机器，它通过整合用户的全部数据、更新它们并将其解析为对其他服务有用的信息，来再生产自己。谷歌当然只是一个例子，但当我们的环境被传感器和交互式机器包围时，真正的归纳采用了一种把用户当作递归算法、并使之成为另一个递归算法的一部分的新机制。德勒兹用了西蒙东的词汇，把这个过程称为**调控**（*modulation*）而不是**塑造**（*molding*）。[1] 或许这一点还不明显，因为技术系统的具体化需要时间。它总是始于漏洞和错误，但技术是由失败和限制推动的。完美并不能鼓励它，因为完美意味着不会再有进步了。

所谓的系统被认为是一种自立的理念性，它被基于数学的有机（递归和偶然的）形式实现了。回过头来我们可以说，谢林和黑格尔的体系，以及贝塔朗菲、卢曼和冯·福尔斯特的体系，都一直渴望着这种社会的无机有机性，尽管[219]他们没想到这会通过数字技术实现。比如在卢曼的社会系统中，社会是通过可执行性（performativity）维系的，可执行性的作

---

① 许煜，《控制之后的调控》（Modulation after Control），见 *New Formations* 84—85，2014/15 年，第 74—91 页。

用就像反馈或者**检查约束**(*Anstoß*),决定着是否该进行下一个循环。这种自我指涉被构想为两个黑盒之间交流的双重偶然性,正是不同的自指子系统构成了社会系统的复杂性。社会系统可以通过在各个层面(语言、个人、家庭、机构、国家)实施这种递归形式,通过这些层面的联系来发展自己。相比谢林那种把自然看作一般有机体或可见的心灵这种观念论设想,人类实际上正在把自然实现为一个控制论系统。

我们在德日进的理智圈那里也能找到类似的想法,他把理智圈描述为一层"环绕的思维体"。理智圈是人化过程中产生的一个"新增的行星圈层。"①这个"新增的行星圈层"正走向一种聚合,在技术的"普遍化"趋势中可以找到它的证据。正如德日进观察到的,工具可能是由个人发明的,但这种技术的传播是全球性的。因为从一开始,当工具被用作解放四肢和其他器官的生物功能,技术的不断演化就产生了一个相当不同的场景:

> 当**制造工具的人**(*Homo faber*)出现,第一个初级工具作为人类身体的附加物诞生了。如今,这个工具已被转变为一个机械化的环绕(它在自身中是连贯的,且样式繁多),附加在全人类之上。它已经从身体性的变成了"理智圈"。②

德日进在理智圈技术的普遍化趋势中,看到了一种聚合,所有

---

① 德日进,《人的未来》,诺曼·丹尼译,纽约:Image Books,2004,第151页。

② 同上,第160页。

的大脑聚合为一个大脑，或是产生一个有机体。现代地球——按照马古利斯和洛夫洛克的观点，我们可以称之为人造地球或盖亚——是超有机体的实现，一个作为个体大脑的集合体的超级大脑。这个超有机体[220]与谢林的一般有机体差别巨大，正是因为对谢林来说，一般有机体是对自然的称呼，而德日进所说的超有机体不再涉及自然，而是一个由技术实现的、能够**反思**和**预期**的系统。

我们可以提出这样一个思辨的问题：按照德日进的逻辑，是不是可以说随着理智圈、技术和环境的成熟，有机和无机将共同构成一个有机主义系统，使康德意义上的永久和平得到保证——因为这种基于相互性和共联性的自然自组织正是康德设想的政治理想？也就是说，随着技术朝奇点和智能爆炸加速发展，有没有可能实现一个像真正的"有机体"那样，能够自我规划和自组织的人造地球？但德日进能设想这样一种末世论，是因为他没有考虑到权力和资本。超有机体将始终是个神学理想，它忽略了体现在不同层次中的斗争。正因如此，康吉莱姆之后的器官学必须同时是一个政治项目，它必须是宇宙技术性的。

§38　理性的原则

当技术系统的决定性成为一种普遍趋势，又该如何思考不确定性(indeterminacy)呢？技术系统的决定性包括对未来行动和事件的推测。这构成了我所说的继康德《判断力批判》的表述之后，哲学思考的新条件。然而，问题不在于有机丧失了优越性，正如西蒙东清楚觉察的，问题在于没能认识到无机正在成为有机。西蒙东进一步把这种状况看作一种可能性，因为考虑到甘巴尔引擎的地理环境是不可转移的，在一个信息机器集合中创建和组织关联场合会更容易。因此，这场斗争不是要恢复人类的有机性的优越性，而是要试图**重置技术**(*resituate technology*)——即一种控制论或流程学思维——这**超越**了[221]技术的具体化。(因此它是一种一般流程学，而非维纳意义上的控制论，它更接近贝特森而不是维纳。)这种“超越”不是分离，而是对技术具体化的再语境化，这与生机论者希望把“机械放归它在生活中的位置”的做法有相似处。[①] 在《机器与机械主义》(Machine and Mechanism)一文中，康吉莱姆指出，笛卡尔通过把有机体机械化，使目的论消失了，因为自然被简化为机械，目的论被封闭在技术活动中。[②] 康德在《判断力批判》中对反思性判断和规定性判断的区分，以及柏格森对生命和机械的区分，使康吉莱姆得以设想一种远超出科学与技术的现实，就像康德的自然目的[③]和柏格森的**生命冲动**那样。在西方，人们可以看到从神话到机械主义，进而到有机主义和控制论的转变，这是科学的进步，同

---

① 康吉莱姆，《生命的知识》，第 73 页。

② 同上。

③ 伊曼努尔·康德，《判断力批判》，詹姆斯·梅瑞迪斯译，牛津：牛津大学出版社，2007 年，§ 75：“只有这一点是肯定的，如果我们至少应当按照我们自己的本性允许我们看到的那样做出判断——也就是说，受制于我们理性的条件和限制，我们完全无法把这种自然目的的可能性归于除了一个理智存在之外的任何来源。只有这样才符合我们反思性判断的准则，因此也符合一种虽然主观，却紧密地与人类联系在一起的基础。”亨利·阿特兰(Henri Atlan)也引用了这段话，见《自组织，哲学，生物伦理学和犹太教文选》(*Selected Writings on Self-Organization*, *Philosophy*, *Bioethics*, *and Judaism*)，纽约：福特汉姆大学出版社，2011 年，第 183 页。

时数学形式化规定了什么可以被称为**科学的**。维纳认为一台柏格森式机器是可能的，因为他像有机论者那样，拒绝了**生命冲动**概念，认为可以用数学方法研究有机体。维纳的控制论表明了一种构建非笛卡尔式机器所需的基于反馈和信息的新认识论，从而他也扩展了理性主义的范围。柏格森和康吉莱姆两人都认为，技术理性化总伴随着不可化约的另一面："技术的理性化使人忘了机器的非理性起源。似乎在这个领域也像任何其他领域那样，人们必须知道如何给非理性腾出位置，甚至，尤其是当人想捍卫理性主义的时候。"①

[222]我倾向于认为，技术理性的限度是西蒙东《论技术物的存在模式》第三部分的核心主题，它仍然是最重要的，因为必须从技术的起源处理解它，技术也是人化的一个关键要素。如果西蒙东为了使我们反思技术对象的存在而提出的**技术现实**（*réalité technique*）一词，就像我们在导论中所说，的确是对海德格尔**此在**的回应的话——这个词在法语中被译为"人的现实"（*réalité humaine*）或在此存在（*être là*）——那么技术现实就和人的现实一样，也指向一个"此"。这意味着不能把技术现实作为一个仅由理性产生的孤立实体来研究，而是必须从历史性和地域性角度研究它。因此，我们认为西蒙东看到了解释技术性的起源的必要性，技术对象的物理具体化只是这种起源的一部分。西蒙东想从物理具体化转向技术性的起源，这也是我自己的**宇宙技术**概念的出发点。起源是多种多样的，正如宇宙技术也是多样的。如果说一般流程学可以被称为普遍控制论，这是

① 康吉莱姆，《生命的知识》，第96页。

因为它寻求一种起源，作为问题（它们也是必要的）的解决方案，系统浸在时间之中，也就是说结构不再能维系其操作的动力学。于是，操作必须寻找另一个结构，这也是一个**价值重估**（*transevaluation*）的过程。在第二章中，我们简要讨论了贝特森以酗酒者为例，关于结束正反馈的恶性循环的说法。在达到某个阈值时——比如致命的疾病或严重的事故——这种飞跃便可能发生，这时另一个现实呈现出来，比如匿名戒酒会成员所说的"强力"。强力指一种神性的体验，这一刻人脱离了自我，自我被一种不可把握的外力重新配置。在西蒙东那里这种神性被称为魔法，在海德格尔那里被称为未知和不可估量者。在西蒙东思辨的技术性历史中，魔法相位指（格式塔心理学意义上的）图形和背景分离、而主体和客体没有严格区分的时刻。我们把这种主客体的无分别理解为内在（人类主体）和外在（自然[223]现象）的连续性，其中内在性反映在外在性中，反之亦然。① 魔法相

① 西蒙东在文中没有说明魔法相位的概念来源，但它与詹姆斯·弗雷泽的《金枝》（伦敦：Macmillan，1920年）很相似，在那里弗雷泽将魔法描述为不过是"实验物理学"的开端。在魔法相位——这与常识相反——原因是客观的，且已经存在一种"关于客观存在和事件的直觉，认为它们是根据固定的规则被安排的"。在宗教直观（区别于魔法直观）中，"人类受制于外来的暴力力量，他把自己的全部生命托付给这些力量"。在魔法相位，"客观性"不来自超验存在，而是指明了主体和客体的统一。关键点涉及内在性："它把自然理解为一个被严格规定的事件序列，试图深入这种规定性的本质。它不知道偶然的存在；相反，它把事件严格的一致性提升为直观。以这种方式，它不同于宗教，达到了关于世界的科学知识的第一阶段。"见恩斯特·卡西尔，《形式与技术》（Form and Technology，1930），《华尔堡时代（1919—1933）：论语言、艺术、神话和技术》（*The Warburg Years* [*1919—1933*]: *Essays on Language, Art, Myth, and Technology*），洛夫特（S. G. Lofts）和卡尔卡尼奥（A. Calcagno）译，康涅狄格州纽黑文：耶鲁大学出版社，2013年，第287页。

位二分为技术和宗教，每一个又进一步二分为理论部分和实践部分。在这种在时间中持续的分叉中，西蒙东设想哲学思考的任务（由于美学思考的不足）是寻求对抗持续发散的聚合。

对人化来说，技术无疑是不可或缺的，但是在文明的发展中，技术只是宇宙生命的一部分。技术不等于文化。事实上，技术总是受到文化的挑战，也受文化的激励和制约，正如伯特兰德·吉勒（Bertrand Gille）就各个人类系统（司法、政治、经济等）和技术系统的冲突所说的那样。[①] 然而，当技术从这种图形/背景的平衡中分离出来，成为它自身和其他领域的背景，我们就必须把它重置在新的知识型中，根据不同的认识论来从内部改造它。因此我们必须寻找技术的根基。这也是我提出宇宙技术概念的动机，我试图敞开技术的问题：我们不只有一种技术（作为图形）和一种宇宙论（作为背景），而是有着包含道德和宇宙的不同动力学的多种宇宙技术。西蒙东借[224]格式塔心理学，这样评论图形和背景的关系：

> 格式塔心理学在认识到全体的作用的同时，把力量归于形式；而对发明过程的更深入分析无疑会表明，起积极作用的决定因素不是形式，而是承载着形式的东西，即它们的背景；尽管背景总处在人们注意力的边缘，却潜藏着动态，形式系统通过它才能存在。形式并不参与进形

---

① 见伯特兰德·吉勒，《技术的历史：技术与文明，技术与科学》（*Histoire des techniques：Technique et civilisations，technique et sciences*），巴黎：Gallimard，1978 年。

> 式中，而是参与进背景——背景是一切形式的系统，或者说是各形式倾向共有的水库，早在形式独立存在并把自身建构为明确的系统之前，它就参与进背景中了。参与的关系把形式同背景联系起来，这一关系超出了现在，把未来的影响散布进现在，把虚拟的影响散布进现实。因为**背景是虚拟性**（*virtualities*）**的系统**，是潜能和开辟道路的力量的系统，而形式是现实性的系统。①

背景起着支撑一切形式的作用。西蒙东主张把技术性重置进一个宇宙现实中，技术对象的具体化（或他所说的**物理具体化**）在这一现实中应受对聚合的寻求的引导，聚合表现为内部共振促发的个体化。当我们把涉及格式塔心理学的内容和上一章关于康吉莱姆和戈德斯坦的有机全体（更不用说西蒙东的老师梅洛-庞蒂，他受戈德斯坦和格式塔心理学的影响很深）的讨论联系起来时，他对格式塔心理学的暗指就显得很重要。背景与形式关系的颠覆产生了德勒兹所说的“先验愚蠢”（*bêtise*），谢林则简单称之为“恶”：

> 个体化本身在一切形式之下运作，它与由它带上表面并追随着它的纯粹背景不可分割。我们很难描述这一背景，或者它所激起的恐怖与吸引。把背景翻转上来是最危险的工作，却也是在意志愚钝麻木之时最吸引人的工作。因为这背景和个体一起，上升到表面却并不呈

---

① 西蒙东，《论技术物的存在模式》，第60—61页；重点由本书作者所加。

> 现为**形式**[225]或**图形**……它是不确定的，但只有当它继续像背景/地面接纳鞋子一样接纳确定性，它才是不确定的。①

在德里达关于先验愚蠢的研讨会上，他注意到，为了理解德勒兹关于这种**愚蠢**的个体化的说法，有必要把谢林的基础概念同时理解为原初基础（*Urgrund*）和无根基的基础（*Ungrund*）。他的一个理由是德勒兹在脚注中提到过谢林的《论人类自由的本质》。② 德里达强调谢林的基础概念的重要性，多半是正确的。但我们也必须注意，德勒兹同时也在指西蒙东的个体化概念，以及西蒙东从格式塔心理学中借来的背景—图形比喻。众所周知，《差异与重复》这部作品深受西蒙东的影响，尤其当我们想到谢林谈论基础时没有用到**图形**这个词，这一点就更明显了；海德格尔在他的《谢林论人类自由的本质》(*Schelling's Treaties on Human Freedom*)研讨课上也没有用图形这个词。谢林想表明，自由同时是善与恶的条件，因此恶即使在上帝那里也是不可避免的。这种说法可能会使人怀疑上帝是恶的，因为按照传统的理解，上帝与恶、自由与系

---

① 德勒兹，《差异与重复》(*Difference and Repetition*)，保罗·巴顿(Paul Patton)译，纽约：哥伦比亚大学出版社，1994年，第152页。德里达在"德勒兹视角下的人的先验性'愚蠢'(bêtise)"(The Transcendental 'Stupidity' ['Bêtise'] of Man and Becoming-Animal according to Deleuze)一文中也引用了这段话，见《德里达，德勒兹，精神分析》(*Derrida, Deleuze, Psychoanalysis*)，加布里埃尔·施瓦布(Gabriele Schwab)编，纽约：哥伦比亚大学出版社，2007年，第50页，重点由本书作者所加。

② 见德勒兹，《差异与重复》，第321页，脚注15："谢林关于恶(愚蠢和恶意)有一些十分精彩的说法，恶的来源就像是基础变成了自主的(本质上与个体化有关)。"

统是不相容的。谢林的论证则表明,恶不可能不是上帝,因为如果恶不是绝对的虚无,它就是存在,而如果上帝是一切存在的存在,那么恶就在上帝之中。在生成过程中,基础和存在是分离的,就像重力与光、普遍意志与自我意志这两种力量。每个存在在其生成中都与上帝分离,而这种分离又是矛盾的,因为它只能在上帝之中**存在**并**生成**。恶的个体化(*Vereinzelung*)产生于自我意志试图取代普遍意志的努力:

> [226]作为精神性存在,自我意志只有留在神性的基础中且作为被造物,才能努力成为其所是。作为分离的自性,它可以意愿成为整体的基础。自我意志可以把自己提升到一切之上,只意愿就其自身来规定原则的统一性。这种能力是恶的能力。①

如果我们认为技术具体化模糊了宇宙现实性,那是因为技术和数码物正在成为它们自己运动的背景,而非图形。当技术本身成为背景,宇宙现实就变得模糊了,技术加速成为一切价值的价值。因此我试图表明,我们绝**不能**把现代技术看做全体或背景,而是迫切地需要考虑不同的宇宙技术,其中技术与宇宙和道德重新联系在一起。为此需要重新思考知识型的转变,这种转变又为不同的政治、社会和审美经验创造了条件。在这里我们可以说,西蒙东正是根据这种宇宙技术的重新配置,提出了他所说的**共自然性**(*co-naturality*),即自然和技术

---

① 马丁·海德格尔,《谢林论人类自由的本质》,琼·斯坦博(Joan Stambaugh)译,雅典:俄亥俄大学出版社,1985年,第142页。

的共存;或者更准确地说,这里的共自然性指技术基础设施补充了魔法相位(即背景和图形的统一),成为这一阶段中像山峰、大树和溪流那样的关键要素:

> 就其本身来看这个电视天线……它坚硬,但有朝向;我们看到它指向远处,它能接收很远处发出的[信号]。对我来说,它不仅是一个象征;它似乎体现着某种姿态,一种近乎魔法的意向性力量,一种当代的魔法形式。在最高处和节点(超高频传输的点)的这种相遇中,存在一种人类网络与该地区的自然地理之间的"共自然性"。它有诗意的维度,以及有关含义、含义的相遇的维度。①

这可以被称为**宇宙生成**(*cosmopoiesis*),它倾向于共存,而不是人类和技术对自然的统治。[227]西蒙东的这种有机性从功能必要性(比如在甘巴尔引擎中)转向了美学和哲学的必要性,这从根本上说是直观的。对西蒙东来说,直观是"图形和背景就其自身而言的关系"。② 西蒙东从理性回到直观,和柏格森一样,他认为直观是一种未被理智耗尽的原始能力。西蒙东想把柏格森的直观概念一般化为一种认识形式,能解决图形和背景的倒转所产生的问题,③同时他也想克服柏格森那里无兴趣的"纯粹操作"和"功利性

---

① 吉尔伯特·西蒙东,《关于机器学的采访》(Entretien sur la méchanologie),见《综合评论》(*Revue de synthèse*),第130册,系列6,1,2009年,第111页。

② 西蒙东,《论技术物的存在模式》,第244页。

③ 同上,第242页。

操作”之间的对立[①](正如我们在上一章见到的)。在西蒙东看来,操作和结构不能孤立开来;对个体存在的真正分析可以理解为结构与操作的相遇,他称之为**流程学**。在西蒙东看来有三种直观:魔法的、美学的和哲学的。魔法的直观维持了背景和图形的一致性,在它分裂为技术和宗教之后,审美直观继而试图在两者间制造聚合。但对此它只能做到指出两者关系的必要性,而不能进一步,最后哲学直观必须接替这项任务。哲学直观必须和理念与概念、康德的直观和智的直觉区分开来:

> 直观既非感性的也非理性的;它是已知存在的生成[devenir]和主体的生成间的类比,是两种生成的相符(coincidence):直观不仅是像概念那样是对图形性现实的把握,也不像理念那样涉及统一实在的背景的全体性;**就它形成了一个起源在其中发生的系统而言,它以实在为目标;它是起源性过程特有的知识**。[②]

---

① 西蒙东,《流程学》(Allagmatique),见《以形式和信息观念重新理解个体化》,第564页:“柏格森的直观主义把作为哲学直观的纯粹操作与有兴趣的、功利主义的、物质化和空间化的操作区分开,也就是把附着于结构的人造思维和自然思维区分开:通俗的知识通过生成的无尽流动性寻求同一,它拒绝运动而偏爱静止。”(l’intuitionnisme Bergsonien distingue de l’opération pure qu’est l’intuition philosophique la pensée intéressée et utilitaire, matérialisante, spatialisante, c’est-à-dire la pensée qui s’attache aux structures, artificielles ou naturelles: la connaissance vulgaire est une recherche de l’identique à travers la fluidité sans fin du devenir, un refus du mouvement au profit de statique.)

② 西蒙东,《论技术物的存在模式》,第245页;翻译已修改,重点由本书作者所加。西蒙东在这段话的两页之前指责了概念和理念的不足:“它[直观]不同于理念,它与它把握的存在是共自然的,因为这种共自然性只能把握背景,而背景不是存在的整体[ensemble];它不像概念那样抽象,概念为了只保留削减的形象而舍弃了存在的具体性。”

[228]在这里我们可以推断,哲学直观既不是纯粹偶然的也不是原初的,而是一种**审美和哲学教育**,或对感知性的教育。它不是我们今天在科学中说的严格意义上的认识论,我更愿意称它为**知识型**,它是知识生产的感性条件。由于西蒙东主张直观既不是感性的也不是理智的,因此也很难说明它与《纯粹理性批判》中的两种纯粹直观完全无关。但人们可以正当地说,这里的哲学直观不怎么是对现实的再现,它首先是以类比的方式运作的。① 类比在这里意味着,已知存在的生成和主体生成之间存在联系,但这联系还不是一种综合。哲学直观寻找着宗教和技术、概念和理念的**耦合**,在这个意义上可以说,我们正是在哲学直观中,再次发现了一种超越了西蒙东对控制论讨论的流程学。②

流程学作为哲学直观的核心,寻求着一种起源。但西蒙东所说的那种背景究竟是什么?它具有怎样的现实?事实上,我们在西蒙东的作品中找不到这个词的明确含义。我们把背景与一种宇宙现实联系起来,但这作为"已知存在"的"生成"的宇宙现实,本身带有某些不可知的东西。它是未知的,也是最偶然的。康德赋予智的直觉以认识本体——包括自由、神性和不朽的灵魂——的能力,以弥补感性直观的局限。

---

① 在《论中国的技术问题》中,我介绍了中国哲学家牟宗三(1909—1995)对康德智的直觉的挪用,在牟宗三看来,智的直觉超越了感官认识;它是一种超越了感性直观的延伸,形成了一种为道德宇宙论奠基的认识。我没有把西蒙东的哲学直观等同于牟宗三的哲学直观,因为西蒙东明确拒绝把智的直觉和哲学直观等同。然而,我们可以看到他们两人的共鸣,因为他们都在直观的概念中寻找基础。在汉语中这一基础被称为**本体**,经常同本体论混淆。

② 西蒙东,《论技术物的存在模式》,第245页。

西蒙东的哲学直观能产生感性直观和智的直觉（如果我们假设它存在，并且是人类能达到的，就像康德之后的一些哲学家主张的，如费希特、谢林和牟宗三等）的耦合，正如它也在概念和理念间制造耦合。矛盾之处在于，这种[229]未知永远不可能被客观地知道，因为当它被知道了，就不再是未知的，因此也不再是系统中的一个缺失的他者，而成了技术—科学的一部分。我们必须强调，未知是一个认识论范畴，而不只是出于“懒惰”或“非理性”而被命名的神秘和不可言状者。如果我们把神性、未知、绝对偶然性、不可计算性，甚至道归入这个范畴，这不仅是肯定了生命不可还原为物理化学活动，或精神性不可还原为物质，也表明有必要把未知**理性化**；为了重构技术问题，使技术具有一种不是用途的终极性，而是超出用途的终极性，未知对一切知识体系来说都是必要的。在这一点上，西蒙东与海德格尔很接近，他也确实提到了海德格尔："认识到技术现实的本质的思想是这样的：它超越了分离的对象——用海德格尔的话说就是器具——发现了技术组织超出分离的对象和专门化的行业的本质和范围。"①

当然，我们不是要把西蒙东和海德格尔等同起来。但西蒙东正是在这一点上想构建一种能认识到技术现实的思想，正如海德格尔希望离开现代技术的聚置。因此，西蒙东和海德格尔的对话揭示了一种未来的技术哲学。那么未知的认识论如何可能呢？乍一看，这个问题本身可能显得矛盾。毕竟，未知正是因为它没有办法知道才是未知的，如果**有**一种知道它的方式，它还怎么能未知呢？然而，我们在这里要提醒自

---

①　同上，第230页。

己，构成了从康德到控制论的有机思想的精神，正是一种试图知道未知却又不真的知道它的企图。区别在于，在控制论中，未知在功能层面上被忽略了，因此它缺乏功能，而我们希望把未知视为功能性的，这不仅对我们在世界中的行为施加了约束和限制，还允许发展出与世界和技术的无法穷尽的关系。当我说有必要把未知“理性化”，我不是提议把未知变成某种可以把握的上手之物，[230]就像我们面前的一杯水，而是要构建一个一贯性的平面，使我们能通过自己继承和生活在其中的符号世界来接触未知。精神性的问题总是一个符号问题。认知主义者试图证明可以通过调整神经活动来达到精神性或宗教性的体验，所以对他们来说教堂存在于大脑中，却没有意识到精神生活需要象征来支撑，他们的做法令人沮丧。消除了主客体区别的认识的递归性，根本上是一种技术递归性，它随着历史的进程和符号系统的演化而变得复杂。

看似神秘的未知或不可知者，也许可以和海德格尔所说的**存在**关联起来。① 这是对科学持续征服“为什么”所引起的

---

① 让・博弗雷特(Jean Beaufret)回忆，1955 年海德格尔在巴黎梅尼蒙当遇见勒内・夏尔(René Char)时，夏尔对海德格尔说：“诗歌没有回忆[*Andenken*]。人们希望我总是走得更远、走回从前[*im Voraus*]——走向未知[*Unbekannte*]。”晚上晚些时候，回到他的住所之后，海德格尔告诉博弗雷特：“夏尔说得对。这是思与诗的区别。诗歌总是走得更远以回到从前，而思维按其本质来说是回忆[*An-denken*]。但诗歌依然是思想不可或缺的条件。”见让・博弗雷特，《在法国》(In Frankreich)，见《马丁・海德格尔的对话》(*Martin Heidegger Im Gespräch*)，甘特・奈斯克(Günther Neske)和埃米尔・凯特林(Emil Kettering)编，普福林根：Neske，1988 年，第 247—248 页；关于诗歌与未知的更详细的关系，见许煜，《节奏与技术：论海德格尔对兰波的评论》(Rhythm and Technics: On Heidegger's Commentary on Rimbaud)，《现象学研究》(Research in Phenomenology)，47，2017 年，第 60—84 页。

疲惫的回应。在他的研讨课《理性的原则》(*The Principle of Reason*)中,海德格尔给出了对莱布尼茨的 *nihil est sine ratione*(没有什么是无理由的)的两种解释,他将这句话翻译为 *Nichts ist ohne Grund*(没有什么是无基础的)。首先是逻辑性的解释:一切命题——例如,"愚蠢是恶"——要想成立,主词和谓词之间必须有联系,也就是要有判断的基础。根据这种解读,我们得出了第一种对基础的解释,即基础是**理性**(*ratio*)或说明(*Rechenschaft*)。[1] 说明被给予人,给予作为判断主体的人。在这一判断中,物已经成为一个**对象**(*Gegenstand*),它把自己置于人和他/她的观点面前。现在,理性的原则就有了这种含义,海德格尔说:"当且仅当事物已经被牢固地确立为可供认知计算的对象时,它才算是(counts as)存在。"[2]对原则的这种解释来自现代技术,[231]因为现代技术基于事物的可计算性(*Berechenbarkeit*),因此理性原则的统治规定了现代技术时代的本质。[3]

如果说第一种解释把基础/背景总体化为关于存在的再现的说法,通过使存在变得可计算而耗尽了它。那么尽管海德格尔没有谈到图形,我们仍然可以看到**可计算性**是**聚置**的另一种说法。这是图形成为自己的背景的时刻,而这种自我构成首先是一种排除的模式。[4] 海德格尔还提出了对莱布尼

---

① 马丁·海德格尔,《理性的原则》,莱金纳德·莉莉(Reginald Lilly)译,印第安纳波利斯:印第安纳大学出版社,1996 年,第 119 页。

② 同上,第 120 页。

③ 同上,第 122 页。

④ 总体而言,我们也可以说海德格尔在《艺术作品的起源》(The Origin of the Work of Art)中所谈到的大地与世界的关系,也是基于类似的背景—形象关系;存在与存在者的关系也是如此。

茨的原则的第二种解读。如果第一种解释强调的是**无**(*nihil*)和**没有**(*sine*);在第二种解释中,我们关注**是**(*est*)和**理由**(*ratione*)的问题,即存在的问题。在第二种解释中,基础**是**——也就是说,基础属于存在(Being)。由此得出的理性的原则不再是主宰存在(beings)的再现的东西,而是存在(Being)的一种。作为存在(Being)的基础是什么?基础是那回答了"为什么"的问题的东西(*warum*),但它并不意味着**因为**(*weil*,*because*),而是**鉴于**(*whereas*,*dieweilen*):是"只要……而(so long as… while)"。海德格尔总结说,"当(whiling,*weilen*)、持留(tarrying,*währen*)、一直持续(perpetuating,*immerwähren*)是'存在'一词旧有的含义"。[1] 这一结论呼应了他1949年的演讲《技术的追问》(*The Question Concerning Technology*),演讲中他把本质一词重新解释为永久保持的东西(*das Fortwährende*)。[2] 对海德格尔来说,基础的核心问题在于存在的保存。

这个基础是无根基的,**原初基础**(*Urgrund*)是**非基础**(*Ungrund*)或**深渊**(*Abgrund*),因为它无法被达到,也无法被把握为上手之物。当人意识到他信以为基础的东西原来只是深渊时,会感到不知所措。人能够相信那不可确证之物,依然受它引导吗?在海德格尔这里,这难道不是一种向宗教和诗歌的回归吗,因为诗人应当预见未知的到来(在某种程度上期待意外之物)?这难道不是对现代科学为将自身从超验幻象

---

① 海德格尔,《理性的原则》,第127页。

② 马丁·海德格尔,《技术的追问和其他论文》(*The Question Concerning Technology and Other Essays*),威廉·洛维特(William Lovitt)译,纽约Garland,1977年,第30页。

的压迫中解放出来而抹除掉的东西的或保守或浪漫的拒绝吗？[232]未知的问题岂不会把我们带离现代科学向我们承诺的基础吗——在这一基础中，自由的是合理的，合理的是自由的？

然而，我所说的对未知或不可知者的理性化有着不同的含义。它并不是要重新设立一种上帝似的超验性，而是要保留技术的**工具性**，把它与精神统一起来，同时超越技术的工具性，使新形式的生活与幸福能通过新的符号系统被觉察，这种新符号系统能让未知不仅以教派、宗教或新纪元(New Age)的实践的形式被接纳，也可以体现在科学研究和技术发展中，这时技术的发展就不再被称为"现代科学技术"了。现代科学技术只看到了宇宙的持存，以及根据唯物主义学说探索宇宙秘密的可能性。这种无根基的基础由于具有虚拟性，将在酗酒的现代人"触底"之后，以这种或那种形式被揭露出来：只有一个上帝能拯救我们。

第五章
剩余的非人

闪电驾驭宇宙。

——赫拉克利特,《残篇》64

[233]法国哲学家让-吕克·南希(Jean-Luc Nancy)在2011年福岛的灾难发生后,立即写到这件事,他已经预见了悲剧的完结,对后工业启示录的渴望的完结,以及信仰与智慧统一的希望的完结:“我们既不再活在悲剧的意义中,也不活在基督教假设为能把悲剧转移和提升至神圣救赎的东西里。我们也无法在儒家、道家或佛教智慧里找到庇护所:尽管我们怀着好意,等价(equivalence)都不允许这样。”①

结局作为事件到来,它揭露了形而上学的怪诞。不是说地球遭遇了袭击;无论是通过增强地球的力量还是缓解它的损伤,地球都能把这些灾难吸收掉——这就是所谓的生态系

① 让-吕克·南希,《福岛之后:灾难的等价》(*After Fukushima: The Equivalence of Catastrophes*),夏洛特·曼德尔(Charlotte Mandell)译,纽约:福特汉姆大学出版社,2015年,第8页。

统的还原力。然而，技术的巨大力量正在各个数量级上开展自动系统化——人工智能、物联网、纳米技术、生物技术、无人机、无人驾驶汽车、智能城市、SpaceX——并期待着有一天，即便地球的自然生产力被耗尽，它也能给自己添加燃料。海德格尔所说的全星球化（planetarization）[234]意味着技术侵入一切存在者，使他们成为持存，就像一般等价性（我们也是在这个意义上理解南希所说的**等价**）。技术全球化首先必须征服其他知识体系。非欧洲文化体不得不采纳现代知识型，也包括它的技术装置，只有这样，如此庞大的系统才能实现。正如海德格尔在《哲学的终结与思的任务》（The End of Philosophy and the Task of Thinking，1964）中著名的说法："哲学的终结意味着科学技术世界和与之相应的社会秩序的可操作性安排的胜利。哲学的终结意味着：基于西欧思想的世界文明的开始。"①对科学技术世界的"可操作性安排"（*steuerbare Einrichtung*）指控制论。我们这个时代必须从根本上区别于悲剧时代和启示录时代——这两个时代分别对应着古希腊—德国思想和犹太—基督教思想。相比之下，灾难时代是全球性的，人造的（artificial）——或许我们也称它为肤浅的（superficial）。

我们知道，如今这个时代算法灾难会接踵而来：气候变化、全球金融市场突然崩溃、大规模失业和迫在眉睫的网络和机器人战争。我们处理的已不再是特定的地理文化；相反，我们如今面对的是技术带来的全球文化，我称它为全球时间轴

---

① 海德格尔，《论时间与存在》，琼·斯坦博译，纽约：Harper & Row，1972年，第59页。

的实现。但这没有(多半也不可能)实现作为永久和平的“自然的隐藏计划”。理性在其存在的一个混乱时刻到来,虚无主义也从这个**超人**(*Übermensch*)的危机的背景下浮现。因此,这也是理性试图在偶然性中寻求其拯救力量的时刻,偶然性是尚未确定、也始终不可规定的。同时,人们认识到灾难也可能是朝更好的未来的过渡,因为技术的完善在很大程度上有赖于故障和灾难:没有船只失事就不会有更好的导航技术;换句话说,没有失败和障碍,就不会有任何发明,很可能也没有科学。我们今天见到的全星球的聚合,以及依赖递归建模的治理术,已不再是一种隐喻,而是正在完成德日进[235]和洛夫洛克意义上的超有机体。这个庞大的系统究竟会对我们施加更为暴力的规定,还是会像超人类主义者宣称的那样,提供自由的承诺?① 在讨论了西蒙东思想中的不确定性余裕的概念后,我们希望回到确定性的问题上来,因为在西蒙东那里,不确定性余裕是机器设计的一个原则,也是人与机器之间非预定关系的一个原则。在技术系统的组织性无机的时代,我们该如何处理不确定性的问题?

§39　后现代性与递归性

我们需要回到第一章开篇处讨论过的,康德的第三个有

---

①　在这里,我们必须提到彼得·泰尔(Peter Thiel)在评论美国政治形势时说的话,他已经意识到民主和自由是不相容的,因为民主界定了自由(比如技术和全领土发展的自由)。技术加速能够超越这种不相容性,以实现自由。见彼得·泰尔,《自由主义者的教育》(*Education of a Libertarian*),2009 年,https://www.cato-unbound.org/2009/04/13/peter-thiel/education-libertarian。

关自然法则和自由的张力的二律背反。弗里德里希·席勒在《审美教育书简》一书中回应了康德的二律背反。[①] 在书中，席勒不仅讨论了感性和理性的冲突，还从法国革命的角度讨论了政治能力的冲突，[②]即理性的恐怖对个体的自由。在我们的时代，这些对立采取了另一种形式——也就是通过算法和大数据进行的治理，它与个体自由和欲望对立。席勒和康德当然没有料想到我们这个时代机器的统治。黑格尔在国家的实现方面可能有这种预感；但他大概没有想到精神以理性名义的外化，如今会在算法式的治理术中实现。当然，人们可以争论这种机器中的推理形式是否称得上理性，但事实上，[236]如今的递归算法具有灵活性和自组织、自我改进的能力，这或许会让 17 世纪和 18 世纪那些依然天真地把技术和机器等同起来的思想家不知所措。

关于前面提到的那个二律背反，席勒的回应是构建一个第三者。席勒把这个对立重新表述为感性的物质驱力（*Stufftrib*）和理性的形式驱力（*Formtrieb*）的对立，并提出一种他称为**游戏驱力**（*Spieltrieb*）的综合。游戏驱力的综合并不试图消除两种相反的驱力中的任何一个，而是首先通过使它们成为偶然，再使其成为必然，以保存它们两者。我们知

---

① 席勒，《审美教育书简》（*On the Aesthetic Education of Man in a Series of Letters*），威尔金森（Wilkinson）和威洛比（L. A. Willoughby）译，牛津：牛津大学出版社，1983 年。

② 席勒对法国的恐怖统治感到震惊，尤其是在路易十六被处死之后。他在 1793 年 2 月 8 日的一封信中写道："法国人的企图……不仅把这个不幸的民族自身，也把相当一部分欧洲人和整个世纪都带入了野蛮与奴役之中。"威尔金森和威洛比在《审美教育书简》导论中引用了这段话，第 xvii 页。

道，正是这种保存与提升的双重运动启发了黑格尔的**扬弃**。而我想说，游戏驱力是器官学的，因为它试图把对立的力量保持并整合为一种综合的力量。席勒的审美教育在今天依然重要，我们可以考虑把自然概念换成技术系统概念，把他的质疑和论证重新放入我们的时代。席勒主张通过审美教育来克服这种对立，审美教育也是感知性的形成或教育（*Ausbildung des Empfindungsvermogens*）。审美教育允许必然与偶然的和解，允许无限刻写于有限中，它的目的在于充分实现人性。正如席勒在第25封信中所说："因此正是通过两种本性的统一，无限刻写于有限中的可能性、进而还有**崇高人性**的可能性得到了阐明。"①

我们不关心席勒是否算是哲学家；他的尝试确实值得被重新表达，放到新的语境下。首先，我们可以把它与谢林关于人类自由的体系联系起来一并阅读，谢林说的人类自由不能同恶完全分开。其次，人性的实现可以和利奥塔的非人概念并行解读。我们想回顾地把利奥塔对系统概念的批判，重构为一种解决我们在这里讨论的问题的尝试，这不仅因为利奥塔在很大程度上被低估了，也因为他仍然是我们时代的先知。

[237]在我看来，可以把利奥塔在1979年的《后现代状况》（*The Postmodern Condition*）②和1988年的《非人：对时间的反思》（*The Inhuman: Reflections on Time*）之间的写

---

① 见席勒，《审美教育书简》，第25页。

② 让-弗朗索瓦·利奥塔，《后现代状况：关于知识的报告》（*The Postmodern Condition: A Report on Knowledge*），杰夫·本宁顿（Geoff Bennington）和布赖恩·马苏米（Brian Massumi）译，明尼阿波利斯：明尼苏达大学出版社，1984年。

作——包括1983年的《差异》(*Le Differrent*),尤其是他1985年的《非物质》(*Les Immatériaux*)——解读为哲学家对以系统的主导为特征的后现代的承诺与问题的持续反思。后现代体现了一种不可化约的二元性。正如崇高既有积极一面——即从现代的秩序和等级观念中解放出来——也有另一面,即它有某种自主运作或自我合法化的特征,这构成了新的知识生产范式,利奥塔称之为**系统**。人们可能必须承认,知识生产和技术发展的实际状况还没有超出利奥塔在《后现代状况》前几页中的设想。当然,如果相信我们仍然停留在四十年前被称为**后现代**的历史时刻,也是有问题的。我们还需进一步反思利奥塔对技术的根本批判,以理解如今的关键问题。

关于利奥塔对系统的批判,我们首先必须澄清他对康德反思性判断的解读的含糊性。利奥塔仔细阅读了康德,尤其是他的《判断力批判》。可以毫不夸张地说,反思性判断是利奥塔关于后现代主义和一般意义上的艺术的论述的关键。正如利奥塔所说,反思性判断使康德能通过"在审美和反思性的思维的名义下,让在整个批判性文本中运作的东西显明出来",来统一哲学领域(自然和道德)。① 利奥塔称这种从特殊到普遍的反思判断为**启发法**——如今在人工智能领域,这个术语经常被从技术角度使用,指一种在经典方法太慢的时候用来解决问题的技术。启发式过程是由感觉所指示的状态控制的。利奥塔用了一个比较机械的比喻:启

---

①　让-弗朗索瓦·利奥塔,《论崇高的分析:康德的判断力批判》(*Lessons on the Analytic of the Sublime: Kant's Critique of Judgment*),第23—29节,加利福尼亚州斯坦福:斯坦福大学出版社,1991年,第8页。

发法是"思维的先验活动",而感觉是"向思维告知(informs)其状态"的东西。①

[238]**启发法**、**状态**、**信息**等术语的使用,类似于现代递归机器。我们在第一章试图把康德的反思判断描述为递归性的初级模型,它是审美判断和目的论判断二者的基础。递归性的进一步发展把我们带离机械论和生机论的历史争辩,我们可以把它表述为:机械论意味着相同者的重复,它把生命简化为物理化学方程式。生机论意味着差异的重复,这重复是一种生命力的表达,无论这生命力是**隐德莱希**还是**生命冲动**,它都仍然是神秘的。斯科特·吉尔伯特(Scott Gilbert)嘲笑说,隐德莱希和生命冲动是有机主义的**坏同伴**。② 我们也注意到为何现代计算机器中递归性的概念会产生机器智能或机器意识的幻想——因为递归的运作就像一个灵魂,它回到自身以了解自身,且在与外界的每一次接触中和偶然性相遇。

在 20 世纪 50 年代,西蒙东已经观察到了一种不同于笛卡尔认知图示的涌现。笛卡尔式的认知图示是机械的,它预设了线性因果关系——"'长长的原因链'实现了从前提到结论的'证据的传递',就像一个链条实现了力从锚定点到最后一环的转移"③——而控制论的反馈概念引入了一种新的时间结构,它不再基于线性形式,而更像是一种螺旋。在这个图示中,通往**终极目的**的道路不再是静态的,而是一个持

① 同上,第 8—9 页。

② 斯科特·吉尔伯特,《拥抱复杂性:21 世纪的有机主义》(Embracing Complexity: Organicism for the 21st Century),《发展动态》(*Developmental Dynamics*),219,第 1 期,2000 年 9 月,第 1—9 页。

③ 吉尔伯特·西蒙东,《技术心态》,阿恩·德·布菲译,*Parrhesia* 7,2009 年,第 17 页。

续的自我调节过程,西蒙东本人称它为“对自发终极性的积极适应”。①

这里有一点是含糊的,是因为康德把反思性判断展现为一种通向哲学领域的统一的启发法,这类似维纳希望“反馈”概念在各个科学学科中实现的东西。换句话说,正如我们在前面阐明的,反思性判断是一种使系统理论得以可能的方法。同时,它对利奥塔来说似乎又是一种反系统的机制。这正是含糊性所在:反思性判断同时是使[239]系统得以可能的东西,也是非系统性的。这怎么可能呢?

我们不能马上回答这个问题,但有必要在这里指明这个悖论。当我们说反思性判断是反系统的,有两个原因。首先,反思逻辑高于范畴逻辑。正如康德在《纯粹理性批判》题为“论反思概念的歧义”的附录中所说,**反思**(*deliberation*,*reflexio*)并不意味着直接从物体中得出概念,而是心灵的一种状态,在其中我们发现了“[仅凭它才]能够抵达概念的诸主观条件”。② 反思不受范畴或纯粹概念的限制,相反,它是对先验范畴的补充。在前面提到的附录中康德表明,看到两滴有同样特性的水时,人们无法像根据范畴的功能区分实体那样把它们区分开,因为这两滴水在逻辑上是相同的。只有通过先验反思,差异才在这四个主题下显示出来:同一性/差异性、一致/对立、内部/外部、可规定性/规定性。因此对利奥塔来说,反思把范畴的规定性推到一边,但没有完全否定它们:

① 同上,第18页。

② 康德,《纯粹理性批判》,沃纳·普鲁哈译,印第安纳波利斯:Hackett,1996年,A261,B317。

> 如果反思因此是对范畴的补充，那么它必须具有一种主观的分辨原则，这一原则不属于任何能力，却通过探讨能力所要求的限制，来恢复这些能力合法的限度……因此，反思通过禁止那些它从被规定中整合起来的内容，只保留了纯概念（“类型”：《纯粹理性批判》，第70—74页、第79—84页）的理论使用的空的合法性。①

利奥塔似乎依然把系统看作机械的，就像仅由规定性阶段组成的系统一样。但我们知道，情况并非如此。利奥塔知道控制论，尤其是二阶控制论。在他后来的作品中，他对系统概念以及卢曼在社会学中构建的系统理论持相当批评的态度。卢曼的系统理论[240]体现了一种不同于机械系统的认知图示，而利奥塔批评的目标正是这种“发展”：

> 在当代德国理论家的著作中，**系统理论**（*systemtheorie*）是技术官僚式、乃至犬儒式的，更不用说它令人绝望：个体或群体的需求和希望，与系统所保障的功能之间的和谐，只是其功能的次要部分。该系统的真正目标以及它把自己编写得像计算机一样的原因，在于优化输入和输出的全局关系，换句话说就是可执行性。②

系统是一个自组织的全体，它递归地优化部分和整体的全

① 利奥塔，《论崇高的分析：康德的判断力批判》，第40页。
② 利奥塔，《后现代状况》，第11页。

局关系和局部关系。卢曼本人也用递归模型来描述后现代主义：正如他在《社会的社会》（*The Society of Society*）——这个标题已经是递归的了——一书结尾处所说，“如果人们把后现代描述为在自我生成的不确定性领域中运作，那么人们立刻就能看到它与科学中的其他趋势是并行的，那些科学处理数学、控制论、系统论，或者是**自指和递归地运作的机器**的特征”。① 复杂性由“从自我生成的初始状态开始的重复性操作”产生，“并通过作为后续操作的起始点的每一个操作延续下去”。② 那么，利奥塔是怎么在反思判断中看到了反系统的潜能呢？最直截了当的回答是，反思展现了对机械系统的批判。但这仍然是一个利奥塔本人也想指责的过时批判。在利奥塔看来，更微妙的答案在于崇高。崇高，正如我们将在本章后面讨论的，是后现代的基础感知性。崇高就像康德主义机器的不可计算性：当递归算法不再能够达到停机状态，它会反而引发一种激烈的反应。换句话说，崇高对象的再现仅仅是由知性和想象力的失败导致的。这种失败需要理性通过对想象力[241]施加暴力来干涉。我们可以参考康德自己给出的、关于见到埃及金字塔的例子：当我们离它太近，我们的凝视总是依赖于连续的把握（*Auffassung*），而无法把金字塔总括（*Zusammenfassen*）为一个整体。③ 利奥塔

---

① 尼克拉斯·卢曼，《社会的社会，第二卷》（*Die Gesellschaft der Gesellshaft Band II*），第1146页，重点由本书作者所加；汉斯-乔治·默勒也引用了这句话，见《解释卢曼：从灵魂到系统》，芝加哥：Open Court，2006年，第196页。

② 同上。

③ 伊曼努尔·康德，《判断力批判》，詹姆斯·梅瑞迪斯译，牛津：牛津大学出版社，2007年，第26页。

把崇高与先锋派等同起来，他说“上世纪艺术的主要关切不是美，而是有关崇高的”。[①] 对利奥塔来说，不能被再现的崇高是不可再现者，或者用机器语言来说，它是不可计算者。但它不是不可言表的，因为正如利奥塔发现的，在康德那里存在对崇高的**兴趣**。康德说崇高“一般来说并不表明自然本身有任何目的性，它只是存在于我们的直观对它的可能的**使用**[*Gebrauch*]中，这种直观在我们当中产生了一种相当独立于自然的合目的感”。[②] 康德称这种合目的感为**敬畏**（*Achtung*）。*Gebrauch* 这个词通常被翻译为**使用**或**用途**，但利奥塔说，它也意味着**滥用**（*abuse*）和**隐匿**（*subreption*）。[③] 我们稍后还会回到感知性和崇高的问题上。在这里我们可以说，对崇高的兴趣是对能力之间的冲突的挪用——对失败和不可能者的挪用。

现在我们要回到系统的问题上。利奥塔看到，来自控制论的系统论是一种强有力的治理和社会调控思维，但他拒绝将其视为哲学体系：“系统论不是哲学体系，而是对现实的描述，一个已经能用普通物理学（包括从天体物理学到粒子物理学领域）……当然还有经济学术语彻底描绘的所谓的现实[die so-

---

① 让-弗朗索瓦·利奥塔，《崇高之后，美学的状况》（After the Sublime，the State of Aesthetics，），见《非人：对时间的思考》，杰弗里·本宁顿和雷奇·鲍比译，加利福尼亚州斯坦福：斯坦福大学出版社，1991年，第135页。

② 康德，《判断力批判》，§23，B78/A77；引自让·弗朗索瓦·利奥塔，《对崇高的兴趣》（Interest of the Sublime），见《论崇高：在场的问题》（*Of the Sublime*：*Presence in Question*），杰弗里·利布雷特（Jeffrey S. Librett）译，奥尔巴尼：纽约州立大学出版社，1993年，第125页。

③ 利奥塔，《论崇高的分析：康德的判断力批判》，第70页。

genannte Wirklichkeit]。"[1]然而，控制论究竟为何**不是**[242]一个哲学体系，依然值得怀疑，正如我试图在这本书里表明的，之后我们会看到利奥塔本人也像海德格尔那样，承认了控制论和形而上学的密切关系。我想谈谈利奥塔的这段评论，并把它扩展进我们关于人机条件的讨论中，这种人机条件既涉及知识的合法化，也涉及技术系统的出现。利奥塔清楚地看到了一种从**法理**(*de jure*)向**事实**(*de facto*)的转变，即律法的规范性被程序的可执行性取代了。事实取代律法定义了规范：

> 这使卢曼假设，在后工业社会中，律法的规范性被步骤的可执行性取代了。"语境控制"(context control)——换句话说，就是以构成语境的同伴或同伴们(无论他们是"自然"还是人)的损失为代价的执行的改善——可以被看作一种合法性。一种**事实性的**(*de facto*)合法性。[2]

这种对事实取代法理的批判，体现在知识生产的转变中，知识(从狭义的角度说，就是真理)不再是由权威生产的，而是被事实诱发的。在发表于2008年的一篇题为"理论的终结：数据

---

① 让-弗朗索瓦·利奥塔，《走向后现代》(*Toward the Postmodern*)，罗伯特·哈维(Robert Harvey)和马特·罗伯茨(Mart Roberts)译，纽约州阿姆赫斯特：Humanity Books，1999年，第98页；阿什利·伍德沃德(Ashley Woodward)也引用了这句话，见《利奥塔与非人的状况：对虚无主义、信息和艺术的反思》(*Lyotard and the Inhuman Condition: Reflections on Nihilism, Information and Art*)，爱丁堡：爱丁堡大学出版社，2016年，第85页。

② 利奥塔，《后现代状况》，第46—47页。

泛滥使科学方法过时”(The Data Deluge Makes the Scientific Method Obsolete)的文章中,①《连线》杂志编辑克里斯·安德森(Chris Anderson)已经提出,大数据时代不再需要理论,因为算法和大数据将能自己生成理论模型,因而宣告了理论的终结。十多年以后,随着深度学习的扩展,这种倾向正变得越来越明显,大数据在自然和社会科学中应用得越来越多。这恰恰引出了如今的知识问题,因为我们知道,如果知识可以简化为可计算性和事实,它便只是一种很有限的构思。正如利奥塔说过的:“一般意义上的知识[*savoir*]不能被简化为科学,甚至不能简化为学习[*connaissance*]。学习是一组排除了一切其他陈述的陈述,它指示或描述对象,可以被宣布为真或假。”②

[243]拒绝那种可还原为科学和计算的知识观念,是为了表明在科学知识的领域之外存在着**如何做的知识**(*savoir faire*)、**如何生活的知识**(*savoir vivre*)和**如何倾听的知识**(*savoir-écouter*)。斯蒂格勒在这方面似乎更进了一步,他表明**如何做的知识**对**如何生活的知识**来说是必要的,因此剥夺**如何做的知识**是一种无产化,它通过摧毁存续的手段,使存在变得成问题。数字自动化时代中知识的含义的转变,凸显出一种知识生产和决策被托付给机器的倾向。利奥塔说,“现在,知识问题比以往任何时候都更是一个治理的问题”。③ 基

① 克里斯·安德森,《理论的终结:数据泛滥使科学方法过时》,《连线》(*Wired*),2008年6月27日,https://www.wired.com/2008/06/pb-theory。

② 利奥塔,《后现代状况》,第18页。

③ 同上,第9页。

于递归性的系统的有机全体，是通过各种技术图示（如智慧城市、物联网等）实现的，它体现了一种全星球的计算。在第四章，我们称机器预期的能力为**第三预存**。第三预存的先占只有通过计算解释学才有可能，计算解释学本质上是递归的：它不断地评估过去，以预测未来，未来反过来又决定了现在。人类不仅作为个体，也作为集体和社区被重新整合进机器时间中。这正是所谓的**算法治理术**（*algorithmic governmentality*）。[①] 在我看来，为了能介入如今这种新的时间结构，有必要（虽然我们不得不在别处做这件事）重新定义如今的知识生产系统中的**如何做的知识**——或者更准确地说，是重新定义**技术知识**（savoir technique）。

除了尼克拉斯·卢曼和海因茨·冯·福尔斯特——他们也称递归为“非简单机器”，但讽刺性的是，利奥塔称控制论的信息理论是简单的[②]——作品中对递归性和社会系统问题的讨论以外，我们也试图表明这些讨论在智能物的配置和分布、都市化中的神经网络和用智能设备连接基础设施的过程中，逐渐物质化了。[244]技术系统的这种总体化过程的直接效果，正如雅克·埃吕尔在他的《技术系统》一书中所说，是通过客体间关系实现的去符号化（desymbolization）过程，和技术系统内

---

① 见安东尼特·鲁文（Antoinette Rouvroy）和托马斯·伯恩斯（Thomas Berns）的《算法治理术和解放的视角：迥异作为通过关系实现的个体化的条件》（Gouvernementalité algorithmique et perspectives d'émancipation：Le disparate comme condition d'individuation par la relation?），见 *Réseaux*，第 177 期，2013 年 1 月，第 163—196 页。我恐怕这篇文章的弱点在于对递归的概念和机制缺乏关注。

② 同上，第 16 页：“简单的控制论视角下的信息论，错过了一些决定性的重要内容，也就是社会的竞争性（agonistic）方面，对此我已经提醒人们注意了。”

部的再符号化(resymbolization)。[①] 埃吕尔说,"一方面,人类固有的符号化力量被排除了;另一方面,一切消费都是符号性的",[②]他的意思是,将人与自然联系起来并允许他们以非暴力方式掌控自然的符号,逐渐让位于技术,最终导致了技术系统的再符号化——其中符号不再与自然关联,而是与商品关联。

社会系统与技术系统不可分离。技术系统不仅在交流方面,也在组织方面,无疑都是社会系统的支撑。社会系统不能简化为技术系统,尽管目前这种简化正在迅猛地展开。在埃吕尔的《技术系统》出版两年之后,利奥塔在《后现代状况》中也暗示了总体化的技术系统的实现,他说"权力的增长和它的自我合法化,如今正采取数据存储、可访问性(accessibility)和信息的操作性的方式"。[③] 在利奥塔看来,这个系统的实现是发展概念的延续,这是一种没有终极性的形而上学:"我们生活在其中的**环境**(*Umwelt*),是以控制论为名、作为普通物理学的形而上学的实现。"[④]在这里,利奥塔延续了海德格尔对控制论的位置的判断和卢曼的系统论,后者是"普通物理学"的化身。[⑤] 控制论实现了形而上学,使形而上学成为现实,并确立了它对思维的权力。[⑥] 形而上学只有把外在的吸纳为它的内在,把自身排除在主流思维之外。对于系统论理论家来

---

① 见许煜,《论数码物的存在》,明尼阿波利斯:明尼苏达大学出版社,2016 年,第四章。

② 雅克·埃吕尔,《技术系统》,伦敦:Continuum,1980 年,第 177 页。

③ 利奥塔,《后现代状况》,第 47 页。

④ 利奥塔,《走向后现代》,第 101 页;伍德沃德也引用了这句话,见《利奥塔与非人的状况》,第 86 页。

⑤ 伍德沃德,《利奥塔与非人的状况》,第 83 页。

⑥ 利奥塔,《非人》,第 6 页。

说,任务不在于离开系统,而是如何通过调控系统的可执行性、增强[245]其基于反馈的复原力,来优化它。[1] 因此,当现代左派为不再存在外在而哀叹时,他们成了真正的形而上学家。工程学和人文学科的对立可以被夸张地表现为实证主义和解释学的对立,或者效率和反身性的对立,但正如利奥塔在评论法兰克福学派时指出的,这种区分是不可接受的,[2]法兰克福学派提出的解决方案在后现代社会中"不再切题了",因为这种对立不再能作为批判装置发挥作用。[3]

§40 技术圈或基督发生论

与其把控制论看作非哲学系统,在这本书中,我试图证明控制论根本上是个形而上学项目。从自然到逻辑、从被组织的无机到组织性无机的转变,上演为形式与质料的概念冲突。然而,它并不表现为一方对另一方的胜利,因为它们是不可分离的。只有在我们陈旧的认识论中,形式和质料才能分离,这种冲突也被解读为一部哲学情节剧。有了组织性的无机,人类将带着技术走向何方?几十年来我们一直在谈论智能爆炸、超智能、技术奇点,以及一个承诺了基因工程、人类增强和永生的可预见的技术乌托邦。已经有许多关于人之后会是什么的讨论。各种各样的人论(x-humanisms),无论是后人类主义还是超人

---

① 例如,可以参考斯德哥尔摩复原力中心(Stockholm Resilience Centre)的研究。

② 利奥塔,《后现代状况》,第 17 页。

③ 同上,第 15 页:它"和我们关心的社会不再有关,它的解决方案本身依然停留在一种对立的思维类型中,这种模式没有跟上后现代知识最关键的模式"。

类主义的出现，都试图指出一个人被后人类伦理，或被先进技术拯救的明确未来。一方面，后人类为我们提供一种解放的印象，让我们从旧的人的范畴中解放出来。另一方面，正如京特·安德斯（Günther Anders）在《人的过时》（*The Obsolescence of Man*）一书中描述的，这种“被解放”只是因为人类相对于[246]他们自己的产物已经变得过时。① 我十分同情后人类话语以及认为人类必须对抗一切人类中心主义、争取实现意大利理论家罗西·布拉伊多蒂（Rosi Braidotti）所说的后人类的观点。② 然而，一些形式的后人类话语也暴露了对技术的天真态度，它们只把技术当作相对于“正确”和“好”的后人类本体论而言次要的东西，仿佛仅凭一种理论准则就能利落地解决一切对立，却完全忽略了我们试图阐明的机器—有机体关系的转变。

另一方面，超人类主义者采取相反的立场，想把技术利用到极致。他们欢迎功能主义（认为人由可以被逐个改进的功能组成）和跨学科的人类增强计划，其中包括信息技术、计算机科学、认知科学和神经科学、神经—计算机交互研究、材料科学、人工智能、再生医学和生命延长、基因工程，以及纳米技术。③

---

① 京特·安德斯，《人的过时，卷 I：论第二次工业革命时代的灵魂》（*Die Antiquiertheit des Menschen, Bd. I: Über die Seele im Zeitalter der zweiten industriellen Revolution*）和《卷 II：论第三次工业革命时代生命的毁灭》（*Bd. II: Über die Zerstörung des Lebens im Zeitalter der dritten industriellen Revolution*），慕尼黑：Verlag C. H. Beck，1956 年，1980 年。

② 罗西·布拉伊多蒂，《后人类》（*The Posthuman*），伦敦：Polity，2013 年。

③ 马克斯·莫尔（Max More），《超人类的哲学》（The Philosophy of Transhuman），见《超人类主义读本：关于科学、技术和人类未来哲学的古典及当代文献》（*The Transhumanist Reader: Classical and Contemporary Essays on the Science, Technology, and Philosophy of the Human Future*），马克斯·莫尔和娜塔莎·维塔-莫尔（Natasha Vita-More）编，苏塞克斯：Wiley-Blackwell，2013 年，第 4—5 页。

他们强调技术是实现**外托邦**（*extopia*，对立于“静态的乌托邦”）的一种手段，是对人类物种的开放式完善。[①] “超人类”和“后人类”这些词语有着含糊性。比如像尼克·博斯托罗姆（Nick Bostrom）这样的超人类主义者认为，超人类是后人类的一种形式，它拥有一些超越人类极限（如寿命、认知和情感）的后人类能力。[②] 我们或许会发现超人类听起来就像典型的“科学人类主义”（scientific humanism），[③]它也确实是一种**后人类主义**[247]伪装下的人类主义。我们想指出，天真的后人类主义和过时的人类主义之间的简单划分，是不能定义后人类的，[④]因此，不能把超人类看作与封闭的二元论人类主义对立的、热情开放的超人类主义。

然而，在我们能正当地与人性概念保持距离之前，我们要先质疑这个概念。卡尔·施米特（Carl Schmitt）在《政治的概念》（*The Concept of the Political*）一书中称，“人性概念是一种对帝国主义扩张特别有用的意识形态工具，它的伦理人道主义（ethical-humanitarian）形式是经济帝国主义的

---

① 同上。

② 尼克·博斯托罗姆，《为什么我希望长大以后成为一个后人类》（Why I Want to Be a Posthuman When I Grow Up），见《超人类主义读本：关于科学、技术和人类未来哲学的古典及当代文献》，第 29 页。

③ 让-皮埃尔·杜普伊（Jean-Pierre Dupuy），《生活的人工化：设计自组织》（The Artificialization of Life：Designing Self-Organisation），见《生命的科学，政治与本体论》（*The Science，Politics and Ontology of Life*），斯科特·坎贝尔（Scott Campbell）和保罗·布鲁诺（Paul W. Bruno）编，伦敦：Bloomsbury，2013 年，第 78—92 页；有意思的是，杜普伊在这篇文章里也提到了安德斯和汉娜·阿伦特。

④ 罗西·布拉伊多蒂，《后人类，太人类的：走向新过程本体论》（Posthuman，All Too Human：Towards a New Process Ontology），《理论，文化与社会》（*Theory，Culture & Society*），23，第 7—8 期，2006 年，第 197—208 页。

特殊载体。在这里，我们想起了蒲鲁东的一句稍有不同的表述：一切援引人性的人都是想欺骗”。[①] 施密特的这番话值得我们注意，因为**人性**这个词本身是有问题的，一切规定人性未来的企图似乎都是欺骗。席勒能谈论人性的实现，是因为启蒙的人文主义对他那个时代是必要的，而在二百多年之后，我们必须面对一种被宣布为启蒙的终结的新政治。[②] 这种政治关注的与其说是人性，不如说是**非人性**（*inhumanity*）。人类主义的话语还在延续，它的标志是一种把世界历史设想得太简单的政治神学，可以把这种设想解读为前现代→现代→后现代→末日的线性过程。这种犹太—基督教末世论似乎是主流话语，它认为科学和技术将产生一个越来越有利于人类存在的系统，直到它最终面临自我毁灭，剩下的便是救赎，或者作为神正论的世界历史的完成。我们惊讶地发现，这种历史的终结与**神人**（*Homo deus*）概念相呼应，因为等到历史终结，神正论将在从人性向神的国度的转变中体现出来。《神人：未来简史》（*Homo Deus*）一书的作者谈到了数据主义（dataism），一种把人还原为算法的简化；数据主义以“生命科学”的名义声称：

> [248]（1）有机体是算法，人不是个体（individuals）——他们是“可分体”（dividuals）；也就是说，人是许

---

① 卡尔·施密特，《政治的概念》，乔治·施瓦布（George Schwab）译，芝加哥：芝加哥大学出版社，1996年，第54页。

② 亨利·基辛格（Henry A. Kissinger），《启蒙如何终结》（*How the Enlightenment Ends*），《大西洋月刊》（*Atlantic*），2018年6月，http://www.theatlantic.com/magazine/archive/2018/06/Henry-Kissinger-ai-can-mean-the-end-of-human-history/559124。

多不同算法的集合体,没有单一的内在声音或单一的自我。

(2) 构成人的算法不是自由的。它们是由基因和环境压力形塑的,以决定论或随机的方式做决定——而不是自由的方式。

(3) 因此,外部的算法从理论上说可以比我更了解我自己……一旦开发出这种算法,它便可以取代投票者、消费者和观众。于是,这个算法能知道什么最好,它永远是对的,美也存在于算法的运算中。[1]

宣称其洞见来自"生命科学"的超人类主义论调,已经指出了人性的未来,这个未来可以被简化为由一个知晓一切的超智能管理的人工智能。我们在德日进的理智圈中也能找到类似的论调。理智圈最终会通往一个超有机体的实现:**一切大脑的大脑**(*the Brain of all brains*)。通过工具的系统化和全星球化——尤其是自动化——它最终将把人类彻底从生产中解放出来——或者用经济学词语来说,就是大规模失业。德日进并不把这种大规模失业看作危险,而是看作人性实现的可能性。他也和关心理性的决定性和统治的席勒一样,认为必须解决自由的问题。德日进区分了两种自由:个体自由和集体自由。技术系统实现为超个体或许会破坏个体自由,但它也真正体现了集体自由:"人们可以说,决定论会出现在宇宙演化的两端中的任意一端,但表现为两种截然相反的形

① 尤瓦尔·赫拉利(Yuval Noah Harari),《神人:未来简史》,伦敦:Vintage,2016年,第367页。

式:在较低等的一端,它**由于缺乏自由**而被迫沿着最有望实现的方向前进;而在较高等的一端,它是一种通过**自由的胜利**而向着无望实现的方向的攀升。"①

这里,德日进避开了一个关键问题:"集体自由"究竟**是**什么?它又如何能把个体自由的牺牲正当化?[249]这岂不类似于我们在前共产主义政权中见到的"集体主义"论调吗?此外,"聚合"到底是什么意思?我们在第四章中看到,西蒙东说的**聚合**并不是由交通和通信网络促成的,而是让形象重新与背景相连。但归根结底,或许对德日进来说人类未来的问题从根本上是个神学问题,正如我们前面引用的一篇发表在《科学问题评述》(*Revue des Questions Scientifiques*)上的,题为"理智圈的形成"(The Formation of the Noosphere)的文章的一个注释里指出的:"正如这里所说的,对**理智圈**以及与它相伴的生物学的描述,并不与神圣的超越性、恩典、道成肉身或最终的**耶稣再临**(*Parousia*)对立,正如古生物学与神创论、胚胎学与第一因并不对立一样。它们是协调的。"②

在今天,德日进关于演化过程和超有机体的实现的说法,比他在20世纪上半叶写作时更容易设想。如今,这种想象被有关技术奇点的幻想强化了,按照这种幻想,技术发展的速度可以表示为垂直加速度。因而我们或许可以说,这是人类真正的完成,因为有限和无限不再截然分开了。在题为"未来宇宙学家"的一篇对《精神现象学》的评论中,李约瑟称德日进为

---

① 德日进,《人的未来》,诺曼·丹尼译,纽约:Image Books,2004,第178页。

② 同上,第149页,注释1。

“这个时代最伟大的先知”。① 他钦佩德日进的著作，把超有机体或超级大脑的“聚合融合”(朱利安·赫胥黎[Julian Huxley]在他的《人的现象》[*The Phenomenon of Man*]一书前言中用了这个词)看作那本书最有原创性的观点，这个观点可以看作是一种“基督发生论”：

> 时间也是至关重要的；有一段时间，有原子但没有分子，后来有核蛋白分子但没有活细胞，再后来有鱼而没有哺乳动物，进而有人类却没有合作的联邦。这些说法是什么意思？简单说来，这是大多数在职科学家对宇宙的看法。它隐含着对社会演化和生物演化的连续性的信念，因此唯物主义神学家所谓的[250]地上的神之国度，并非一种无望的希望，而是一种由演化的全部权威作为支撑的必然发展。②

然而，本着末世论的精神人们可能会问：人类的完成究竟是一种天启，还是灾难性的生成呢？我们像许多科幻电影一样提出这个问题，因为我们生活在技术不确定和不稳定性的时代。

---

① 李约瑟，《乌舒拉·金序言》(Preface to Ursula King)，见乌舒拉·金，《德日进与东方宗教》(*Teilhard de Chardin and Eastern Religions*)，纽约：Seabury，1980年，xi。

② 李约瑟，《未来的宇宙学家》，见《生物圈与理智圈读本》(*Biosphere and Noosphere Reader*)，保罗·萨姆森(Paul R. Samson)，伦敦：Routledge，2002年，第86页。应当指出，李约瑟还担任过伦敦德日进人类未来中心的主席。然而，李约瑟在这篇评论中也批评了德日进不了解有机主义的文献——如怀德海、劳伦斯·亨德森、劳埃德·摩根和塞缪尔·亚历山大的涌现演化(emergent evolution)概念，但更主要的是他不了解中国有机主义思想，尽管德日进与裴文中在中国周口店所做的考古工作很出名。

控制论作为形而上学的完成，是一种通过全球化和新殖民化来统一“人性”的力量。换句话说，我们可以用格式塔心理学的说法来表明，技术不再是形象，而成了背景。理智圈成为地球上最主导的圈层，凌驾于生物圈之上。系统是科学和人类演化的标志(或黑格尔意义上的绝对)，①但它不一定会采取席勒设想的艺术创作的形式。任何忽视了系统问题的未来哲学都从根本上是有缺陷的。

§41 非人对抗系统

现在我们想回到利奥塔对系统的批判上，重新解读他的非人概念。我们要记住，利奥塔讲的这种抵抗形式不是一种人类主义批判，而是**非人主义**(*inhumanist*)的。系统概念是利奥塔的一个主要问题，也是后现代社会的主要特征之一。如果系统性思维成了主导，这是因为它表明自己能更好地解释动力因和目的因。利奥塔为了反对系统而提出非人概念。非人是他的论文集和在[251]普通观众面前做的讨论会报告——《非人：对时间的反思》的主要概念。尽管这本书不是为专家写的，《非人》依然是利奥塔最重要的作品之一，因为这本书使他能自由地思考一些看起来“太辩证以至于无法认真看待”的主题。② 系统性的生成是非人的，它的形而上学基础在于发展；它是人类对一切事物的掌控：

---

① 德日进，《人的现象》，伯纳德・沃尔(Bernard Wall)译，纽约：Harper & Row，1961 年，第 43—44 页。

② 利奥塔，《非人》，第 57 页。

> 这种发展的形而上学的惊人处在于,它不需要终极性。发展不像理性的解放和人类的自由那样依附于某个理念。它只按照其内部的动态,通过加速和自我扩展而被再生产出来。它吸收了偶然性[*hasards*]、记住它们的信息价值、将其作为对它的运作来说必要的新中介来使用。除了一种宇宙学的巧合[*hasards*]以外,它没有别的必然性。①

我们该如何理解这段话中出现的两个 *hasard*? 我们把第一个译作偶然性,因为成为系统恰恰意味着把偶然性融入其操作的能力。也就是说,偶然性不是打乱了系统因果性的破坏,而是使系统增强其内部动态的东西。我们把第二次出现的 *hasard* 译作巧合或意外,因为在这种系统中,必然性与偶然性不再有任何区别,正如我们试图用谢林的自然概念说明的那样。递归从自然机制扩展至机器机制、资本机制以及如今全球化文化机制。发展,正如利奥塔所说,"因此没有终点,但它确实有一个限度,即太阳的预期寿命"。② 一种有限度的无止境、**肯定性的否定**是什么意思? 这让我们想到了这本文集中的一篇著名论文,《思维没有身体还能继续吗?》(Can Thought Go On without a Body?)。这篇文章是一位女性和一名男哲学家的对话。它始于一个事件,也就是 45 亿年后的太阳爆炸,这将结束一切有机生命,在此之后一切都无法设想——这是利奥塔构想的[252]**太阳灾难**事件,也被雷·布拉

① 同上,第 7 页;翻译有所修改。
② 同上。

西埃(Ray Brassier)看作是对甘丹·梅亚苏所说的“关联主义”的终极挑战。[①]

一切有机生命的毁灭指向了人类生存下来的唯一一种可能，即身体和心灵、硬件和软件的分离。软件和硬件比喻是技术性的，但它也不仅是比喻，因为它是一项涵盖了从营养学、神经生理学、遗传学、组织合成，到粒子物理学、天体物理学、电子学、信息科学、核物理学的研究课题。[②] 寻找思维与有机生命的联系，是对太阳灾难的前景的一种回应，因为核心问题是，如何能在没有有机生命形式的情况下生存？或者正如利奥塔所说：“如何给这个软件提供一种独立于地球生命条件的硬件？”[③]这是一种**负面的器官学**，或者说是一种极端的人类主义。它是否定的，因为它基于对有机的彻底否定，并相信有一种可能性，不管有多微小，能用一种无机的技术设备取代有机的身体，使思维存活下去。利奥塔，通过一个名叫“他”的女性对谈角色，间接地回到了组织的递归结构和这种递归算法能独立于有机身体的可能性上：

> 最重要的是：人具有符号系统，它既是任意的(在语义和语法方面)——因此可以不那么依赖于直接的环境——也是“递归的”(侯世达)——因此可以把它处理这些数据的方式也考虑在内(超越和超出了原始

① 甘丹·梅亚苏，《有限性之后：论偶然性的必然性》(*After Finitude: An Essay on the Necessity of Contingency*)，雷·布拉西埃译，伦敦：Continuum，2008年。

② 利奥塔，《非人》，第12页。

③ 同上，第13页。

> 数据)……这不正构成了你说的内在中的超越性的基础吗?[①]

这里提到了递归的概念,但利奥塔没有进一步探讨递归和反思性判断的关系。他不理解递归概念,正如他之前在《后现代状态》中也忽略了控制论的信息理论,称它"简单"。在这里,他准备通过休伯特·德雷福斯[253]来拒绝这种观点,后者在《计算机不能做什么? 对人工理性的批判》(*What Computers Cannot Do? A Critique of Artificial Reason*,1972)中质疑了那时的人工智能研究,认为这些研究太过笛卡尔主义,把理智化简为一种十分有限的认识方式。这一点可以用经典人工智能或"老式人工智能"(GOFAI)中所谓的**框架问题**(*the frame problem*)来简单解释。框架问题讨论的是人工智能对世界的描述,为了认识一个事件或环境,它必须产生大量描述,但依然很难把这些描述置于语境中。说它是笛卡尔主义的,是因为按照这种认识形式,一切都只是海德格尔意义上的在手之物,却忽略了一个事实:在日常生活的事务中,此在遭遇的情况是上手的,它们与具现化及直观有关。拒绝把思维化简为二元形式,也是拒绝身体和心灵的二分。《非人》中遭到挑战的哲学家也是个现象学家。他必须捍卫身体与性别的重要性,因为假如没有身体和性,思维真的还能存在吗? 布拉西埃把两位对话者的观点准确总结如下:

> 一个认为思维和它的物质媒介的**不可分性**(*insepa-*

① 同上,第12页。

> *rability*)，使思维与它在一般有机生命(尤其是人体)中的根基性**分开**(*separating*)成为必要；另一个则认为两性间不可化约的**分离**(separation)，使思维与有机具体化，尤其是人这种具体化**不可分离**(inseparable)。①

如果生成系统对利奥塔来说是否定性，这是因为它植根于忽视了生命和存在问题的否定器官学。利奥塔谈起这种否定，是因为他想思考抵抗的问题，正如他在导论中问的："除了对这种非人的抵抗外，'政治'还剩下什么呢？"这种抵抗也是非人的，因为否定性的非人并不占据这个概念的全部。非人像崇高那样，也具有双重性，正如利奥塔强调的："系统的非人性正以[254]发展等名义被加固，不能把它与那劫持了灵魂的无限秘密的非人性相混淆。"②

非人确实是**后**人类，因为它把人类的消解理解为信息、波、粒子和细胞。然而，非人并不是**超**人。非人和超人一样具有否定性——也就是说，它被发展或技术奇点的狂热禁锢——但非人不是通过拒绝人机混合来抵抗这种否定性，而是通过拒绝超人主义意识形态施加的、对太阳灾难的预期和对无机不朽性的欲望驱使下的倾向。"劫持了灵魂的无限秘密"是什么意思？阿什利·伍德沃德指出了非人的双重性，他表示否定性的非人可以被等同于虚无主义，而非人的第二种含义是艺术。③ 然而，我对他观点的

---

① 雷·布拉西埃，《被释放的虚无：启蒙与灭绝》(*Nihil Unbound: Enlightenment and Extinction*)，伦敦：Palgrave Macmillan，2007年，第224页。

② 利奥塔，《非人》，第2页。

③ 伍德沃德，《利奥塔与非人的状况》，第166页。

第二部分持保留态度,这种理解太狭隘,也不像是利奥塔的意思,虽然考察艺术克服系统决定性的潜力很有意思。如果说灵魂被非人劫持了,那是因为非人既像是灵魂的前个体现实,也像是它的召唤。就像水和鱼的关系一样:尽管鱼生活在水中,水对鱼却始终是透明的。这种非人不能被化简为计算和再现。有可能在艺术与非人之间看到一种密切关联,把非人看作艺术,因为艺术为了消解系统的总体化,而使系统回归原初的创造性。这一点在谈到利奥塔对奥古斯丁的解读时很明显。但我并不想讨论他的《奥古斯丁的忏悔》(*The Confession of Augustine*),而是想直接引用一集叫作《撇号》(*Apostrophes*)的电视节目,它上映于1981年9月1日。我记下了那次长篇对话中的一段:

> **利奥塔**:你还记得吗,在你的第十一个引用里,在那些忏悔中,有这样一种说法:有一个上帝比我更内在于我自己,我指的就是那个,威尔逊(Wilson)寻找的就是那个,不是吗?在我之中有个东西比我更内在于我自己,那就是我说的非人,我可以[255]这样说,其实这很清楚,因为它正是那个我永远无法拥有的东西……
>
> **采访者**:当我们通俗地用非人这个词的时候,我们想到的是某种可怕、骇人、残酷和可恶的东西,我们想到的不是内在存在的展开……
>
> **利奥塔**:你是故意这样想的!
>
> **采访者**:但我不是哲学家,我是记者,比较乏味。①

---

① 《后现代性》(La postmodernité),*Apostrophes*,1989年1月9日播出,INA,可在线观看 http://www.ina.fr/video/CPC89002053;罗宾·麦凯(Robin Mackay)译。

利奥塔有时会把这种“比我更内在于我自己”的非人称为**那个东西**(*la chose*)或者孩子,它具有抵御否定性非人的解毒剂。然而,这两种非人也不能完全分开,因为否定性非人在某种程度上也是前者的一个条件,没有它,肯定性的非人就只是一个神学要素,意味着只有一种通过上帝把未知合理化的模式。非人的逻辑含义在路德维希·维特斯坦根和哥德尔那里得到了例证,因为这两位逻辑学家都拒绝屈从于实证主义。就像以证明的方式表明了一切逻辑系统的不完备性的哥德尔那样,维特根斯坦“没有接受维也纳学派正在发展起来的实证主义,而是在他对语言游戏的研究中,勾勒了一种不基于可执行性的合法性”。① 肯定性的非人抵抗系统化和简化为计算的做法。问题在于,我们该如何在不回归神学或神秘主义的情况下,阐明这个既非解释学又非反思性的非人的问题?

非人的概念(就像未知)应当被看作一个器官学概念,而非神学概念,因为它不一定是超验的上帝。利奥塔拒绝把思维简化为算法,也拒绝一切技术系统的决定性,但他并没有明确拒绝技术。在一些地方,作为刻写模式的技术和文化的密切关联,是使[256]思维得以可能的条件,且这个条件总带有否定的维度,如不完备、缺乏或障碍:

> 我们在一个现成的刻写的世界中思考。愿意的话你可以称其为文化。而且如果我们思考,这是因为在这充足性中依然缺失某些东西,必须通过使心灵成为空白来

① 利奥塔,《后现代状况》,第 40 页。

> 给这缺乏腾出空间，使有待被思考的别的东西得以发生。但这种东西只能作为已经被刻写的东西“涌现”出来。①

有某种东西作为缺失呈现出来，它伤害了已被思考、作为充足性的东西，因为它悬搁了已被思考的东西，以便让新的东西出现。就像中国和日本书画中的留白一样，空使满得以**完成**：空**已经**被刻写下来了。我想回到我们在上一章讨论过的，关于对不可计算或不可知者的理性化的问题——尽管在这里利奥塔可能会称其为**不可呈现**和**不可思**。超验者会被超人主义者质疑：有什么是一个超智能无法思考的呢？如果一切都已经刻写在超智能之中，就不会有不可思之物。这是否也意味着不再有任何思考、不再有任何偶然？

§42 系统后的偶然性，或技术多样性

在《走向后现代》一书中，利奥塔谈到我们生活“在作为形而上学的实现的内部世界(Umwelt)中，这种形而上学是被称为控制论的普通物理学”，他继续说，“在我说的这个内部世界中，一切政治无疑都只是一种鼓励发展的决策程序。一切政治只是……一种行政决策或管理系统的程序”。② 在提出后结构主义的十年之后，我们在技术系统方面的处境变得更尴尬得多。离开的途径只能是拒绝参与系统，一种自我边缘化或逃向神秘学、[257]宗派似的社群。系统的问题尚待解决，

① 《非人》，第 20 页。

② 利奥塔，《走向后现代》，第 101 页；伍德沃德也引用了这段话，见《利奥塔与非人的状况》，第 86 页。

不仅要从 20 世纪开展的解构的角度理解问题,也要允许多样性出现以瓦解系统。①

梅亚苏的绝对偶然性概念提供了另一种理解非人的视角,因为他拒绝了他所谓的作为知识的唯一可能性的**互联主义**被给予的特权;或者更一般地说,他从本体论层面拒绝了那种基于主客体相互关联的统一的知识系统。思维主体和思维客体的相互关联倾向于一种主观主义,它把不可思之物或思辨作为名副其实的可能性排除在外。经验主义不能接受不可思之物是可能的,因为如果承认它可能,也就得承认先验性。梅亚苏批评互联主义的关键点,在于它的人类中心主义。正如他所说:

> 那么,考虑到宇宙(the Universe)与我们的主观特质没有任何关系,它没有这些特质也完全可以很好地运转,更严肃地说,不存在一种绝对的尺度使我们的特性(由于它们更强烈)优于其他非人类生物或无机物——这样难道我们不会更谦虚吗?②

---

① 我想提到法国作家约瑟夫·拉斐尔·奥拉(Josep Rafanell i Orra)的一本书,《打碎世界》(*Fragmenter le monde*),巴黎:Éditions divergences,2018 年,肯定这位作者把**打碎**一词政治化的尝试,对他来说,打碎是通往更好的政治重组的必要步骤。但我也必须强调,我们从事的事情是完全不同的。奥拉的批判依然基于一种类似于唐娜·哈拉威和伊莎贝尔·斯坦格斯(Isabelle Stengers)的有机主义思考,因为他是通过拒绝控制论而把论述限制在人类和非人类(nonhuman)的关系中。而我建议把打碎理解为一种认识论和知识型的任务,它为的是像事件(*Ereignis*)那样重新挪用控制论,为此,我们必须理解在人类和非人类以外的非人。

② 梅亚苏,《迭代,再迭代,重复:对无意义的符号的思辨分析》,见《思辨的谱系:结构主义以来的唯物主义和主体性》,苏海勒·马利克和阿尔曼·阿瓦尼斯安编,伦敦:布鲁姆斯伯里,2016 年,第 126 页。

偶然性是超出互联主义的东西,在某种程度上,我们也可以相反地说——就像我们在第一章一开始引用过的谢林那样——也许相互关联本身就是偶然的,或者像保罗·克利在他的笔记中所说,“可见之物只是整体的一个碎片,还有许多其他潜在的现实”,[258]按照布鲁门伯格的说法,这是“对自然的贬值”。① 偶然性是必要的,因为它挑战了互联主义的绝对化,这实际上引向了去绝对化。理性发现自己处在秩序与无序的丛林之中。如果我们承认互联主义不是唯一的认识方式,且知识不能被还原为主体的经验,那么就有可能设想一种思辨性而不只是事实性的唯物主义。梅亚苏的目标是知识的绝对异质性(heterogeneity),它具有本性(nature)上的而非程度上的差异,因为程度的差异暗含着一种一元论,或虚假的多元论:

> 我们不需要一元论——也不需要单一多元论(monopluralism),即差异的一元论,它试图成为多元论(一条神奇的公式:“一元论=多元论”),却只是或多或少地把一切事物重新吸收进同一个整体(只不过是个开放的整体;一条悲剧的公式:“多元论=一元论”)。相反,我们在各个地方都需要多元论:自然中的纯差异,它们区分开的东西、实在的各个领域(物质,生命,心灵,社会等等)之间没有连续性,它们彼此协调的可能性完全不能允许

① 保罗·克利,引自汉斯·布鲁门伯格,《对自然的模仿:走向创造性存在概念的前历史》(Imitation of Nature: Toward a Prehistory of the Idea of the Creative Being),安娜·韦兹(Anna Wertz),*Qui Parle* 12,第1期,2000年春/夏,第47页。

> 我们设想它们之间有和睦的关系，除非是作为一种粗暴的盲目事实。①

绝对偶然性同时意味着思维的限度，和未思的限度：前者是因为当思维建立在互联主义的基础上时，它是受限的；后者是因为未思的只能把自身部分地呈现为偶然性。这种相互关联在“祖先的”(ancestral)时代并不存在。但正如布拉西埃表明的，这并不是拒绝互联主义最有效的办法，因为这种祖先性仍然可以按照编年顺序的时间来思考，就像研究化石上的图案的古生物学家一直以来所做的。在布拉西埃看来，利奥塔的太阳灾难能更有效地拒绝互联主义，因为它是对思维的彻底抹消；他引用利奥塔说：“在[259]太阳死亡之后，就不存在能知道它死了的思维了。”②但是，如果思考的无力性不能**反馈**给自身，以中断思维本身的话，思考这种无力性又有什么用途[*Gebrauch*]呢？也就是说，这种思考究竟能有效果吗？考虑到梅亚苏对偶然性和多元性的关系的阐释，我们或许能为他的绝对偶然性赋予一种打碎系统的作用，进而在两个系统之间就会存在不连续性和性质的差异。这是绝对偶然性的**积极用途**。就像哥德尔的不完备定理一样，它消除了完备的形式

---

① 梅亚苏，《迭代，再迭代，重复：对无意义的符号的思辨分析》，第132页。梅亚苏在这里的说法是对德日进的单一多元主义的直接批判。后者在比较东方和西方的“一”时，称“在东方，一被看作对多的压制；对我来说，一是从多的凝聚中诞生的。因此，在一元论的表现之下，有两种道德系统，两种形而上学和两种神秘主义”；引自乌舒拉·金，《德日进与东方宗教》，第3页。

② 利奥塔，《非人》，第9页；布拉西埃在《被释放的虚无：启蒙与灭绝》，第229页，也引用了这句话。

系统的幻觉，是对一元论和一元系统的本体论拒绝。偶然性恰恰意味着它可以是别的样子，也可以不是。它表现为一种非本质的侵入岩，是从虚无中来的入侵，不遵循充足理由律。[①] 然而，我们的解读可能在很大程度上偏离了作者本人的意图，因为这不是梅亚苏真正想要说的。梅亚苏的思辨唯物主义需要一种能证明它并非不科学的标准，不然它可能只会重复康德所说的思辨的**狂热**（*Schwärmerei*）；梅亚苏对康德的批判和他对**狂热**问题的觉察，迫使他停留在纯粹理性的岛屿中。这个标准就是他所说的"伽利略主义"（Galileanism），简单说来就是数学化，因为梅亚苏试图寻求"唯物主义，它能支撑一种不同于我们的存在、但又能完全数学化的自然的可设想性"。[②] 我们在贝塔朗菲和李约瑟那里，也发现他们对有机主义的科学性持同一种态度，这种态度把有机主义转化成了机械有机主义。数学能描绘一个独立于思维主体、不只是经验或事实性的世界。正是想要发明一种不基于主观主义的认识论的意图，使梅亚苏构思出"无意义的符号"，这种符号与数学相似。

无意义的符号是反感性的，因为它们并不从可感的差异中获得性质（在这里**质**不一定意味着**意义**）；换句话说，它们并不像一段旋律、一个动机那样，通过展现在时空中的感知性获得同一性。空符号的本体论是一种反柏格森主义的[260]本体论，因为柏格森想寻找时空中的可感差异（通过把空间简化为时间性经验），而梅亚苏想肯定空符号的一种或多种操作，

---

① 梅亚苏，《迭代，再迭代，重复：对无意义的符号的思辨分析》，第150页。

② 同上，第139页。

这些操作不具有可感的差异。正因如此他区分了重复(repetition)、迭代(iteration)和再迭代(reiteration)。

在重复中——如 fa 这个音符的重复——每次重复都会产生可感的差异,就像一个其符号在空间中重复的动机;它是可区分和有限的。迭代不是重复,因为它不产生可感的差异,只产生一个纯粹的同一性,比如:§ § § § § § § § § §。最后还有再迭代,它是可区分且无限的。再迭代是一个不能被满意地解释的概念:“这第三种复现(recurrence),像重复一样是可区分的,但它可区分的方式与重复不同,因为它以迭代为基础,向无限定性敞开。”[①]这第三种复现不只是迭代,因为它把迭代提升至另一个层面:

> 再迭代是“潜在的无限”的基础,也是一切天真的算术的源泉。它不仅作为一个有特权的对象,也作为一种方法(数学递归),参与进数学实践中。再迭代是进入了区分性领域中的迭代:是在可感的重复之外思考差异的可能性。[②]

我们可能会问:梅亚苏在这里讨论的难道**不是递归**吗——尤其是由哥德尔以及后来的克莱尼发展起来的递归概念?他对再迭代的信心似乎是出于对递归的历史和技术史的无知。这种无知可能削弱甚至摧毁他的论证。另一方面,对数学家来说,一个复杂的递归函数是一个意义系统,但在操作过程

---

① 同上,第 177 页。
② 同上。

中，它可以变得完全不透明，因为人类的大脑会跟不上它——它变得“毫无意义”，或者就像人们有时说的，变成一个黑箱。如果是这样，我们可以问梅亚苏，机械知识是否就是他试图达到的非互联主义知识。另一方面，“潜在的无限”的问题在于，不清楚它和康德的自然目的或者有[261]无限长的纸带的图灵机的故障有多大区别。梅亚苏非人主义的问题在于它只是一种折中，因为它拒绝思考现代技术，或者把它简单地看作经典的逻辑问题，于是还像图灵机的发明和数字化之前的哲学家那样说话。正如我们试图通过哥德尔的方法展示的，梅亚苏就格奥尔格·康托尔和大卫·希尔伯特(David Hilbert)讨论的形式主义，在哥德尔配数那里首次变成了算数的，数学证明则成为递归性的概念化。在我看来，在今天寻找一种非主观(人类主体)的知识生产，似乎是落后于时代的，因为人们可以问，在大数据中寻找相互关联岂不正是一种非互联主义策略吗？我们或许想问，梅亚苏关于空符号的本体论是否是对计算主义的肯定，而不是真的敞开认识的异质性和系统的多元性。

梅亚苏对一种新认识论的渴望似乎有个困境。但我们也必须注意到，他宣称自己不是还原论者。他没有寻求数学的还原，而是清楚地看到艺术和生活的不可还原性；正如他所说：“我观察实在中的数学化，而不进入数学理论；我观察知识和艺术之间的不可还原性。”[①]对我们来说，这种不可还原性是器官学斗争的核心，器官学不是关联主义。相反，器官学思维是一种综合性思维。它试图把不同的体系和领域联系起

[①] 同上，第154页。

来，以保存生命并推进科学技术。梅亚苏的非人主义有两个重要方面。一个是必须超越人类进行思考——尽管这种认识论形式该如何定形，还是个大问题。另一个是通过偶然性概念以及梅亚苏试图敞开的开口，思考系统的碎片化。这必须同有关后现代无根基性的天真说法区分开（无根基性的意思是文化差异已不再重要了）。相反，碎片化是为了回归地域性，以找到一种重新挪用非人系统的策略，不是仅从经济的角度，而是以多样性为目标。打碎系统不是对科技的拒绝，[262]科技是这种碎片化的基础——在这里我们必须认识到破坏的限度，破坏只是以改善系统为目的的一个偶然事件，因此永远不会对系统造成任何伤害——而是要发展不同的科学技术以及不同的宇宙技术关系，为此我们需要认识到技术现实和人的现实两方面。

在《论中国的技术问题》中，我谈到了人类学家菲利浦·德斯寇拉（Philippe Descola）和维韦罗斯·德·卡斯特罗（Eduardo Viveiros de Castro）的研究项目，他们指出需要一种本体论的多元论，通过拒绝把自然看作单一的系统，来超越现代性。[①] 把自然看作单一的系统，就是德斯寇拉所说的**自然主义**，一种基于文化和自然对立的自然概念（除了自然主义，还有类比主义、图腾主义和万物有灵论等本体论）。维韦罗斯·德·卡斯特罗则批评梅亚苏只从犹太—基督教末世论的角度讨论问题，他主张反思没有人类的世界，在这样的世界里关联主义不能正常发挥作用，因为世界和人没有直接的对应关系。

---

① 许煜，《论中国的技术问题：宇宙技术论》，英国法尔茅斯：Urbanomic Media，2016 年，§5。

相比之下，德博拉·达诺夫斯基（Déborah Danowski）和卡斯特罗指出，美洲印第安神话中的情况正好相反：起初，有人类存在但没有世界。① 换句话说，梅亚苏遵循的是创世纪的逻辑——上帝先创造世界，再创造人类——而在美洲印第安文化中不存在这种创世纪。可以把卡斯特罗和达诺夫斯基的批判简单理解为对梅亚苏充满犹太—基督教意识形态的思辨哲学的反对和后殖民主义批判。但也可以认为，它肯定了梅亚苏对具有不同本性的多元主义的强调。② 对本性差异的肯定也是对地域性的肯定，地域性的问题不能完全被当作向本土知识或某种浪漫主义自然概念的回归，而是对[263]技术多样性问题的重新敞开，以及维持和延续这些多样性的不断分叉所需的策略。

然而，我们必须承认非人类（nonhuman）——一个在“本体论转向”中发挥重要作用的范畴——和利奥塔的非人之间的区别。非人类只是人类以外的存在——如植物、动物和矿物，但非人恰恰是对人的否定，是人所不是且永远不是的，而非人就在人之中。如果人的观念改变了，作为它的他者的非人就会改变。非人可能被称为上帝、无限、本体、绝对偶然性等等，但肯定非人也需要一种使生命或精神生命获得一贯形

---

① 见德博拉·达诺夫斯基与维韦罗斯·德·卡斯特罗，《世界的多种终结》（*The Ends of the World*），罗德里戈·吉马拉斯·努内斯（Rodrigo Guimaraes Nunes）译，伦敦：Polity，2016 年，第 4 章。

② 梅亚苏，《迭代，再迭代，重复：对无意义的符号的思辨分析》，第 132 页。要注意到，这里区分了程度的差异和本性的差异。前者意味着质和量的不同（尽管有差异，却还是同一个存在），而后者肯定了非质性（nonqualitative）的差异（比如一把椅子和它燃尽后的灰在本性上是不同的）。

式的理性化。21世纪的技术正在成为负面意义上的非人，因为它是人性的，太人性的。

梅亚苏的非人不同于利奥塔的非人，因为梅亚苏的非人给利奥塔提出了一个问题。这是因为梅亚苏的非人肯定了系统化和以非人类的方式生产知识，即无意义符号的递归——也可以把梅亚苏的非人主义看作一种利奥塔没能认识到的知识生产的激进敞开。对我们来说，问题在于当组织性无机呈现为一种异化的力量，威胁要将知识生产和规则的确定性总体化时，该如何敞开一种多元性。这是构想一种宇宙技术思维的意义所在，它不仅是一种技术哲学，也是重新思考人与机器、有机主体与组织性无机、人造地球与宇宙的共存的一种策略。我们并不是在呼唤回归人类主义，以反对系统的非人性，而是要试图把非人设想为一种超越系统的可能性。就我们能讨论一种真实多元性，且就它可以实现而言，这种多元性必然需要技术多样性的支撑。技术多样性的问题将我们引向认识论（认识的方式）和知识型（这种认识方式背后的感知性）的问题。人之中最非人的部分是人的感知性（或者你也可以称它为直观），它是道德的基础（这个基础不是理性）。离开体现着现代的进步观点的正反馈循环，或许另一种思维便能通过否定或超越这个循环——也就是通过发明另一种递归过程、另一种认识论——来发挥作用，贝特森或许暗示了这一点。

§43　感知性与修通

[264]讨论利奥塔的非人概念，是为宇宙技术重新挪用组织性无机所做的准备。打碎系统这个提议试图反思技术多样

性，这种多样性被化简成了以**神人**为顶点的单一世界历史。最终，一个系统的发展近似于政治神学，它根本上是德日进理智圈反思的意义上的共时化和聚合。德日进的理智圈和弗拉基米尔·维尔纳茨基（Vladimir Vernadsky）对这个词的用法很接近，它指出了在岩石圈和生物圈之后地球发展的一个阶段。理智圈是**可碎片化的**（*fragmentable*），因为它是无机的，且正在变得有机。德日进的理智圈源于西方作为演进（progress）的时间观念，在这个意义上它是演化性的，它必将征服那些在德日进看来反时间、反演化的文化，即缺乏爱与进步、忽视了世界作为有机整体的综合的东方思维。①

为了实现克服系统的理智多样性（noodiversity），我们必须质疑理智圈的概念，但理智多样性也需要技术多样性作为物质支撑。在这个资本正力图实现共时化和聚合的世界中，技术多样性如何可能？一些理论家相信，通过完全的自动化，有可能把技术和工人都从资本主义中解放出来，但他们误把技术看作一种普遍，认为只存在一个技术史或一种人—机复合体。但相反，每个民族国家显然都会有自己的加速主义部门（Ministry of Accelerationism，如2017年迪拜任命了它的人

① 正如李约瑟在《德日进与东方宗教》导论第xiii页中所说："德日进感到，'东方'的思维方式是反时间和反演化的；他驳斥了单纯的自然神秘主义的吸引力，也不喜欢回归于一或与一融合、认同于宇宙而不相信任何爱的存在的观点。相对的是，'西方'思维对他来说是一种包含了爱、进步和综合的聚合，它把时间和演化看作真实的，并把世界看作有机整体。"李约瑟为中国思想辩护，他说尽管德日进在中国生活了很长时间，却不怎么会讲中文，他所说的反时间和反演化是印度教和佛教，不是道教。在《论中国的技术问题》中，我追随马赛尔·葛兰言（Marcel Granet）和弗朗索瓦·于连的研究，试图分析为什么时间概念在中国没有被阐述，以及这与中国技术思维的关系。

工智能部长),且我们很难[265]设想这能成为解放性政治,而不是进一步强化全球时间轴的共时化。我在《论中国的技术问题》中试图表明,在考虑人类学家提出的不同的自然之外,也有必要考虑不同的宇宙技术,以设想未来和世界历史分叉的可能性。这立刻产生了一个问题:中国技术和欧洲技术究竟有何不同?是说它们生产出来的勺子形状不一样吗?它们的功能岂不是相同的,都是勺子?我并不是想说技术在功能上不同,而是想说人们必须超越功能来理解技术,正如海德格尔和西蒙东试图做的。当历史学家比较不同地理区域的技术时,倾向于考虑哪种技术比别的更先进:比如,公元2世纪中国的造纸技术比西方同时期的更先进;或者像伯特兰德·吉勒强调的那样,人们不应该比较某种特定的技术,而该比较整个技术系统。但这两种情况都预设了一种认识,即技术是普遍的,所有技术都可以根据普遍的演进来衡量。当我们说不同的宇宙技术,这意味着要挑战哲学和技术史中的这种主导观点。我们将通过技术普遍性的二律背反来展现这种**延异**:

> **正题**:技术是人类学意义上普遍的,正如一些人类学家和技术哲学家所阐述的,它被理解为记忆的外化和器官的解放;
>
> **反题**:技术不是人类学意义上普遍的;它得益又受限于特殊的宇宙论,这些宇宙论超出了单纯的功能性或实用性。因此,不存在单一的技术,而是存在多种宇宙技术。

正题表明,技术有普遍的成分:比如记忆的外化和器官的解放,勒鲁瓦-古汉在《姿势与话语》中已经清楚表达过这一点,我们在关于被组织的无机的第三章中讨论过它。技术也有非普遍的成分,就是说它总是与某个知识型相联系,知识型从根本上说是[266]宇宙论的,它不能被化约为普遍价值。① 勒鲁瓦-古汉还加入过1932年在北京的考察队(德日进也参与了考察),他在《节奏与记忆》(*Rhythm and Memory*)第二部分中表达了对彻底的共时化的担忧:"如今个体受到一种几乎彻底机械性(与人化相对)的节奏性的浸染和规定。"②古汉的警告是出于机械工业化时代的焦虑。在今天,正如我们试图表明的,必须重新评估这种经典的人类主义批判,但古汉指出身体、社会和文化动力学正愈加共时化这一点,至少没有错。

如果我们按照利奥塔的说法,认为肯定性的非人包含抵抗的可能性,那我们还需要进一步发展这个观点。这种非人是未知,它挑战非人的系统,并作为偶然性的必然性发挥作用。但在这里,我们必须回答科学家们的一个问题:我们岂不是在为了未知——或者更准确地说,为了一种神秘的宗教思维——而牺牲科学技术吗?这是现代化的核心困境,因为面对现代科学,古老的宇宙论必须让路。康德给宗教留出空间的尝试被指责为懒惰、不够理性,但这里的问题不仅在于宗教,也涉及只能存在于同宇宙论的关联中的道德价值:这是一种**价值宇宙论**(*axio-cosmology*)。正如康德已经预计到的,现代科学是普遍的,因为它能适用于物理现象,但科学与技术

---

① 对勒鲁瓦-古汉分析的批判,见许煜,《论中国的技术问题》,§2,"宇宙,宇宙论与宇宙技术"(Cosmos, Cosmology and Cosmotechnics)。

② 安德烈·勒鲁瓦-古汉,《姿势与话语》,安娜·博斯托克·伯杰译,马萨诸塞州剑桥:麻省理工学院出版社,1993年,311页。

受限于一个更广的、无法被还原为天文学的宇宙现实。带着这种价值宇宙论观念，我们想回到感知性和美学的问题上来。在《科学与现代世界》的最后一章“社会进步的要求”(Requisites of Social Progress)中，怀德海像席勒那样提出了艺术和审美教育的问题。在评论19世纪工业化的遗留问题时，他把问题归于美学计划的未能实现：

> [267]如今，早期工业系统的恶已经是人们的常识了……有效导致这一灾难性的恶的促成因素之一，是一种科学信条，它认为运动的物质是自然中唯一的具体现实；因此美学价值就成了偶发的、不相关的附带物。①

怀德海在19世纪看到了美学直观和科学的机械主义的不合，②这导致了如此“灾难性的错误”。怀德海也用了“敏感性”(sensitiveness)这个词，对他来说，敏感性包含着“对超越人自身的东西的把握；也就是对所有这一类事实的敏感性”。③ 对怀德海来说，可以把这种敏感性理解为部分与整体间的直观性亲近。④ 我们把敏感性包含在我们所说的**感知性**

① 怀德海，《科学与现代世界》，纽约：Pelican Mentor Books，1948年，第204页。

② 同上，第88页。

③ 同上，第200页。

④ 同上，第149页：“身体性事件的各个部分本身被它们自己持久的模式所渗透，这些模式又构成了身体模式中的要素。身体的各部分确实是整个身体性事件的环境的部分，但它们是如此互相关联，彼此内在，能十分有效地调整彼此的模式。这源于整体与部分的关系具有的亲密性。因此，身体对部分来说是环境的一部分，部分对身体来说也是环境的一部分；只是它们格外敏感、能互相调节。这种感知性使部分能为保存身体模式的稳定性而调整自身。”

之中。怀德海质疑了机械主义科学,他主张把时间和空间理解为关系性的,因而是有机的。对怀德海来说,构建有机哲学的目的是“构建一个观念体系,把美学、道德和宗教兴趣与那些源于自然科学、关于世界的概念联系起来”。① 怀德海试图实现的这一范式转变也需要有符号性的支持,这便是技术。

有人指出,托马斯·库恩关于范式转变的概念与福柯的知识型——福柯在《词与物》之后就抛弃了这个概念——有相似处。在《词与物》中,福柯试图说明在16世纪到19世纪之间(文艺复兴、古典时代和现代),知识如何在不同的知识型下产生。我试图从感知性角度理解知识型,或者更准确地说,理解[268]某种知识得以产生的条件。感知性总是地域性的和历史性的,它也是理智多样性的条件。比如,欧洲的知识型不同于亚洲和非洲文化的知识型,这些不同知识型的背后,是不同的(在和宇宙的关系方面)感性和存在的含义。我想对积极的非人和利奥塔在展览《非物质》中提出的感知性问题作出一种非常规的解读。它取决于这样一个问题:后现代是否是一种新的知识型,如果是,这种知识型与技术的关系又是怎样的。利奥塔并没有把他的后现代观念和福柯联系起来,但在我看来作出这种联系似乎是合理的。对利奥塔来说,后现代呈现了一种新的感知性,这是他1979年《后现代状况》的主题,也是他1985年的展览《非物质》的主要论题。利奥塔在展览中试图唤起一种对不安全、不确定性和焦虑的感知性。艺术,尤其是这个展览,是一种感性化的方式。知识型的重建就

---

①　怀德海,《过程与实在》(*Process and Reality*),纽约:Free Press,1978年,第xi页。

是我所理解的“感知性”的发现和“感知性化”(sensibilization)计划:

> “非物质”……是新生的时代的一种编剧法。我们想让你感受。这既不是说教,也不是煽动。我们不奉承你(让你看自己有多好),不教育你(让你看我们有多聪明)。我们试图唤醒已经存在于我们所有人心中的一种感知性,让熟悉中的陌生,以及认识到哪些东西在改变的困难被感到[*faire sentir*]。①

我相信利奥塔想展示一种新的**感知性**(或者可以说它是一种**时代性的感知性**[*epochal sensibility*]),进而通过艺术和新技术的媒介,让后现代变得**可感**(*sensibilize*)。在利奥塔看来,这种感知性能为技术逻辑(techno-logos)提供一个新框架和含义,以阐明现象学意义上的[269]新技术**悬搁**[*epochē*]敞开的可能性。这种**悬搁**并不意味着技术将成为新的背景,而意味着一种使新综合和新组合必将产生的新条件。利奥塔转向13世纪日本僧人道元的“明镜”概念,以在新技术中寻求修通(passibility)或通路(*passibilité*,他用这个词翻译弗洛伊德

---

① 《给媒体的音频磁带的文本》(Texte de la cassette-son remise à la presse),见《非物质》的媒体报道,巴黎:蓬皮杜中心,1985年,第9页:“Les Immatériaux ... sont une sorte de dramaturgie de l'époque qui naît. On cherchera à vous faire sentir. Ce ne sera pas pédagogique, et pas démagogique. On ne vous flattera pas (“Voyez comme vous êtes bien”), on ne vous éduquera pas (“Voyez comme nous sommes intelligents”). On cherchera à éveiller une sensibilité qui est déjà là dans nous tous, à faire sentir l'étrange dans le familier, et combien il est difficile de se faire une idée de ce qui change.”

的 *Durcharbeiten*)。这个思辨性问题表述为:"通路是否可能,新技术体现的新的刻写和记忆模式能否使通路成为可能,能否允许它?难道它们没有施加新的综合,而且比起以前的技术所做的,这些新综合与灵魂的关系岂不是更密切吗?"①我们把这个问题重新表述为:该如何用非决定论的思考方式取代决定论的方式?为了实现这种非决定性,需要什么样的思考——而不是在一种偶然性的形而上学中寻求庇护?然而,利奥塔走得还不够远,尽管他接下来还有一些计划——据说他想就噪音和信息的对立,继续办一个名为"抵抗"(*Les résistances*)的展览。

在我看来,利奥塔的尝试必须被进一步推进,它应超出欧洲历史的范围,甚至或许应超出他目前的思考,即谴责控制论是一种简单和决定论的科学。利奥塔的非人概念中重要的不仅是它对人类主义的根本批判,还有它根本的抵抗潜力。但在这里,必须把这种抵抗重新解读为对作为非决定性的多元论的探索,因而也是一种多元宇宙技术。宇宙技术思维不是呼唤回归古代知识,而是要重建技术思想和技术起源,以重新挪用现代技术。人们或许会指责非人也是一个人类主义概念,因为利奥塔仍然想把握现象学意义上的身体,但正如我们已经看到的,事实并非如此,这种指责也没有积极效果,因为它不过是一种后人类主义的身份崇拜,却忽略了利奥塔主张的器官学斗争。利奥塔引用了纪尧姆·阿波利奈尔(Guillaume Apollinaire)的《立体派画家,美学沉思》(*Les pein-*

---

① 让·弗朗索瓦·利奥塔,《逻各斯与技术,或电报》(*Logos* and *Techne*, or Telegraphy),见《非人:对时间的反思》,第 57 页。

tres cubistes. Méditation [270]*esthétique*,1913年),诗人在书中写道:“艺术家首先是那些想成为非人的人。”在利奥塔没有引用的部分中,诗人继续说道:“他们痛苦地寻找从未在自然中被找到的非人的痕迹。这是真正的真理,除了它们我们不知道还有什么现实。”①对阿波利奈尔来说,这种真理是常新的,因为它从不是一劳永逸的。正是这一矛盾——一种不断变化的真实性——反对把这种真实性简化为交流性的写作。交流性的写作可以由机器实现,机器是能够再生产无意义的符号的。②

§44　有机主义,器官学和宇宙技术

为了勾勒从自然哲学到技术哲学的轨迹,思考技术哲学的未来,我们从有机一路走向非人。技术的意外性成了人类生存的必然性,又在文明的进步中再次成为偶然,现在,它通过强加一种必然性回到了中心,这种必然性不再只涉及人类物种的生存,也涉及地球的生存。这个任务常常被含糊地称为**生态学**。布鲁诺、斯宾诺莎、谢林、老子和庄子等人的自然哲学没有直接回答我们今天的问题,尽管它们对于发展新的思维轨迹依然是有启发性和必要的。这个看似大胆的说法呼应了让-吕克·南希关于灾难的著作的开场白——正是因为通过控制论思维,组织已经实现为(在某种意义上)作为控制

---

① 纪尧姆·阿波利奈尔,《立体派画家,美学沉思》,巴黎:Eugène Figuière & Cie,1913年,第10页。

② 同上。阿波罗奈尔没有用“无意义”这种说法,而是说“不理解它们”。

论系统的一般有机体，它被称为**生态学**。技术进步需要新的思维形式，这超出了欧陆哲学和分析哲学、西方和非西方思想之间爱恨交织的游戏。在这里，我**冒着自断后路的风险**说：在自然哲学中寻求救赎或许已不再可能。我们正在离开第一自然，也离开[271]一阶和二阶控制论，①从模仿者走向观察者，又走向建构者。同时，我们也必须离开第二自然——其中每个存在都被当作持存（*Bestand*）。必须把自然概念整合进宇宙技术概念中，以避免自然和技术的概念性对立，因此，我在这本书里谈到一种刻写在宇宙技术概念中的第三自然。人类历史中不存在从自然到技术、从自然到政治的线性时间性发展。而是存在一种**原初技术**（*Urtechnik*），我称它为**宇宙技术**。有些宇宙技术可能比其他的更"有机主义"一些，因为它们构成了一个动态整体，允许不同形式和层次的复杂化得以在历史中开展。在这些宇宙技术中，有一种能把整个宇宙机械化并将其分解为持存，海德格尔称之为**现代技术**（*moderne Technik*）。李约瑟——这位20世纪的伟大思想家、世界著名生物学家、中国科学技术史研究的奠基人——在审视中国文明时，发现中国的技术思维不是机械的，而是高度有机的：

> 中国的**长青哲学**（*philosophia perennis*）是一种**有机**

---

① 《我们如何成了后人类：控制论、文学和信息学中的虚拟身体》（*How We Became Posthuman: Virtual Bodies in Cybernetics, Literature, and Informatics*），芝加哥：芝加哥大学出版社，1999年；凯瑟琳·海尔斯（Katherine Hayles）提出应当在一阶控制论、二阶控制论和"人工生命"之间划分阶段。我认为说第三个阶段的特点是"人工生命"不太让人满意，因为这倾向于通过把我们在本书中试图展开的一些历史和政治问题自然化，以肯定后人类。

> **唯物主义**(*organic materialism*)。这可以从它各个时代的哲学家和科学思想家的说法中得到说明。机械的世界观在中国思想中完全没有发展起来,而认为一切现象都按照一种等级秩序与其他现象关联的有机主义观点,在中国思想家中是普遍的。①

最近一些对李约瑟关于中国科学技术的著作的挪用,称他的体系为**整体论**,却不知道李约瑟批判了这种对整体的迷恋,认为它用整体性的含糊性模糊了科学理解(正如我们在第一章中讨论的)。我们或许可以把这一点与[272]德勒兹在《千高原》(*Mille Plateaux*)的"如何制造无器官的身体"(How to Make a Body without Organs)一章中,对道家的身体所作的有些粗糙的解读联系起来。道士与女性性交而不射精,以增强他的男性的力量或能量,从而构成一个无器官的强度(intensive)身体。② 正如德勒兹在这一章开头所宣称的,这无疑是一种对"整体"的"练习"(比如,整体相对于被编码的功能性以及器官的等级制)。任何求助于整体论而不能说明它的组织性、因果关系和复杂性的做法,往往都会落入为其含糊性辩驳的懒惰。正如李约瑟观察到的,中国的科学技术并不像欧洲那么机械。在我看来,李约瑟显然是从他早期讨论有机主义的著作的角度解读中国思想的,他对中国思想的解读经过了怀德海的视角。

---

① 李约瑟,《文明的滴定:东西方的科学与社会》(*The Grand Titration: Science and Society in East and West*),伦敦:Routledge,2013年,第21页。

② 吉尔·德勒兹,《千高原》,巴黎:Les éditions de minuit,1980年,第194页。

李约瑟仍然是一位伟大的生物学思想家,他的生物学思想类似于他为我们描述的中国思想。然而,就像美与善的类比那样,我们或许想问这种类似究竟是偶然的还是必然的。

第二次世界大战后,李约瑟的关注点从生物转向了中国文明,这个偶然事件是从他碰巧在剑桥遇到了来自中国的学者开始的。然而随着时间的推移,这一历史性事件变得必要。这样,李约瑟也把中国思想和控制论拉近了。或许对他来说,道家是最早的控制论专家。如果我们遵循李约瑟的逻辑,或许可以说中国技术没有经历过作为欧洲工业革命的准备的机械主义时期。然而,现代化和全球化带来的新局面,使各个文化的宇宙技术向现代技术屈服,现代技术采纳了作为**自动主义**的控制论,却不理解控制论所带来的认识论转变。但正如埃吕尔正确指出的,作为机械主义的梦想的自动化,正在实现一种"技术专家系统"。另一方面,在西方我们观察到一种从笛卡尔主义机械论到有机主义和控制论/生态学的**转变**。这个被我们称为思想史或世界史的年表,并不是普遍原则,而是理智多样性[273]和技术多样性的一个例子。只有在存在多样性的情况下,演化才是可能的,因为生物学已经告诉我们,演化应该被理解为共同演化。① 应用于人口的人工选择(而非达尔文的自然

---

① 多里昂·萨根和琳·马古利斯在他们的文章《多种未来》(Futures)中提醒我们,"人类的戏剧性的演化离不开我们的微生物祖先——即构成我们细胞的细菌和我们的动物、植物类食物中的细菌——的共同演化。在共同演化中,合作了数千年的生物的基因发生变化。随着新蛋白质和发育模式的出现,遗传下来的合作关系也一同演变"。我们可以把这理解为多样性问题,但我们想反思的是技术多样性,而不是生物多样性。琳·马古利斯和多里昂·萨根,《有倾向性的真理:论盖亚,共生与演化论》(*Slanted Truths: Essays on Gaia, Symbiosis and Evolution*),纽约:Springer,1997年,第241页。

选择)将最终导致技术多样性和理智多样性的减少乃至消失。由此产生的一个问题是,控制论中的递归思维能让我们重新提出有机主义和技术多样性的问题吗?还是说像利奥塔说的那样,它会被效率驱使,朝着资本所强加的目的因,最终只实现一个正走向毁灭的纯决定论的复杂系统?我相信为了回答这个问题,我们必须认识到控制论的两种形象,尽管控制论包含不同的思想学派和学科,还是可以概括如下:

- 一种是还原主义的;它把有机体还原为作为模仿的反馈系统;它强加决定论,因为一切还原都是为了预测,而一切预测都是决定论;它的经济是有终极性的经济。
- 另一种是非还原主义的,从西蒙东一般流程学的意义上说,它寻求超越一切形式的技术决定论的起源;它对偶然性保持开放,而不只是将其还原为计算,它支持自动终极性或(胡耶意义上的)新终极主义[neo-finalism]。

恐惧技术者看到了控制论的第一种形象;西蒙东则看到了它的第二种形象,他设想用一种普遍控制论或一般流程学来解决自然与技术的异化和对立。海德格尔把机械论和生机论二者都看作哲学的僵局,因此想通过援引前苏格拉底思想家来回到另一个起点,正如我在其他地方说过的,他试图找到[274]一种新的宇宙技术。[1] 在这里,我认为应该把西蒙东和海德格尔联系起来阅读,因为西蒙东的技术性起源概念与海

[1] 见许煜,《论中国的技术问题》,§11。

德格尔通过重构一种不同的思维——因而是另一种开端——来克服现代技术的提议相呼应,在这个意义上,西蒙东更以技术为导向的思路能和海德格尔偏文化导向的计划互补。尽管利奥塔激烈批评了控制论,却让我们看到了感知性问题的重要性,以及它如何构建了后现代的认识论,我们可以有策略地采用他的观点,使社会向新的转型开放。控制论的这两种形象具有完全不同的社会、经济和政治含义。有机主义认识论展现了20世纪思想的一种新范式转变,但这在实践中被抵消了,最终结果根本不是有机主义的而是机械的,就像我们用递归机器写了一个输出“你好,世界”的程序。通过第三持存和预存进行的控制,如监控、社会信用和大数据分析,遵循了第一种控制论,其中递归机器把个体当作计算的组成部分进行整合。德勒兹所说的控制社会,在我们这个数字时代完整体现了出来,数字控制和灵活性(如调控或可执行性)是这个数字时代的目标。我们或许可以说,**这是一种为了决定论的用途而对有机主义机器进行机械论的使用**,正如我们试图表明的,这种做法必须被谴责,并敞开更广的历史与哲学视角——正如我们在这本书中尝试的。不过,让我们再提最后一个问题:有没有可能认真对待有机哲学,把它改造为器官学的要素,使我们重估实际的技术发展并让它的终极性保持开放?

有机主义依然是一种自然哲学。一般系统论和二阶控制论向前走了一步,但在21世纪,我们能否再前进一步,阐述一种器官学思维——它超越了把人类仅当作观察者、把机器当作人类的替代的幻象?为此,我们需要以器官学的方式思考宇宙,控制论没能做到的这一点,正是宇宙技术思维的核心。西方传统中的控制论[275]已经采纳了西方的“现代宇宙学”,即天体物理学:正如一些历史学家所说,它是宇宙的终结。[①] 也正是在这个意义上,海德格尔看到了哲学的终结,和一种只基于西方思想的世界文明的开始。在中国的宇宙技术中,宇宙,就其与身体的相似性而言是有机的。因此,中医与古希腊医学非常不同,尽管它们有相似处(比如都根据脉搏进行诊断)。[②] 宇宙是一个原则的器官,同时统治着审美和道德。这个宇宙被称为天地,它与人类活动相关联,而这些关系是由"感应"维系的真实关系。正因此李约瑟认为宋明理学是一种名副其实的有机哲学。[③] 也因此,20 世纪伟大的新儒家哲学家牟宗三把中国哲学描述为道德形而上学和道德宇宙论。[④] 与它相对的是把宇宙仅看作资源——这是资本的去辖域化的永恒目标。

道德的问题也把我们引向知识型的问题,我把它重新表述为感知性的问题,或者也可以说是一种反决定论的再辖域

---

① 见雷米·布拉格(Rémi Brague),《世界的智慧:西方思想中人对宇宙的经验》(*The Wisdom of the World: The Human Experience of the Universe in Western Thought*),芝加哥:芝加哥大学出版社,2003 年;以及亚历山大·科瓦雷(Alexandre Koyré),《从封闭世界到无限宇宙》(*From the Closed World to the Infinite Universe*),巴尔的摩:Johns Hopkins University Press,1957 年。

② 见栗山茂久(Shigehisa Kuriyama),《身体的表达以及古希腊与中国医学的差异》(*The Expressiveness of the Body and the Divergence of Greek and Chinese Medicine*),纽约:Zone Books,1999 年。

③ 李约瑟,《中国科学技术史》,第 2 卷,《科学思想史》,剑桥:剑桥大学出版社,1991 年,第 499 页:"当莱布尼茨谈到机器和有机体的区别在于,构成有机体的每个单子都是活的,并在意志的和谐中协作,我们不可避免地想到,'诸意志的和谐'是我们所说的中国'互联性思维'系统的特点,其中,宇宙整体的各个部分都自发地合作,而没有方向或机械性的驱动。"

④ 见许煜,《论中国的技术问题》,§18。要注意,宋明理学(*neo-*Confucianism)指的是出现在 11 世纪晚唐时期,并在宋明时期成为主导的思想学派。另一方面,新儒家(*New* Confucianism)是始于 19 世纪末和 20 世纪初的思想运动。

化问题。资本主义不会因为被自身的技术所超越而瓦解，而是会因它的宇宙技术从根本上反对存续和存在而瓦解。资本主义技术的认识论只能被不同宇宙技术——[276]它们提供了替代性的认识论，并维持了技术与理智多样性——克服。或者换句话说，以更发达的手段实现的资本主义全体化，只能被仅遵循不同本体论和认识论的发明和用法所挑战。① 纵观历史，启发了马塞尔·莫斯(Marcel Mauss)和乔治·巴塔耶(Georges Bataille)的著作的波里尼西亚礼物经济，从那时起就一直骚扰着资本主义，并在大卫·格雷伯(David Graeber)等人类学家的反资本主义思想中延续着，尽管现代科学早已拒绝了"豪"(Hau)和"曼纳"(mana)的概念。这种对世界、对人类与宇宙的关系的感知性，尽管与现代科学的观点不同，却不是我们拒绝发展一种能以器官学的方式将科学刻写在其运作原则中的宇宙技术思维的借口。近百年来，科学的绝对化引起了冲突，而绝对化不意味着人们正走向一个被称为绝对的目标，因为绝对既不是事物(thing)，也不是事物的理论，而恰恰是一个时代的**不可物化者或无条件者**(*unthinged*, *Unbedingt*)。如果我们遵循黑格尔在《美学》(*Vorlesungen über die Ästhetik*)中的分析，认为绝对精神经历了从古希腊时期的艺术到宗教，再到启蒙、哲学的不同阶段，那么也许控制论就是绝对在今天的体现，正如冈瑟所分析的。② 在黑格尔断言艺

---

① 更具体的例子见许煜和哈里·哈尔平，《集体个体化：社交网络的未来》，见《Unlike Us 读本：社交媒体垄断及其替代物》(*Unlike Us Reader: Social Media Monopolies and their Alternatives*)，阿姆斯特丹，网络文化研究所，2013 年，第 103—116。

② 黑格尔，《全集》第十三卷，《美学》1(*Werke 13 Vorlesungen über die Ästhetik* 1)，美茵河畔法兰克福：Suhrkamp，1986 年，第 140—144。

术终结之后，我们依然创造着越来越多的艺术品。宗教也存活了下来，尽管它们无法同现代科学相容。依然有许多基督徒和佛教徒。支撑着宗教的并非单纯的狂热，而是信仰，我们在信仰中找到了非人，正如利奥塔在圣奥古斯丁的《忏悔录》著作中所发现的。也许在理性时代终结后，艺术会以新的姿态作为新的抵抗形式回归，这超出了黑格尔设想的线性历史。然而，这一切都需要在启蒙的人文主义之外展开思考和探索。如果像海德格尔认为的那样，欧洲哲学的终结意味着要用新的思维形式超越现代技术祛蔽模式的逼促，那么，这些新思维形式必须先让现代[277]科技变得偶然，才能把它提升为必然。根本问题在于为技术找到新的基础。我们必须强调，这不是要给人工智能或机器人增添一种伦理，因为我们不能只通过增添更多的价值来改变技术的趋势。相反，我们必须为未来的技术发展提供新的框架，使一种新地缘政治得以产生——它不基于末世性的奇点，而基于技术多样性；因此宇宙技术也是一个政治概念。

李约瑟在他的多卷著作中试图思考的，是中国古代思想与西方现代科学技术的关系。换言之，他想让中国思想变得当代：当代不意味着中国思想已经预见到了现代西方科技，因此比它更优越（这是民族主义和民族中心主义的恶劣精神的体现），而意味着或许能用中国思想呈现另一种不只是与欧洲思想相对立，而是不同于它的思想。[①] 我认为，《论中国的技术问题》一书中对中国技术思想研究（这也不仅限于中国，而

① 李约瑟从小是天主教徒，他自称是个“过程神学家”和“荣誉道士”。

必须向所有文化和文明开放）的贡献，不仅在于阐释了一种有机体哲学——这一点李约瑟已经做到了——而在于重新开启作为多元宇宙技术的技术概念，和技术想象力的未来。这使我们必须重新发现非现代的认识论，通过美学领域重新发明知识型，以从诸地域性的角度回应当前的危机，或者是像奥古斯丁·边留久说的**再宇宙化**（*recosmosizing* [*récosmiser*]）。席勒的美学教育在今天对我们仍然很重要，尤其是当我们把它看作一个政治和文化项目；但我们已不再能用同一种人类主义方法回应谢林的问题，因为未来的美学教育将是关于非人的。美学是知识型的基础，因为它是地域性的，是由特定的生活方式和感知方式——它们常常被误以为只是习俗——构成的。当怀德海称时间和空间是相关的，他同时也提出了一种新的科学和美学。

[278]通过在谢林和有机主义理论中重构一种自然哲学，我们开始了关于递归与偶然的旅程，随后又经历了这种自然哲学在逻辑和控制论中的实现。我们试图提出一种考察哲学和技术、有机体和机器的关系的新方式，也希望用一种宇宙技术思维——它只能在一种其他的宇宙论也能发挥作用的知识系统中被设想——补充这种考察，这种思维能同时反思认识论和知识型的问题。问题不在于简单地把控制论妖魔化和低估为单纯的治理术，正如它在今天经常被设想的，而是要通过瓦解其全体化和决定论的思维，构想一种新的控制论视角。不过，这不完全是西蒙东所说的**开放机器**，因为对西蒙东来说，开放机器只是一个在其递归结构和因果性中，刻写着不确定性余裕的控制论机器。我们的意思是，恰恰要通过把技术重置于它们的起源处，来超越开放机器的构想，也就是说要把

技术重置于多样的宇宙现实中。梅亚苏试图用偶然性概念敞开的真正的多元主义，需要靠技术多样性维系，且这种技术多样性总会与其机制的总体化力量对立——无论这个机制是机械论的还是有机论的。如果海德格尔意义上的控制论是哲学的终结，如果递归性已成为过程哲学的“同义词”，那么我们只有借助不同的技术思想重新挪用这个控制论环节，才能设想一种**后欧洲**哲学。[1] 这便是我们在本书中试图勾勒的轨迹。由于个人能力的限制，我们提出的这些问题依然有待进一步的回答，这种努力仍将是哲学的共同任务。

---

① 这一点必须与那些假装表明控制论有“中国起源”的人区分开，尽管这种准历史的进路总是无害和有趣的。

参考文献

Adams, Rod. *An Early History of Recursive Functions and Computability*. Boston: Docent, 2011.

Albertazzi, Liliana. "Edmund Husserl." In *The School of Franz Brentano*, edited by Liliana Albertazzi, Massimo Libardi, and Roberto Poli. Dordrecht: Kluwer, 1996.

Anders, Günther. *Die Antiquiertheit des Menschen Bd. I: Über die Seele im Zeitalter der zweiten industriellen Revolution*. München: Verlag C. H. Beck, 1956.

———. *Die Antiquiertheit des Menschen Bd. II: Über die Zerstörung des Lebens im Zeitalter der dritten industriellen Revolution*. München: Verlag C. H. Beck, 1980.

Anderson, Chris. "The End of Theory: The Data Deluge Makes the Scientific Method Obsolete." *Wired*, June 27, 2008, https://www.wired.com/2008/06/pb-theory.

Apollinaire, Guillaume. *Les peintres cubistes. Méditation esthétique*. Paris: Eugène Figuière & Cie, 1913.

Arendt, Hannah. *Lectures on Kant's Political Philosophy*. Chicago: University of Chicago Press, 1989.

Aristotle. *The Basic Works of Aristotle*. New York: Modern Library, 2001.

Ashby, W. R. "Principles of the Self-Organizing Dynamic System." *Journal of General Psychology* 37, no. 2 (1947): 125–28.

Atlan, Henri. *Selected Writings on Self-Organization, Philosophy, Bioethics, and Judaism*. New York: Fordham University Press, 2011.

Bachelard, Gaston. *Intuition of the Instant*. Translated by Eileen Rizo-Patron. Evanston, IL: Northwestern University Press, 2013.

Bateson, Gregory. *Mind and Nature: A Necessary Unity*. New York: Dutton, 1979.

———. *Steps to an Ecology of Mind*. Northvale, NJ: Jason Aronson, 1987.
Beaufret, Jean. "In Frankreich." In *Martin Heidegger in Gespräch*, edited by Günther Neske and Emil Kettering, 247–52. Pfullingen: Neske, 1988.
Beiser, Frederick. *German Idealism: The Struggle Against Subjectivism, 1781–1801*. Cambridge, MA: Harvard University Press, 2002.
Bergson, Henri. *Creative Evolution*. New York: Modern Library, 1944.
———. *Matter and Memory*. New York: Zone Books, 2005.
———. *La pensée et le mouvant. Essais et conférences*. Paris: PUF, 1969.
———. *Time and Free Will: An Essay on the Immediate Data of Consciousness*. Translated by F. L. Pogson. London: G. Alan, 1913.
———. *Two Sources of Morality and Religion*. Translated by R. Ashley Audra and Cloudesley Brereton. London: Macmillan, 1935.
Bertalanffy, Ludwig von. *General System Theory*. New York: George Braziller, 2015.
———. *Robots, Men, and Minds: Psychology in the Modern World*. New York: George Braziller, 1967.
Berque, Augustin. *Recosmiser la terre—quelques leçons péruviennes*. Paris: Éditions B2, 2018.
Bjornerud, Marcia. *Reading the Rocks: The Autobiography of the Earth*. New York: Basic Books, 2006.
Bloch, Ernst. *Die Lehren von der Materie*. Frankfurt am Main: Suhrkamp, 1978.
Blumenberg, Hans. "Imitation of Nature: Toward a Prehistory of the Idea of the Creative Being." Translated by Anna Wertz. *Qui Parle* 12, no. 1 (spring/summer 2000): 17–54.
———. "Kontingenz." In *Die Religion in Geschichte und Gegenwart. Handwörterbuch für Theologie und Religionswissenschaft*, edited by Kurt Galling, 1793–94. 3. Aufl. Bd. 3. Tübingen: Mohr Siebeck, 1959.
Boutroux, Émile. *De la contingence des lois de la nature*. Paris: Librairie Félix Alcan, 1921.
Borgmann, Albert. "Broken Symmetries: The Romantic Search for a Moral Cosmology." In *Philosophical Romanticism*, edited by Nikolas Kompridis, 238–62. London: Routledge, 2006.
Bostrom, Nick. "Why I Want to Be a Posthuman When I Grow Up." In *The Transhumanist Reader: Classical and Contemporary Essays on the Science, Technology, and Philosophy of the Human Future*, edited by Max More and Natasha Vita-More, 28–53. Sussex: Wiley-Blackwell, 2013.
Bowie, Andrew. *Schelling and Modern European Philosophy: An Introduction*. London: Routledge, 1994.
Brague, Rémi. *The Wisdom of the World: The Human Experience of the Universe in Western Thought*. Chicago: University of Chicago Press, 2003.
Braidotti, Rossi. *The Posthuman*. London: Polity, 2013.

———. "Posthuman, All Too Human: Towards a New Process Ontology." *Theory, Culture & Society* 23, no. 7–8 (2006): 197–208.

Brassier, Ray. *Nihil Unbound: Enlightenment and Extinction*. London: Palgrave Macmillan, 2007.

Bratton, Benjamin. *The Stack*. Cambridge, MA: MIT Press, 2016.

Breazeale, Daniel. "Against Nature? On the Status and Meaning of the Natural World in J. G. Fichte's Early *Wissenschaftslehre*." *Philosophia OSAKA* 9 Offprint (2014): 19–39.

———. "The Spirit of the *Wissenschaftslehre*." In *The Reception of Kant's Critical Philosophy*, edited by Sally Sedgwick, 171–98. Cambridge: Cambridge University Press, 2000.

Burbidge, John W. *Hegel's Systematic Contingency*. London: Palgrave, 2007.

Cannon, Walter. *The Wisdom of the Body*. New York: Norton, 1939.

Canguilhem, Georges. "Le concept et la vie." *Revue Philosophique de Louvain* 82 (1966): 193–223.

———. *Knowledge of Life*. Translated by Stefanos Geroulanos and Daniela Ginsburg. New York: Fordham University Press, 2008.

———. *The Normal and the Pathological*. New York: Zone Books, 1991.

———. *Œuvres Complètes*. Vol. 1. Paris: Vrin, 2011.

———. *Œuvres Complètes*. Vol. 4. Paris: Vrin, 2015.

Cassirer, Ernst. *An Essay on Man: An Introduction to a Philosophy of Human Culture*. New Haven, CT: Yale University Press, 1962.

———. "Form and Technology (1933)." In *The Warburg Years (1919–1933): Essays on Language, Art, Myth, and Technology*, translated by S. G. Lofts and A. Calcagno. New Haven, CT: Yale University Press, 2013.

———. *The Philosophy of the Enlightenment*. Translated by Fritz C. A. Koelln and James P. Pettegrove. Princeton, NJ: Princeton University Press, 1951.

———. *The Problem of Knowledge: Philosophy, Science, and History since Hegel*. New Haven, CT: Yale University Press, 1969.

Caygill, Howard. "Soul and Cosmos in Kant: A Commentary on 'Two Things Fill the Mind . . .'" In *Cosmopolitics and the Emergence of a Future*, edited by Diane Morgan and Gary Banham, 213–34. New York: Palgrave Macmillan, 2007.

Čapek, Milič. "Hegel and the Organic View of Nature." In *Hegel and the Sciences*, edited by Robert S. Cohen and Marx W. Wartofsky, 109–21. Dordrecht: Springer, 1984.

Chaitin, Gregory. "Leibniz, Information, Math and Physics." 2005. http://arxiv.org/abs/math/0306303.

Collingwood, R. G. *The Idea of Nature*. Oxford: Oxford University Press, 1945.

Copeland, Jack. "Artificial Life." In *The Essential Turing*, edited by B. Jack Copeland, 507–18. Oxford: Oxford University Press, 2004.

Cournot, Antoine-Augustin. "Essai sur les fondements de la connaissance et sur les caractères de la critique philosophique." In *Œuvres Complètes*, vol. 2. Paris: Vrin, 1975.

Cunningham, G. Watts. "Bergson's Conception of Finality." *Philosophical Review* 23, no. 6 (November 1914): 648–63.

Dallmayr, Fred. *Return to Nature? An Ecological Counter History*. Lexington: University Press of Kentucky, 2011.

Danowski, Déborah, and Eduardo Viveiros de Castro. *The Ends of the World*. Translated by Rodrigo Guimaraes Nunes. London: Polity, 2016.

Darwin, Charles. *On the Origin of Species by Means of Natural Selection, or the Preservation of Favored Races in the Struggle for Life*. London: Watts, 1859/1950.

Dawkins, Richard. *The Selfish Gene*. Oxford: Oxford University Press, 2006.

Davies, G. L. *The Earth in Decay: A History of British Geomorphology 1578–1878*. London: Macdonald Technical and Scientific, 1969.

Deleuze, Gilles. *Difference and Repetition*. Translated by Paul Patton. New York: Columbia University Press, 1994.

———. *Logic of Sense*. Translated by Mark Lester. New York: Columbia University Press, 1990.

———. *Mille Plateaux*. Paris: Les éditions de minuit, 1980.

Delbos, Victor. *Le spinozisme: cours professé à la Sorbonne en 1912–1913*. Paris: Vrin, 1916/2005.

Dennett, Daniel. *Darwin's Dangerous Idea: Evolution and Meaning of Life*. London: Penguin, 1996.

Derrida, Jacques. "Différance." In *Literary Theory: An Anthology*, edited by Julie Rivkin and Michael Ryan, 278–99. Malden, MA: Blackwell, 2004.

———. "The Transcendental 'Stupidity' ('Bêtise') of Man and Becoming-Animal according to Deleuze." In *Derrida, Deleuze, Psychoanalysis*, edited by Gabriele Schwab, 35–60. New York: Columbia University Press, 2007.

Descartes, René. *Discourse on Method*. Translated by Donald A. Cress. Indianapolis: Hackett, 1998.

———. *Principles of Philosophy*. Dordrecht: D. Reidel, 1982.

———. *The World and Other Writings*. Translated by Stephen Gaukroger. Cambridge: Cambridge University Press, 2004.

Donovan, John. "Industry 4.0 – What's That About?" 2013. https://eu.mouser.com/applications/industry-40.

Driesch, Hans. *Der Begriff der organischen Form*. Berlin: Bornträger, 1919.

Dupuy, Jean-Pierre. "The Artificialization of Life: Designing Self-Organisation." In *The Science, Politics and Ontology of Life*, edited by Scott Campbell and Paul W. Bruno, 78–92. London: Bloomsbury, 2013.

Ellul, Jacques. *The Technological System*. London: Continuum, 1980.

Ernst, Max. "Comment on force l'inspiration." *Le Surréalisme au service de la revolution* 6 (May 15, 1933): 43.

Espinas, Alfred. *Les origines de la technologie*. Paris: Alcan, 1897.

Esposito, Maurizio. *Romantic Biology, 1890–1945*. London: Routledge, 2013.

Fichte, J. G. *The Science of Knowledge with the First and Second Introductions*. Translated by Peter Heath and John Lachs. Cambridge: Cambridge University Press, 1982.

———, and F. W. J. Schelling. *The Philosophical Rupture between Schelling and Fichte*. Albany: State University of New York Press, 2013.

Findlay, John N. "The Hegelian Treatment of Biology and Life." In *Hegel and the Sciences*, edited by R. S. Cohen and M. W. Wartofsky, 83–100. Dordrecht: Springer, 1984.

Fleming, Donald. "Latent Heat and the Invention of the Watt Engine." *Isis* 43, no. 1 (April 1952): 3–5.

Foerster, Heinz von. *Understanding Understanding: Essays on Cybernetics and Cognition*. Dordrecht: Springer, 2003.

Foucault, Michel. "La vie: l'expérience et la science." *Revue de Métaphysique et de Morale* 90, no. 1 (1985): 3–14.

Franceschelli, Sara. "Morphogenesis, Structural Stability and Epigenetic Landscape." In *Morphogenesis: Origins of Patterns and Shapes*, edited by Paul Bourgine and Annick Lesne, 283–94. Heidelberg: Springer, 2011.

Frank, Manfred. *Eine Einführung in Schelling's Philosophie*. Frankfurt am Main: Surhkamp, 1995.

Frazer, James. *The Golden Bough*. London: Macmillan, 1920.

Gabriel, Markus. *Transcendental Ontology: Essays in German Idealism*. London: Bloomsbury, 2013.

Gale, George. "The Role of Leibniz and Haldane in Wiener's Cybernetics." In *NWCC '94 Proceedings of the Norbert Wiener Centenary Congress on Norbert Wiener Centenary Congress*, 247–61. New York, 1997.

Gayon, Jean. "The Concept of Individuality in Canguilhem's Philosophy of Biology." *Journal of the History of Biology* 31, no. 3 (1998): 305–25.

Gilbert, Scott. "Embracing Complexity: Organicism for the 21st Century." *Developmental Dynamics* 219, no. 1 (September 2000): 1–9.

Gille, Bertrand. *Histoire des techniques: Technique et civilisations, technique et sciences*. Paris: Gallimard, 1978.

Grant, Ian Hamilton. *Philosophies of Nature after Schelling*. London: Continuum, 2008.

Goddard, Jean-Christophe. "Autonomie, réduction et réflexivité: la philosophie naturelle de Francisco J. Varela et le projet transcendental." *Intellectica* 36–37 (2003): 205–25.

Goldstein, Kurt. *Der Aufbau des Organismus*. La Haye: Nijhoff, 1934.

———. *The Organism: A Holistic Approach to Biology Derived from Pathological Data in Man*. Cambridge: MIT Press, 1995.

Gould, Stephen Jay. "Review of *Order and Life*." *Leonardo* 6 (1973): 267.

———. *The Structure of Evolutionary Theory*. Cambridge, MA: Harvard University Press, 2002.

Gödel, Kurt. *Gödel's Collected Works*. Vol. 1. Edited by Solomon Feferman et al. Oxford: Clarendon, 2001.

———. *Gödel's Collected Works*. Vol. 4. Edited by Solomon Feferman et al. Oxford: Clarendon, 2003.

Gumbrecht, Hans Ulrich. "'Old Europe' and 'the Sociologist': How Does Niklas Luhmann's Theory Relate to Philosophical Tradition?" *E-compós* 15, no. 3 (2012): 1–14.

Günther, Gotthard. *Beiträge zur Grundlegung einer operationsfähigen Dialektik*. Vol.1. Hamburg: Felix Meiner Verlag, 1976.

———. *Das Bewußtsein der Maschinen Eine Metaphysik der Kybernetik*. Baden-Baden und Krefeld: Agis-Verlag, 1963.

Guyer, Paul. "The Unity of Nature and Freedom: Kant's Conception of the System of Philosophy." In *The Reception of Kant's Critical Philosophy*, edited by Sally Sedgwick, 19–53. Cambridge: Cambridge University Press, 2000.

Hacking, Ian. "Canguilhem among the Cyborgs." *Economy and Society* 27, no. 2–3 (1998): 202–16.

Haeckel, Ernst. *Generelle Morphologie der Organismen*. 2 vols. Berlin: Georg Reimer, 1866.

Hahn, Songsuk Susan. *Contradiction in Motion: Hegel's Organic Concept of Life and Value*. Ithaca, NY: Cornell University Press, 2007.

Haff, Peter. "Human and Technology in the Anthropocene: Six Rules." *Anthropocene Review* 1, no. 2 (July 2014): 126–36.

Hamburg, Carl H. *Symbol and Reality: Studies in the Philosophy of Ernst Cassirer*. The Hague: Martinus Nijhoff, 1956.

Harari, Yuval Noah. *Homo Deus: A Brief History of Tomorrow*. London: Vintage, 2016.

Haraway, Donna. *Crystals, Fabrics, and Fields: Metaphors That Shape Embryos*. Berkeley, CA: North Atlantic Books, 1976/2004.

Harris, Errol E. "How Final Is Hegel's Rejection of Evolution?" In *Hegel and the Philosophy of Nature*, edited by Stephen Houlgate, 189–208. Albany: State University of New York Press, 1998.

Hartmann, Nicolai. *New Ways of Ontology*. Translated by Reinhard C. Kuhn. Chicago: Henry Regnery 1953.

Hayles, Katherine. *How We Became Posthuman: Virtual Bodies in Cybernetics, Literature, and Informatics*. Chicago: University of Chicago Press, 1999.

Hegel, G. W. F. *Hegel: The Letters*. Translated by Clark Butler and Christiane Seiler. Bloomington: Indiana University Press, 1984.

———. *Werke 2 Jenaer Schriften 1801–1807*. Frankfurt: Suhrkamp, 1970.
———. *Werke 6 Wissenschaft der Logik*. Frankfurt: Suhrkamp, 1970.
———. *Werke 9 Phänomenologie des Geistes*. Frankfurt: Suhrkamp, 1970.
———. *Werke 13 Vorlesungen über die Ästhetik 1*. Frankfurt: Suhrkamp, 1986.
———. *Phenomenology of Spirit*. Translated by A. V. Miller and J. N. Findlay. Oxford: Oxford University Press, 1977.
———. *Philosophy of Nature*. Vols. 1–3. Translated by M. J. Petry. London: George Allen and Unwin, 1970.
———. *The Science of Logic*. Translated by George Di Giovanni. Cambridge: Cambridge University Press, 2015.
Heidegger, Martin. *Besinnung* (GA 66). Frankfurt am Main: Klostermann, 1997.
———. *Uberlegungen VII–XI Schwarze Hefte 1938/39* (GA 95). Frankfurt am Main: Klostermann, 2014.
———. "Die Herkunft der Kunst und die Bestimmung des Denkens." In *Denkerfahrungen*, 135–89. Frankfurt am Main: Klostermann, 1983.
———. *On Time and Being*. Translated by Joan Stambaugh. New York: Harper & Row, 1972.
———. *Ponderings XII–XV: Black Notebooks 1939–1941*. Translated by Richard Rojcewicz. Indianapolis: Indiana University Press, 2017.
———. *The Principle of Reason*. Translated by Reginald Lilly. Indianapolis: Indiana University Press, 1996.
———. *The Question Concerning Technology and Other Essays*. Translated by William Lovitt. New York: Garland, 1977.
———. *Schelling's Treatise on the Essence of Human Freedom*. Translated by Joan Stambaugh. Athens: Ohio University Press, 1985.
———. *Vorträge und Aufsätze*. Pfullingen: Neske, 1954.
Henrich, Dieter. *Hegel im Kontext*. Frankfurt am Main: Suhrkamp, 1971.
Heuer, Peter. "Schellings Begriff der Naturphilosophie." In *Der Naturbegriff in der Klassischen Deutschen Philosophie*, edited by Peter Heuer et al., 179–94. Würzburg: Königshausen & Neumann, 2013.
Heuser, Marie-Luise. *Die Produktivität der Natur. Schellings Naturphilosophie und das neue Paradigma der Selbstorganisation in den Naturwissenschaften*. Berlin: Duncker & Humboldt, 1986.
Hofstadter, Douglas R. *Gödel, Escher, Bach: An Eternal Golden Braid*. New York: Basic Books, 1979.
———. *I Am a Strange Loop*. New York: Basic Books, 2008.
Holling, C. S. "Resilience and Stability of Ecological Systems." *Annual Review of Ecology and Systematics* 4 (1973): 1–23.
Horstadius, Sven. "The Mechanics of Sea Urchin Development." *L'année biologique* 26, no. 8 (1950): 381–98.
Hui, Yuk. *On the Existence of Digital Objects*. Minneapolis: University of Minnesota Press, 2016.

———. *The Question Concerning Technology in China: An Essay in Cosmotechnics*. Falmouth, UK: Urbanomic Media, 2016.
———. "For a Cosmotechnical Event: In Honour of Don Ihde and Bernard Stiegler." In *Reinventing Ihde: Origins, Interplay, and Extensions*, edited by Glen Miller and Ashley Shew. Dordrecht: Springer, forthcoming.
———. "Modulation after Control." *New Formations* 84–85 (2014/2015): 74–91.
———. "Cosmotechnics as Cosmopolitics." *e-flux* 86 (November 2017), https://www.e-flux.com/journal/86/161887/cosmotechnics-as-cosmopolitics.
———. "Rhythm and Technics: On Heidegger's Commentary on Rimbaud." *Research in Phenomenology* 47 (2017): 60–84.
———. "Simondon et la question de l'information." *Cahiers Simondon* 6 (2015): 29–47.
———, and Harry Halpin. "Collective Individuation: The Future of the Social Web." In *Unlike Us Reader: Social Media Monopolies and Their Alternatives*, edited by Geert Lovink and Miriam Rasch. Amsterdam: Institute of Network Cultures, 2013.
Husserl, Edmund. *Hua XI*. Edited by Margot Fleischer. The Hague: Martinus Nijhoff, 1966.
———. *Hua XXXIII*. Edited by Rudolf Bernet and Dieter Lohmar. Dordrecht: Kluwer, 2001.
Hörl, Erich. "A Thousand Ecologies: The Process of Cyberneticization and General Ecology." In *The Whole Earth: California and the Disappearance of the Outside*, edited by Diedrich Diederichsen and Anselm Franke, 121–30. Berlin: Sternberg, 2013.
Hutton, James. Letter to Clerk-Maxwell August 1774, in "The Correspondence between James Hutton (1726–1797) and James Watt (1736–1819) with Two Letters from Hutton to George Clerk-Maxwell (1715–1784): Part I," edited by Jean Jones, Hugh S. Torrens, and Eric Robinson. *Annals of Science* 51, no. 6 (1994): 637–53.
Ihde, Don. *Heidegger's Technologies: Postphenomenological Perspectives*. New York: Fordham University Press, 2010.
Jacob, François. *The Logic of Life*. Translated by Betty Spillmann. New York: Pantheon, 1973.
Jankelevitch, Vladimir. *Henri Bergson*. Translated by Nils F. Schott. Durham, NC: Duke University Press, 2015.
Johnson, Monte Ransome. *Aristotle on Teleology*. Oxford: Oxford University Press, 2008.
Jonas, Hans. *The Phenomenon of Life: Toward a Philosophical Biology*. Evanston, IL: Northwestern University Press, 2001.
Jones, Peter Harries. *A Recursive Vision: Ecological Understanding and Gregory Bateson*. Toronto: University of Toronto Press, 1995.

Kant, Immanuel. *Critique of Judgment*. Translated by James Creed Meredith. Oxford: Oxford University Press, 2007.

———. *Critique of Practical Reason*. Translated by Lewis White Beck. New York: Macmillan, 1993.

———. *Critique of Pure Reason*. Translated by Werner S. Pluhar. Indianapolis: Hackett, 1996.

———. *Groundwork of the Metaphysics of Morals*. Translated by Allan Wood. New Haven, CT: Yale University Press, 2002.

———. *Theoretical Philosophy, 1755–1770*. Translated by David Walford and Ralf Meerbote. Cambridge: Cambridge University Press, 1992.

Kapp, Ernst. *Grundlinien der Philosophie der Technik*. Braunschweig: George Westermann, 1877.

Kauffman, Louis. "Reflexivity and Eigenform: The Shape of Process." *Constructivist Foundations* 4, no. 3 (2009): 121–37.

Keller, Pierre. *Husserl and Heidegger on Human Experience*. Cambridge: Cambridge University Press, 1999.

King, Ursula. *Teilhard de Chardin and Eastern Religions*. New York: Seabury, 1980.

Kirchner, James W. "The Gaia Hypothesis: Can It Be Tested?" *Review of Geophysics* 27, no. 2 (1989): 223–35.

Kissinger, Henry A. "How the Enlightenment Ends." *Atlantic*, June 2018. https://www.theatlantic.com/magazine/archive/2018/06/henry-kissinger-ai-could-mean-the-end-of-human-history/559124.

Kortooms, Toine. *Phenomenology of Time: Edmund Husserl's Analysis of Time-Consciousness*. Dordrecht: Springer, 2002.

Kosch, Michelle. *Freedom and Reason in Kant, Schelling and Kierkegaard*. Oxford: Oxford University Press, 2006.

Koyré, Alexandre. *From the Closed World to the Infinite Universe*. Baltimore: Johns Hopkins University Press, 1957.

———. "The Significance of the Newtonian Synthesis." In *Newtonian Studies*, 3–24. Cambridge, MA: Harvard University Press, 1965.

Kreß, Angelika. "Hegel, Luhmann und die Logik der Selbstreferenz." In *200 Jahre Wissenschaft der Logik*, 433–55. Hamburg: Meiner, 2014.

Kunz, Hans-Peter. *Unendlichkeit und System: die Bedeutung des Unendlichen in Schellings frühen Schriften und in der Mathematik*. Heidelberg: Winter Verlag, 2013.

Kuriyama, Shigehisa. *The Expressiveness of the Body and the Divergence of Greek and Chinese Medicine*. New York: Zone Books, 1999.

Küppers, Bernd-Olaf. *Natur als Organismus: Schellings frühe Naturphilosophie und ihre Bedeutung für die moderne Biologie*. Frankfurt am Main: Vittorio Klostermann, 1992.

Latour, Bruno. *Facing Gaia: Eight Lectures on the New Climatic Regime*. London: Polity, 2017.

———. *Politics of Nature: How to Bring the Sciences into Democracy*. Translated by Catherine Porter. Cambridge, MA: Harvard University Press, 2004.

Lardner, Dionysius. *The Steam Engine Explained and Illustrated*. London: Taylor and Walton, 1840.

Lapoujade, David. *Puissances du temps, versions de Bergson*. Paris: Éditions de Minuit, 2010.

Lawrence, Joseph P. "Spinoza in Schelling: Appropriation through Critique." *Idealistic Studies* 33, no. 2–3 (2003): 175–93.

Le Blanc, Guillaume. *Canguilhem et la vie humaine*. Paris: PUF, 2002/2010.

Leibniz, G. W. *Discourse on Metaphysics and Other Essays*. Translated by Daniel Garber and Roger Ariew. Indianapolis: Hackett, 1989.

———. *Monadology*. In Lloyd Strickland, *Leibniz's Monadology: A New Translation and Guide*. Edinburgh: Edinburgh University Press, 2014.

———. *Opuscules et fragments inédits de Leibniz*. Edited by Louis Couturat. Paris: Alcan, 1903.

Lenoir, Timothy. "Kant, Blumenbach, and Vital Materialism in German Biology." *ISIS* 71, no. 256 (1980): 77–108.

———. *The Strategy of Life: Teleology and Mechanics in Nineteenth-Century German Biology*. Dordrecht: F. Reidel, 1982.

Leroi-Gourhan, André. *Gesture and Speech*. Translated by Anna Bostock Berger. Cambridge, MA: MIT Press, 1993.

Livet, Pierre. "Intersubjectivité, réflexivité et recursivité chez Fichte." *Archives de Philosophie* 50, no. 4 (1987): 581–619.

———. "La notion de récursivité, de la première cybernétique au connexionnisme." *Intellectica* 39 (2004/2): 125–37.

Lorenz, Konrad. "Kant's Doctrine of the A Priori in the Light of Contemporary Biology." *General Systems. Yearbook of the Society of General Systems Research* 7 (1962): 23–35.

Lovelock, James. "Gaia: A Planetary Emergent Phenomenon." In *Gaia 2: Emergence: The New Science of Becoming*, edited by William Irwin Thomson. Great Barrington, MA: Lindisfarne Books, 1991.

———. *Gaia: A New Look at Life on Earth*. Oxford: Oxford University Press, 2000.

Luhmann, Niklas. *Die Gesellschaft der Gesellshaft Band II*. Frankfurt: Suhrkamp, 1998.

———. "Self-Organisation and Autopoiesis." In *Emergence and Embodiment: New Essays on Second-Order Systems Theory*, edited by Bruce Clarke and Mark Hansen. Durham, NC: Duke University Press, 2009.

———. *Social Systems*. Translated by John Bednarz Jr. with Dirk Baecker. Stanford, CA: Stanford University Press, 1995.

Lyotard, Jean-François. *The Inhuman: Reflections on Time*. Translated by Geoffrey Bennington and Rachel Bowlby. Stanford, CA: Stanford University Press, 1991.

———. "Interest of the Sublime." In *Of the Sublime: Presence in Question*, translated by Jeffrey S. Librett, 109–32. Albany: State University of New York Press, 1993.

———. *Leçons sur l'analytique du sublime*. Paris: Galilée, 1991.

———. *Lessons on the Analytic of the Sublime: Kant's Critique of Judgment, §§23–29*. Stanford, CA: Stanford University Press, 1991.

———. *The Postmodern Condition: A Report on Knowledge*. Translated by Geoff Bennington and Brian Massumi. Minneapolis: University of Minnesota Press, 1984.

———. *Towards the Postmodern*. Translated by Robert Harvey and Mart Roberts. Amherst, NY: Humanity Books, 1999.

Mabille, Bernard. *Hegel: l'épreuve de la contingence*. Paris: Hermann, 2013.

Matthews, Bruce. "Schelling in the Anthropocene: A New Mythology of Nature." *Symposium: Canadian Journal of Continental Philosophy* 19, no 1 (2015): 94–105.

———. *Schelling's Organic Form of Philosophy: Life as the Schema of Freedom*. Albany: State University of New York Press, 2012.

Margulis, Lynn. *A Symbiotic Planet: A New Look at Evolution*. London: Phoenix, 2001.

———, and Dorion Sagan. *Slanted Truths: Essays on Gaia, Symbiosis and Evolution*. New York: Springer, 1997.

Maturana, Humberto R., and Francisco J. Varela. *The Tree of Knowledge: The Biological Roots of Human Understanding*. Boulder: Shambhala, 1992.

Mayr, Ernst. *The Growth of Biological Thought: Diversity, Evolution, and Inheritance*. Cambridge, MA: Belknap Press, 1982.

———. "The Idea of Teleology." *Journal of the History of Ideas* 53, no. 1 (January–March 1992): 117–35.

———. "Teleological and Teleonomic: A New Analysis." In *Methodological and Historical Essays in the Natural and Social Sciences*, edited by R. S. Cohen and M. W. Wartofsky, 91–117. Boston Studies in the Philosophy of Science, vol. 14. Dordrecht: Springer, 1974.

McCulloch, Warren S., and Walter Pitts. "A Logical Calculus of the Ideas Immanent in Nervous Activity." *Bulletin of Mathematical Biophysics* 5, no. 4 (December 1943): 115–33.

McTaggart, John, and Ellis McTaggart. *A Commentary on Hegel's Logic*. Cambridge: Cambridge University Press, 1910.

———. *Studies in the Hegelian Dialectic*. Cambridge: Cambridge University Press, 1896.

Meillassoux, Quentin. *After Finitude: An Essay on the Necessity of Contingency*. Translated by Ray Brassier. London: Continuum, 2008.

———. "Iteration, Reiteration, Repetition: A Speculative Analysis of the Sign Devoid of Meaning." In *Genealogy of Speculation: Materialism and Subjectivity since Structuralism*, edited by Suhail Malik and Armen Avanessian. London: Bloomsbury, 2016.

———. "Métaphysique, spéculation, corrélation." In *Ce peu d'espace autour. Six essais sur la métaphysique et ses limites*, edited by Bernard Mabille. Paris: Les Éditions de la Transparence, 2010.

Mensch, Jennifer. *Kant's Organicism: Epigenesis and the Development of Critical Philosophy*. Chicago: University of Chicago Press, 2015.

McLuhan, Marshall. "At the Moment of Sputnik the Planet Became a Global Theatre in which There Are No Spectators but Only Actors." *Journal of Communication* 24, no. 1 (1974): 48–58.

Miller, David Philip. *James Watt, Chemist: Understanding the Origins of the Steam Age*. London: Pickering & Chatto, 2009.

Moeller, Hans-Georg. *Luhmann Explained: From Souls to Systems*. Chicago: Open Court, 2006.

More, Max. "The Philosophy of Transhuman." In *The Transhumanist Reader: Classical and Contemporary Essays on the Science, Technology, and Philosophy of the Human Future*, edited by Max More and Natasha Vita-More, 3–17. Sussex: Wiley-Blackwell, 2013.

Morin, Edgard. *Le paradigme perdu: La nature humaine*. Paris: Éditions du Seuil, 1973.

Morton, Timothy. *Ecology without Nature: Rethinking Environmental Aesthetics*. Cambridge, MA: Harvard University Press, 2009.

Mumford, Lewis. *Technics and Civilization*. Chicago: University of Chicago Press, 2010.

Müller-Lüneschloß, Vicki. "Geist ist Feuer. Der Begriff des Geistes in Schellings Naturphilosophie und Psychologie." In *Der Naturbegriff in der klassischen Deutschen Philosophie*, edited by Peter Heuer und Wolfgang Neuser, 195–208. Würzburg: Königshausen und Neumann, 2013.

Nancy, Jean-Luc. *After Fukushima: The Equivalence of Catastrophes*. Translated by Charlotte Mandell. New York: Fordham University Press, 2015.

Needham, Joseph. "Cosmologist of the Future." In *Biosphere and Noosphere Reader*, edited by Paul R. Samson, 85–87. London: Routledge, 2002.

———. *The Grand Titration: Science and Society in East and West*. London: Routledge, 2013.

———. *Man a Machine: In Answer to a Romantical and Unscientific Treatise Written by Sig. Eugenio Rignano & Entitled "Man Not a Machine."* London: Kegan Paul, 1927.

———. *Order and Life*. Cambridge: Cambridge University Press, 1936/2015.

———. "Preface to Ursula King." In Ursula King, *Teilhard de Chardin and Eastern Religions*. New York: Seabury, 1980.

———. *Science and Civilization in China*. Vol. 2, *History of Scientific Thought*. Cambridge: Cambridge University Press, 1991.

Nietzsche, Friedrich. *The Will to Power*. Translated by Walter Kaufman and R. J. Hollingdale. New York: Vintage, 1968.

———. *Thus Spoke Zarathustra*. Translated by Adrian del Caro. Cambridge: Cambridge University Press, 2006.

———. *Twilight of the Idols, Or, How to Philosophize with a Hammer*. Oxford: Oxford University Press, 1998.

Noble, Denis. *The Music of Life: Biology beyond the Genome*. Oxford: Oxford University Press, 2006.

Noguès, Pierre Cassou. *Les démons de Gödel. Logique et Folie*. Paris: Seuil, 2007.

Oken, Lorenz. *Lehrbuch der Naturphilosophie*. Zurich: Friedrich Schulthess, 1843.

Onori, Luciano, and Guido Visconti. "The GAIA Theory: From Lovelock to Margulis. From a Homeostatic to a Cognitive Autopoietic Worldview." *Rendiconti Lincei* 23, no. 4 (2012): 375–86.

Ostaric, Lara. "The Concept of Life in Early Schelling." In *Interpreting Schelling: Critical Essays*, edited by Lara Ostaric. Cambridge: Cambridge University Press, 2014.

Oyama, Susan. *The Ontogeny of Information: Developmental Systems and Evolution*. Durham, NC: Duke University Press, 2000.

Padu, Raoni. "The Necessity of Contingency and the Powerlessness of Nature: Hegel's Two Senses of Contingency." *Idealistic Studies* 40, no. 3 (fall 2010): 243–55.

Parsons, Charles. "Gödel and Philosophical Idealism." *Philosophia Mathematica* 18, no. 2 (2010): 166–92.

———. "Gotthard Günther." In *Godel's Collected Works*, vol. 4, edited by Solomon Feferman and John W. Dawson. Oxford: Clarendon, 2003.

Peterson, Erik. *The Life Organic: The Theoretical Biology Club and the Roots of Epigenetics*. Pittsburgh: University of Pittsburgh Press, 2017.

Pias, Claus. "Analog, Digital, and the Cybernetic Illusion." *Kybernetes* 34, no. 3–4 (2005): 543–50.

Pieron, Julien. "Critical and Political Stakes of a Philosophy of Norms Part I." In *The Care of Life: Transdisciplinary Perspectives in Bioethics and Biopolitics*, edited by Miguel de Beistegui, G. Bianco, and M. Gracieuse, 95–108. London: Rowman and Littlefield, 2015.

Pires, Edmundo Balsemão. "Phenomenology as the Justification for the Self-Reference of the Absolute." In *Still Reading Hegel: 200 Years after the Phenomenology of Spirit*, 87–108. Coimbra: Imprensa da Universidade de Coimbra, 2009.

Pittendrigh, Colin. "Adaptation, Natural Selection, and Behavior." In *Behavior and Evolution*, edited by A. Roe and George Gaylord Simpson, 390–416. New Haven, CT: Yale University Press, 1958.

Plato. *Complete Works of Plato*. Edited by John M. Cooper and D. S. Hutchinson. Indianapolis: Hackett, 1997.

Poincaré, Henri. *Science and Method*. London: Thomas Nelson, 1918.

Prindle, David F. *Stephen Jay Gould and the Politics of Evolution*. Amherst, NY: Prometheus Books, 2009.

Rafanell i Orra, Josep. *Fragmenter le monde*. Paris: Éditions divergences, 2018.

Repcheck, Jack. *The Man Who Found Time: James Hutton and the Discovery of the Earth's Antiquity*. New York: Basic Books, 2003.

Richards, Robert J. *The Romantic Conception of Life: Science and Philosophy in the Age of Goethe*. Chicago: University of Chicago Press, 2004.

———. *The Tragic Sense of Life: Ernst Haeckel and the Struggle over Evolutionary Thought*. Chicago: University of Chicago Press, 2009.

Riskin, Jessica. *The Restless Clock: A History of the Centuries-Long Argument over What Makes Living Things Tick*. Chicago: University of Chicago Press, 2016.

Robertis, E. M. De. "Spemann's Organizer and Self-Regulation in Amphibian Embryos." *Nature Reviews. Molecular Cell Biology* 7, no. 4 (2006): 296–302.

Rosenblueth, Arturo, Norbert Wiener, and Julian Bigelow. "Behavior, Purpose and Teleology." *Philosophy of Science* 10 (1943): 18–24.

Rouvroy, Antoinette, and Thomas Berns. "Gouvernementalité algorithmique et perspectives d'émancipation: Le disparate comme condition d'individuation par la relation?" *Réseaux*, no. 177 (2013/1): 163–96.

Ruyer, Raymond. "La Cybernétique et la finalité." *Les Études philosophiques*, Nouvelle Série, 16e Année, no. 2, La Cybernétique (Avril–Juin 1961): 165–76.

———. *Neofinalism*. Translated by Alyosha Ruyer. Minneapolis: University of Minnesota Press, 2016.

Schelling, F. W. J. *First Outline of a System of the Philosophy of Nature*. Translated by Keith R. Peterson. Albany: State University of New York Press, 2004.

———. *Grundlegung der positiven Philosophie*. Torino: Bottega D'erasmo, 1972.

———. *Historical-Critical Introduction to the Philosophy of Mythology*. Translated by Mason Richey and Markus Zisselsberger. Albany: State University of New York Press, 2008.

———. *Ideas for a Philosophy of Nature*. Translated by Errol E. Harris and Peter Heath. Cambridge: Cambridge University Press, 1988.

———. *Philosophical Investigations into the Essence of Human Freedom*. Translated by Jeff Love and Johannes Schmidt. Albany: State University of New York Press, 2006.

———. *Sämmtliche Werke*. Cotta: Stuttgart and Augsburg, 1860.

———. *Stuttgarter Privatvorlesungen*. Hamburg: Felix Meiner, 2016.

———. *Timaeus*. Edited by Hartmut Buchner. Stuttgart: Frommann Holzboog, 1794/1994.

———. *Von der Weltseele. Eine Hypothese der höheren Physik zur Erklärung des allgemeinen Organismus*. Hamburg: Tredition, 2011.

———. *The Unconditional in Human Knowledge: Four Early Essays (1794–1796)*. Translated by Fritz Marti. Lewisburg, PA: Bucknell University Press, 1980.

Schiller, J. C. F. *On the Aesthetic Education of Man in a Series of Letters*. Translated by E. M. Wilkinson and L. A. Willoughby. Oxford: Oxford University Press, 1983.

Schmied-Kowarzik, Wolfdietrich. *Hegel in der Kritik zwischen Schelling und Marx*. Frankfurt am Main: Peter Lang, 2014.

———. *"Von der wirklichen, von der seyenden Natur." Schellings Ringen um eine Naturphilosophie in Auseinandersetzung mit Kant, Fichte und Hegel*. Stuttgart: Bad Cannstatt 1996.

Schmidt, Jan C. "Synthetic Biology as Late-Modern Technology: Inquiring into the Rhetoric and Reality of a New Technoscientific Wave." In *Synthetic Biology: Character and Impact*, edited by Bernd Giese, Christian Pade, Henning Wigger, and Arnim von Gleich. Dordrecht: Springer, 2015.

Schmitt, Carl. *The Concept of the Political*. Translated by George Schwab. Chicago: University of Chicago Press, 1996.

Schneider, Eric D., and Dorion Sagan. *Into the Cool: Energy Flow, Thermodynamics, and Life*. Chicago: University of Chicago Press, 2005.

Schwarz, Claire. *Leibniz—La raison de l'être*. Paris: Belin, 2017.

Sieg, Wilfried. "Mechanical Procedures and Mathematical Experience." In *Mathematics and Mind*, edited by Alexander George. Oxford: Oxford University Press, 1994.

Simondon, Gilbert. *Communication et information*. Paris: Les éditions transparence, 2011.

———. *Du mode d'existence des objets techniques*. Paris: Aubier, 2012.

———. "Entretien sur la méchanologie." *Revue de synthèse*, tome 130, 6e série, no. 1 (2009): 103–32.

———. *L'individuation à la lumière des notions de forme de d'information*. Grenoble: Éditions Jérôme Millon, 2005.

———. *On the Mode of Existence of Technical Objects* (Minneapolis: Univocal, 2017)

———. "Technical Mentality." Translated by Arne De Boever. *Parrhesia* 7 (2009): 7–27.

———. *Sur la philosophie*. Paris: PUF, 2016.

———. *Sur la technique*. Paris: PUF, 2013.

Sloterdijk, Peter. "The Domestication of Being: The Clarification of the Clearing." In *Not Saved: Essays after Heidegger*. Translated by Ian Alexander Moore and Christopher Turner, 89–148. London: Polity, 2017.

Snelders, H. A. M. "Romanticism and Naturphilosophie and the Inorganic Natural Sciences 1797–1840: An Introductory Survey." *Studies in Romanticism* 9, no. 3 (summer 1970): 193–215.

Soare, Robert I. "Computability and Recursion." *Bulletin of Symbolic Logic* 2, no. 3 (1996): 284–321.

Stauffer, Robert C. "Haeckel, Darwin, and Ecology." *Quarterly Review of Biology* 32, no. 2 (June 1957): 138–44.

Stiegler, Bernard. "De l'économie libidinale à l'écologie de l'esprit. Entretien avec Frédéric Neyrat." *Multitudes*, no. 24 (2006/1).

———. "Leroi-Gourhan: l'inorganique organisé." *Les cahiers de médiologie*, no. 6 (1998/2): 187–94.

———. *The Neganthropocene*. London: Open Humanities Press, 2018.

———. *Philosophising by Accident*. Translated by Benoît Dillet. Edinburgh: Edinburgh University Press, 2017.

———. *Symbolic Misery*. Vol. 2, *The Catastrophe of the Sensible*. Translated Barnaby Norman. London: Polity, 2015.

———. *Technics and Time, 1: The Fault of Epimetheus*. Stanford, CA: Stanford University Press, 1998.

———. "Temps et individuation technique, psychique, et collective dans l'oeuvre de Simondon." *Intellectica* (1998/1–2): 26–27, 241–56.

———. "The Theater of Individuation: Phase-shift and Resolution in Simondon and Heidegger." *Parrhesia* 7 (2009): 46–57.

Spinoza, Baruch. *On the Improvement of the Understanding, The Ethics, Correspondence*. Translated by R. H. M. Elwes. New York: Dover, 1883/1955.

Teilhard de Chardin, Pierre. *The Future of Man*. Translated by Norman Denny. New York: Image Books, 2004.

———. *The Phenomenon of Man*. Translated by Bernard Wall. New York: Harper & Row, 1961.

"Texte de la cassette-son remise à la presse." *Les immatériaux* press release. Paris: Centre Pomidou, 1985. Retrieved from https://monoskop.org/images/e/eb/Les_Immateriaux_press_pack.pdf.

Thiel, Peter. *Education of a Libertarian*. 2009. https://www.cato-unbound.org/2009/04/13/peter-thiel/education-libertarian.

Thompson, D'Arcy. *Growth and Form*. Cambridge: Cambridge University Press, 1917.

Tilliette, Xavier. *Schelling, Une philosophie en devenir, 1, le système vivant 1794–1821*. Paris: Vrin, 1992.

Toscano, Alberto. *The Theatre of Production: Philosophy and Individuation between Kant and Deleuze*. London: Palgrave Macmillan, 2006.

Triclot, Matthieu. *Le moment cybernétique*. Seyssel: Champ Vallon, 2008.

Van Atten, Mark. *Essays on Gödel's Reception of Leibniz, Husserl, and Brouwer*. Dordrecht: Springer, 2014.

Waddington, Conrad H. "Canalization of Development and the Inheritance of Acquired Characters." *Nature* 150 (1942): 563–65.

Wandschneider, Dieter. "The Philosophy of Nature of Kant, Schelling and Hegel." In *The Routledge Companion to Nineteenth-Century Philosophy*, edited by Dean Moyar, 64–103. New York: Routledge, 2010.

Wang, Hao. *A Logical Journey: From Gödel to Philosophy*. Cambridge, MA: MIT Press, 1996.

Whitehead, A. N. *Process and Reality*. New York: Free Press, 1978.

———. *Science and the Modern World*. New York: Pelican Mentor Books, 1948.

Wiener, Norbert. "Back to Leibniz! (Physics Reoccupies an Abandoned Position)." *Technology Review* 34 (1932): 201–203, 222–24.

———. *Cybernetics: Or Control and Communication in the Animal and the Machine*. Cambridge, MA: MIT Press, 1985.

———. *The Human Use of Human Beings*. London: Free Association Books, 1989.

———. *Invention: The Care and Feeding of Ideas*. Cambridge, MA: MIT Press, 1993.

Wilson, David B. *Seeking Nature's Logic: Natural Philosophy in the Scottish Enlightenment*. University Park: Pennsylvania State University Press, 2006.

Witt, Charlotte. "Dialectic, Motion, and Perception: De Anima Book 1." In *Essays on Aristotle's De Anima*, edited by Amélie Oksenberg Rorty and Martha C. Nussbaum. Oxford: Clarendon, 1995.

Wirth, Jason. *The Conspiracy of Life: Meditations on Schelling and His Time*. Albany: State University of New York Press, 2003.

Wolfe, Charles. "Models of Organic Organization in Montpellier Vitalism." *Early Science and Medicine* 22 (2017): 229–52.

———. *La philosophie de la biologie: une histoire du vitalisme*. Paris: Garnier, forthcoming.

———. "Was Canguilhem a Biochauvinist? Goldstein, Canguilhem and the Project of 'Biophilosophy.'" In *Medicine and Society, New Perspectives in Continental Philosophy*, edited by Darian Meacham, 197–212. Dordrecht: Springer, 2015.

———, and T. K. Wong. "The Return of Vitalism." In *The Care of Life: Transdisciplinary Perspectives in Bioethics and Biopolitics*, edited by Miguel de Beistegui, G. Bianco, and M. Gracieuse, 63–78. London: Rowman and Littlefield, 2015.

Wood, Allen W. *Fichte's Ethical Thought*. Oxford: Oxford University Press, 2016.

Woodward, Ashley. *Lyotard and the Inhuman Condition: Reflections on Nihilism, Information and Art*. Edinburgh: Edinburgh University Press, 2016.

Xenakis, Iannis. *Formalized Music: Thought and Mathematics in Composition*. New York: Pendragon, 1990.

Zanfi, Caterina. "La machine dans la philosophie de Bergson." *Annales Bergsoniennes* 6 (2013): 275–96.

Zöller, Günther. *Fichte's Transcendental Philosophy: The Original Duplicity of Intelligence and Will*. Cambridge: Cambridge University Press, 1998.

———. "From Critique to Metacritique, Fichte's Transformation of Kant's Transcendental Idealism." In *The Reception of Kant's Critical Philosophy*, edited by Sally Sedgwick, 129–46. Cambridge: Cambridge University Press, 2000.

索　引

图书在版编目(CIP)数据

递归与偶然/ 许煜著；苏子滢译.
--上海：华东师范大学出版社，2020

ISBN 978-7-5760-0469-4

Ⅰ.①递… Ⅱ.①许… ②苏… Ⅲ.①哲学思想—研究
Ⅳ.①B1

中国版本图书馆 CIP 数据核字(2020)第 151377 号

华东师范大学出版社六点分社
企划人 倪为国

递归与偶然

著　　者　许　煜
译　　者　苏子滢
责任编辑　王寅军
责任校对　彭文曼
封面设计　卢晓红

出版发行　华东师范大学出版社
社　　址　上海市中山北路 3663 号　邮编　200062
网　　址　www.ecnupress.com.cn
电　　话　021-60821666　行政传真　021-62572105
客服电话　021-62865537
门市(邮购)电话　021-62869887
地　　址　上海市中山北路 3663 号华东师范大学校内先锋路口
网　　店　http://hdsdcbs.tmall.com

印 刷 者　上海景条印刷有限公司
开　　本　890×1240　1/32
印　　张　12.75
字　　数　220 千字
版　　次　2020 年 9 月第 1 版
印　　次　2025 年 3 月第 3 次
书　　号　ISBN 978-7-5760-0469-4
定　　价　68.00 元

出 版 人　王　焰

(如发现本版图书有印订质量问题，请寄回本社客服中心调换或电话 021-62865537 联系)

Recursivity and Contingency
by Yuk Hui

上海市版权局著作权合同登记　图字:09－2019－1016 号